U0617607

本书为国家社科基金社科学术社团主题学术活动"中国共产党百年城市经济发展思想：理论与实践总结"（项目批准号：21STB079）的阶段性成果

新中国城市发展研究丛书　　总　编　潘家华　　副总编　单菁菁　陈洪波

新中国城市发展

云南卷

YUNNAN

URBAN DEVELOPMENT
IN THE PEOPLE'S REPUBLIC OF CHINA

陈光俊　董　棣　徐丽华　等　著

社会科学文献出版社
SOCIAL SCIENCES ACADEMIC PRESS (CHINA)

丛书编委会

总编单位　中国城市经济学会

总　　编　潘家华

副 总 编　单菁菁　陈洪波

委　　员（按照姓氏笔画）

　　　　　王　谋　毛其智　文传浩　白卫国　丛晓男

　　　　　庄　立　刘传江　刘治彦　齐国占　张车伟

　　　　　张道根　武占云　周　丽　秦尊文　倪鹏飞

　　　　　黄　鸣　盛　毅　梁本凡　魏后凯

总编单位简介

中国城市经济学会成立于 1986 年 5 月，是由中国社会科学院主管（生态文明研究所代管）、在民政部登记注册的国家一级学会和全国性、开放性学术平台，旨在开展城市发展和城市经济前瞻性理论研究，总结城市发展经验，推动产、学、研交流，促进城市可持续发展。

学会第一、二、三届会长汪道涵，第四届会长周道炯，第五届会长晋保平。第一届名誉会长王任重，第二届名誉会长费孝通，第三届名誉会长李铁映，第四届名誉会长李铁映、汪道涵。历任顾问包括江泽民、费孝通、顾秀莲、刘国光、王洛林、陈佳贵、吴树青等，历任副会长包括王茂林、汪光焘、周干峙、龙永枢、李京文等。目前，会长由中国社会科学院学部委员、中国社会科学院生态文明研究所（原城市发展与环境研究所）原所长潘家华担任。在第一届学会成立年会上，时任上海市市长的江泽民同志出任了学会顾问。在 1991 年第二届年会上，时任国务院副总理的朱镕基同志到会接见与会代表并做了"关于城市经济发展与城市建设"的重要讲话。经过 30 余年发展，学会积累了大量的专家、学者资源，包括 36 位院士、学部委员，200 余位教授、研究员，300 多位副教授、副研究员，共计 1000 多位来自全国高等院校、科研院所、城市管理部门和相关企业的高级人才会员。

作为全国性的国家一级学会，中国城市经济学会一贯秉承发展城市、服务城市的宗旨，针对城市经济改革和发展中的重大理论和实践问题，特别是热点、难点问题，动员和组织会员及相关专家、学者进行深入的研究，提出研究报告、政策建议或出版专著，促进政、产、学、研开展广泛的学术研讨和交流。学会凭借雄厚的智力资源优势和健全的组织网络，在服务国家战略的同时，还为各地市提供发展战略、产业规划、土地利用、功能定位、环境治理等项目的研究和咨询，为推动中国城市改革和经济高质量发展提供智力支持。

网址：http://www.zgcsj.net

公众号：

总编简介

潘家华 中国社会科学院学部委员，中国社会科学院生态文明研究所（原城市发展与环境研究所）研究员，博士生导师。研究领域为世界经济、气候变化经济学、城市发展、能源与环境政策等。担任国家气候变化专家委员会委员，国家外交政策咨询委员会委员，中国城市经济学会会长，中国生态文明研究与促进会副会长，中国生态经济学会副会长。先后发表学术（会议）论文300余篇，撰写专著8部，译著1部，主编大型国际综合评估报告和论文集8部；获中国社会科学院优秀成果奖一等奖（2004年）、二等奖（2002年），孙冶方经济科学奖（2011年）。

单菁菁 中国社会科学院生态文明研究所研究员、博士生导师，中国城市经济学会常务副秘书长。先后主持国家社科基金课题、国家高端智库课题、中国社会科学院创新课题、国际合作课题、省部委及地方委托课题56项，出版专著3部，主编著作12部，参与了14部学术著作和《城市学概论》《环境经济学》等研究生重点教材的撰写工作，先后在国内外发表学术（会议）论文100多篇，向党中央、国务院提交的政策建议多次得到国家领导人的批示，获得各类科研成果奖13项。

陈洪波 中国社会科学院生态文明研究所研究员、中国城市经济学会秘书长、中国社会科学院可持续发展研究中心副主任。2004~2005年国家公派赴英国剑桥大学经济系研修能源－环境－经济模型。主要研究领域为气候变化经济分析与政策研究（包括碳交易、低碳建筑、国际气候治理和城市节能减排等）、生态经济理论及生态城市规划。先后发表论文50余篇，出版著作5部，主持国际国内课题40余项，获得国家科技进步奖二等奖等省部级以上奖励5项。

新中国城市的跨越式发展
（总序）

　　无论东方还是西方，城市都是社会文明的高地、引领社会进步的重镇。中华文明传承 5000 年，直到近代工业文明进入华夏，我们的城市基本上只是"城池"和"集市"的组合，没有工业革命后现代意义上的城市发展。新中国成立后，尤其是改革开放以后，我们的城市发展可谓波澜壮阔、日新月异，实现了历史性的跨越，也推动着世界城市化进程加速发展。新中国城市发展的辉煌成就，有着鲜明的特点，成功的经验需要总结，未来的发展也需要谋划。

　　新中国成立以前，农耕文明占据主导地位，虽有一些民族工业和有限的现代产业，但总体上属于典型的农业社会，城市人口占总人口的比例只有 10.6%。从生产率水平上讲，传统农业社会能够供养的非农业人口比例，大抵也就在这一水平。新中国成立以后，经过社会主义改造和国民经济发展，城市发展虽有所提速，但由于资金的匮乏和技术的落后，也只是有限点状布局，整体规模和水平不高，历时 30 年，仍然只有不到 20% 的人口居住在城市。其间几经波折，从 20 世纪 60 年代初的三年困难时期大批城市居民返乡和 20 世纪 60 年代后期持续长达十年的数千万知识青年因缺乏就业岗位而离开城市"上山下乡"的"逆"城市化，表明改革开放前城市化进程的缓慢与艰辛。为了控制城市规模，保障城市的"有序"发展，20 世纪 50 年代末期行政管制分割城乡，在

1

制度上形成城乡"二元"的固化格局。

1978 年，改革使得城乡分割的坚实藩篱逐渐松动，开放注入城市发展的资金、技术和市场活力。改革开放后的 40 年，中国的城市化率以平均每年高于 1 个百分点的速度，稳步而快速推进。对于一个十多亿人口的大国，1 个百分点意味着每年新增的城市人口超过 1000 万，比丹麦、挪威两个国家的人口总和还多。2010 年，中国的城市化水平与世界同步，超过 50% 的人口居住到城市。随后，中国以平均每年超过世界城市化速度 0.5 个百分点的速度，领先于世界城市化进程。2019年，我国城市化水平超过 60%，达到 60.6%，东部沿海和部分经济较为发达的省区，超过 65%，有的例如上海、北京等地区，城市化水平已经达到甚至超越一些发达国家的水平。

中国人口众多，地貌多样，经济多元。历史上的"城池"尽管在新中国得以继续发展，但许多在工业化进程中地位被相对弱化。比较典型的例如河南开封、洛阳，河北张家口、保定，或由于偏离于现代交通的铁路干线，或因"城池"或行政层级地位的变化而相对地位下降。而一些资源型城市，例如黑龙江鸡西、辽宁抚顺、内蒙古鄂尔多斯等，因煤而兴，但随着资源的耗减和经济转型而发展乏力。一些投资驱动的制造业城市，例如湖北十堰、四川攀枝花、甘肃酒泉等，因国家定点的汽车、钢铁等战略投资拔地而起。就教育和科技创新主导的城市发展而言，福建厦门和广东深圳是比较典型和成功的。传统的流通型城市，教育和科技也比较发达，多附有行政功能，而规模扩张迅速，成为大城市、特大城市的发展范例，包括直辖市、省会城市、副省级城市等。许多城市的扩张和新兴城市的崛起，也具有行政指令的特色。大城市和特大城市的外延扩张，多以兼并周边县域的方式拓展；建成区的外延，也多将市辖县更名为城区；也有许多地、州、县，直接撤地（州、县）建地级市、县级市；一些县级市和新建城区，也将撤乡建镇、建街道，撤村建居民委员会。如此通过行政区划的调整而拓展城市规模，使得城市化快速推进。

尽管各地城市化路径多元，但城市发展成本相对低廉，是中国城市得以快速跨越发展的条件；相对低廉的城市建设成本，源自制度上的土地公有制和城乡户籍管控。城市发展必须要有土地空间作为载体。社会主义的土地国有和集体所有的公有制度安排，使得城市规划得以根据需要开展、土地征用可以非常低廉的价格获取。不仅如此，城市扩张过程中，从村集体农民手中获取的低成本土地，政府通过"招拍挂"的方式出让，获取巨额的资金来源，可用于城市基础设施建设和弥补城市财政资金的短缺。以至于许多城市的财政实际上在相当程度上成为依赖于土地出让收益的"土地财政"。城市发展需要劳动力，而劳动力的生产和供给又需要大量的城市公共服务和设施保障。但是，新中国的城市化有效地避免或大幅降低了这一部分成本。改革开放前，许多"半边户"（即夫妻一方是城市居民、另一方是农村居民）中，农村居民不能享受城市公共服务；改革开放后，数以亿计的农民工，付出劳动，发展工业、建设城市，但是由于没有城市户籍，他们往往不能平等享有城市居民的权益，例如子女教育、医疗、失业、退休、住房等保障。以至于常住人口统计意义上的城市化率远高于户籍城市化率。直至 2019 年，这一差额尚高达 16 个百分点，也就是说，尚有 2.25 亿生活工作在城市的农业转移人口没有被纳入城市社会保障体系。

应该说，中国的城市化是成功的，但这并不意味着快速城市化的"低成本"认知是完全准确的。改革开放前，通过高考、参军、招工等方式，农村的优质智力资源可以低价转移到城市；通过工农产品剪刀差和统购统销方式，筹集工业和城市发展的资金。改革开放后，农民工在城市非农部门就业但依旧受到农村户籍待遇，农村土地征用后的市场溢价也基本上与村集体和农民没有直接关系。也就是说，中国快速城市化的成本，为农业（工农产品剪刀差）、农民（农民工）、农村（土地）所负担，使得城市化以低成本高速度推进。也正是因为这样，城镇化的中国经验，在土地私有和市场较为发育的资本主义国家，不具有可比性和可复制性。但是，我们也要看到，从福利经济学的视角，不论是智力资源流向城市，还是农民工不享受社保的城市非农就业，对于户籍为农业人口的农民来说，是一种福利改进；对于城市，则是更为直接和更大的受益者。这也是为什么中国的城市化的部分成本为农民所负担，但城市化进程平稳有序的原因。另一个代价，就是乡村的相对衰落，使得城乡鸿沟难以弥合。尽管已采取减免农业税、农业补贴、新农村建设投入等政策措施，但农村发展活力仍不足，城乡一体融合发展成为城市化发展的新命题。

中国城市经济学会成立于城镇化快速启动的 20 世纪 80 年代中期，作为全国学术性社团，其不仅见证而且一直服务于中国的城市化进程。学会的会员既有专注城市发展研究的学者，也有从事城市建设和管理的决策实践者。第六届学会理事会讨论研究，认为有必要梳理总结中国城市发展的辉煌成就，合理吸取城市化进程中的教训，分析探讨未来城市发展的方向和路径。学会作为学术平台，组织会员单位和学者就各省区、市的城市化进程进行总结梳理，就城市建设的各种专题进行分析探讨，形成系列丛书。这是一项巨大的工程，不是一朝一夕、一蹴而就的工程。我们希望，在学会会员的共同努力下，我们可以为新中国的城市发展留下一些记录、记忆和分析，助力中国城市的高质量发展、城乡融合发展。

潘家华

2020 年 8 月

序　言

　　城市的诞生是人类现代文明发展的重要标志，一部城市发展史也是人类文明史。文化、艺术、科技、工业，代表文明发展的各种主要元素，几乎都是在城市展开。尽管从农耕畜牧文明走过来的中华民族，对田园牧歌的怀念已深入骨髓，尽管城市文明也永远需要生态、原野来滋养与守护，但都无法改变越来越多的人口向城市集中的趋势。正如美国著名城市学家乔尔·科特金在其《全球城市史》的前言中所写道的："人类最伟大的成就始终是她所缔造的城市。城市代表了我们作为一个物种具有想象力的恢弘巨作，证实我们具有能够以最深远而持久的方式重塑自然的能力。"城市的发展过去是，现在是，将来仍然是人类文明进步的方向、标杆和动力。

　　新中国自成立 70 年来，特别是改革开放 40 年来，经历了世界历史上规模最大、速度最快的城镇化进程。在这一伟大进程中，云南省委、省政府高度重视城市工作，云南城市经济建设突飞猛进，城市规模快速拓展，城市经济实力不断增强，城市经济在国民经济中的重要作用日益凸显，城市面貌焕然一新。党的十八大以来，在以习近平同志为核心的党中央坚强领导下，云南城市建设和发展进入了一个崭新阶段，城市经济发展质量不断改善，城镇化水平不断提高，为全面建成小康社会、谱写美好中国梦的云南篇章打下了坚实基础。

　　在新中国成立 70 余年后的今天，回顾云南城市发展历程，展望云南城市发展前景，具有特殊而重大的意义。《新中国城市发展·云南卷》一书正是在这样的背景下问世的。本书写作，主要依托历史文献、统计数据、行业资料的系统分析，从全局视野、历史方位和多维角度，运用文献研究、实证调查、多学科集合等方法，较为科学客观地展现新中国成立 70 余年来云南城市发展的历史性成就，记录云南各族人民在推进城市建设进程中攻坚克难的艰辛历程，反映云南区域性城市发展的成功做法及其经验。本书内容，紧扣云南城市发展中"回顾、总结和展望"的主线，围绕综合篇、发展篇、专题篇三个部分展开研究，重点撰写八方面 11 章的城市发展内容，即：云南城市建设与发展的历史成就与阶段特征、空间布局与演变规律、城市经济跨越发展、基础设施、生态建设、城市发展机遇与把握、滇中城市群布局与发展、特色小镇建设的实践与业绩、边境城市发展的特色与贡献、资源枯竭型城市的解困与转型发展等篇章。这些内容突出了省情特色，能够展现云南城市发展的历史进程及其成就，既顺应云南城市发展的一般规律，又体现出城市化进程对经济社会生态发展的巨大推动作用。

在《新中国城市发展·云南卷》即将付印之际，我们衷心感谢为编撰好本书而付出许多心血和汗水的各位领导、专家、学者和全体工作人员。我们坚信，在习近平新时代中国特色社会主义思想指引下，通过全省各族人民的不懈奋斗，云南城市建设必将再创新的辉煌。

陈光俊

2020 年 6 月

目　录

专题篇

综合篇

第一章
城市发展的回顾与成就

在经济全球化和区域经济一体化不断加快的进程中，依托于独特的区位和资源优势，云南城市正在通过推进产业转型和吸纳投资集聚，全面助推城市化的高质量发展，引领新时代云南经济社会的跨越式发展。城市发展对云南高质量跨越式发展意义重大，回顾和总结城市70余年发展变迁，是新时代引导全省城市健康发展的战略需要。城市经济发展为新中国成立70余年来云南发展提供了历史性的发展机会，为产业升级发展创造出一系列的巨大市场机遇。城市的发展壮大，既提供了支撑全省经济社会发展和促进经济增长的重要平台，更是承载全省创业创新发展梦想和希望的实践高地。

一　城市70年发展概览：城市空间拓展，建设成就辉煌

在1950~2019年的70年间，云南城市化进程可分为前30年和后40年两大历史阶段。前30年，城市围绕经济功能呈现资源型城市涌现的发展特色；后40年，城市伴随改革开放尽显现代化城市特征的运行

特点。在 70 年城市发展中，全省大中小城市结构不断健全，城市规模不断拓展，城市产业不断优化，城市现代化水平不断提高，经济社会发展进入了依靠城市体系支撑和拉动的历史性阶段。伴随着城市化的进程与发展，云南人口不断向城市集中，产业面向城市生产的集约化水平不断提高，城市社会生活水平不断优质化和高级化，城市科教文卫事业不断跃上新台阶，城市作为载体承担了社会从农业化跨进工业化的诸多功能。在大中小城市体系内，以昆明、曲靖等城市为枢纽的区域性物质流、资金流、人才流、信息流快速交融，极大地推进了云南各地经济社会发展层级的不断提升。

（一）城市经济发展效果突出

1. 城市体系日趋健全

城市体系与空间格局趋于完备。经过 70 年的城市建设与发展，云南城市从解放初期的 3 个城市增加至现阶段的 41 个城市，即省辖市 8 个、市辖区 17 个、县级市 16 个，形成了以省会特大城市为核心、8 个中等城市和 33 个小城市为体系的新型城市总格局，呈现出以昆明为标志的区域性国际城市发展体系，以玉溪、曲靖、大理、蒙自等为重点的中心城市发展群，以及围绕各州市政府所在地中县级市（区）及中心城镇的中小城市发展体系。截至 2019 年，全省已形成以昆明中心城区和滇中新区为核心，以滇中城市经济圈为重点，以六个城镇群为主体的城市发展空间格局，不断释放着城市辐射全省发展的经济支撑优势和社会引领优势。从宏观上看，云南经济社会的发展，城市体系现代化建设的长期积累，始终围绕"富民"与"强市"，在率先发展和科学发展中，持续推进工业化和城市化，持续增强城市的活力和引导区域发展的贡献力。从微观上看，紧扣"以人的现代化为基点""以生产方式和生活方式的不断进步为标志"这个主题，云南地县级城市基本形成了宜居城市、生态城市、人文城市相融合的城市运行体系，在全省行政区域占 50% 的地级市和占 26% 的县级市中，各城市内部的城市交通不断改善、城市垃圾无害化处理能力不断扩大、城市公共空间不断拓展、城市科技文化教育卫生事业之间关系不断配套，多数城市实现了商贸体系与信息服务体系的协作共建，城市居民从城市发展中获得的幸福感日益增强。

城市建设体系科学合理。立足70年城市建设的"硬"积累和"软"成效，2012年以来，在深化昆明区域型国际城市建设的同时，云南城市形成了具有省情特色的建设体系与模式：按照国家主体功能区规划的总要求，突出了城市空间布局与发展，以新型城镇化建设为主线，依托滇中城市群构建城市与城镇协调发展的新型城镇化体系；以区域性中心城市为核心，强化内地城市群、沿边城市间的联动发展体系建设；以骨干交通网络为纽带，健全省内交通经济带节点城市的配套发展。目前，已基本形成了昆明、玉溪、曲靖、楚雄、红河等滇中城市群与瑞丽、腾冲等沿边境城市，河口、磨憨、孟定等沿边境口岸城镇的开放型城市经济联动发展体系；基本形成了滇中城市群与省际滇川交界城市丽江、滇黔交界城市昭通、滇桂交界城市文山等沟通长江经济带和泛珠三角区域经济合作带的城市合作新区域。

2. 城镇化率持续提高

城镇化率不断提高，城市化水平大幅提升。在云南70年城镇化率不断提高的进程中，前30年城市化发展呈现出起步发展、曲折发展和停滞发展相互叠加的阶段性发展特征，后40年城市化发展表现为恢复发展、稳步发展和快速发展互为作用的阶段性发展特征。1949～1978年，全省城镇化率由4.80%提高到12.15%；1978～2004年，全省城镇化率由12.15%提高到28.10%，提高1倍以上，其中2000～2002年三年间，城市化率保持在23.36～26.01%水平。2004～2018年，全省城镇化率提高到47.81%，14年间城镇化率提高近20个百分点，年均提高1.4个百分点，城镇人口数量持续增长，其中2018年全省年末城镇人口为2309.0万[①]。在特殊的历史背景下，云南城市发展曾存在着一个

---

① 云南省统计局编《云南统计年鉴（2018）》，中国统计出版社，2018。

较长的缓慢与停顿期，1950~1958年，全省城市由3个城市（1个地级市、2个县级市）和8个市辖区，调整为4个城市（2个地级市、2个县级市）和7个市辖区，城市数量维持不变，城市增长呈低层次与恢复性增长；1959~1980年，全省城市发展基本处于停滞状态，既未增加1座新城，也没有建设和更新城市基础设施，1980年的城市化率仅为12.46%，其城市化率低于1958年的18.27%。1980年后，云南城市步入了数量和规模均快速增长的实质性发展时期，1981~2007年全省地级城市增加到8个、县级城市增加到9个、市辖区增加到12个，2007年城市化率上升到31.6%。① 改革开放以来，以城镇化率为标志的城市化发展水平取得历史性的跨越式提升，云南经济形态整体进入了城市经济形态。

3. 城市经济增长显著

城市经济比重持续提高，城市经济成为支撑云南发展的主体。云南70年城市的建设与发展，助推着全省国民生产总值由1949年的8.93亿元增长到2018年的17881亿元，经济总量翻了近11番，年均增长速度达到11.6%，实现了历史性的跨越发展。在巨大经济成就与发展进程中，城市经济做出了历史性的贡献，无论是区域经济率先突破发展的引领，还是高新产业与传统产业融合发展的支撑，以昆明为核心发展积累的城市经济基础和体系，为全省经济的现代化建设奠定了坚实基础。

释放城市经济潜力，助推发展跨入新台阶。在2017年云南人均生产总值超过5000美元后，城市经济推动着全省经济向高收入省区迈进、经济结构向后工业化加速发展。借助城市发展平台，城市经济潜力进一步被发掘，城市"互联网＋"的经济格局，全面促进了城市信息化与产业化的高效融合，推动新时代全省经济走入了高质量的跨越发展进程。2018年，云南生产总值（GDP）17881亿元，其中8个省辖市所占比重达67.02%；第二产业增加值5799亿元，其中8个省辖

---

① 纳麒主编《云南改革开放30年》，云南人民出版社，2009，第340~342页。

所占比重达 68.47%；第三产业增加值 8424 亿元，其中 8 个省辖市所占比重达 67.44%；地方公共财政总收入 3719 亿元，8 个省辖市所占比重达 73.36%；社会消费品零售总额 6826 亿元，8 个省辖市所占比重达 71.48%；全省城镇常住居民人均可支配收入是 33488 元，为农村常住居民人均可支配收入的 3.11 倍；全省引进省外到位资金中，8 个省辖市引进资金比重超过 67%。依托于城市经济持续快速有质量的发展，全省城市综合发展程度大幅度提高，整体发展的水平和质量，正牵引着全省经济步入跨越式发展的新阶段。

4. 产业支撑不断加强

在云南 70 年发展进程中，城市产业对经济的支撑作用不断增强，城市建设与产业发展实现了有机结合，优势资源开发利用程度不断提高，支柱产业建设强度不断增强，第三产业在配套城市建设中全面发展。通过城镇建设和产业发展的良性互动互促，全省围绕城市发展，形成了较系统的工业强市、旅游强市、贸易强市等特色城市体系。城市已发展成为云南战略性新兴产业的聚集区。通过实施《云南省人民政府贯彻国务院关于加快培育和发展战略性新兴产业决定的意见》（云政发〔2012〕7 号），在全省城市范围内布局了以现代生物、光电子、高端装备制造、新材料、节能环保、新能源、物联网等为重点的战略性新兴产业，形成了企业集团、产业集群与城市经济的有效融合，提升了城市产业链上中下游配套发展的竞争优势，极大地支撑了云南经济的转型升级和高质量发展。一是以昆明国家生物产业基地、中药现代化产业（云南）基地为平台，打造了一批具有核心竞争力的企业集团、有特色优势的产业体系、有较强影响力的品牌产品。二是依托省内硅、锗、铟等光电子基础材料资源优势及其光电子技术积累，在昆明、曲靖等城市，形成了以红外及微光夜视、光机电一体化设备、半导体照明为主的光电子产业，构建了光电子材料－器件和整机－配套加工装备的全产业链。三是围绕中缅石油和天然气输送管道，发展了石油炼化产业。四是从城市轨道交通、机场建设等重大基础设施建设需求出发，发展了以大型盾构掘进机、轨道交通及其养护装备、自动化物流成套设备等为重点的城市装备制造业。五是建设了以基础金属特种新材料、稀贵金属新材料、新能源材料和化工新材料为主体的新材料产业，大幅度提高了云南新材料研发与制备的自主发展能力，形成了以特色资源高技术产品为龙头的有色金属深加工体系。

（二）城市社会发展业绩显著

1. 城镇收入水平大幅度提高

新中国成立 70 年来，伴随着全员劳动生产率在 2017 年达到 54209.80元/人，全省城镇居民生活水平实现了跨越式的提高。在收入方面，1950～2017 年，云南城镇居民人均可支配收入由 1950 年的 132.3 元提高到 2017 年的 30996 元、增长 233.3 倍、翻了 7.9 番，城镇居民人均年消费支出由 1950 年的 84 元提高到 2017 年的 19560 元、翻了 7.9 番。全省居民消费性支出中吃穿支出的比重大幅降低，恩格尔系数分别由1950 年的约 80%，下降到 2017 年的 30.3%。城市建设发展进程中，全省城市居民消费在住、用、行和文化娱乐等方面的享受型支出不断提高，消费结构不断优化，生存型消费不断减少，发展型消费不断增长，城市居民消费已从温饱型向健康、休闲、高质量的全面小康型转变。分阶段看，改革开放 40 年是全省城镇居民生活水平改善幅度最大的时期。其中，1978～2007 年，城镇居民人均可支配收入由 327.7 元增长到11496 元，增长 34.1 倍，翻了 5 番以上，城镇居民恩格尔系数由 63%降到 45%。[1] 1978～2000 年，城镇居民恩格尔系数持续下降，按照联合国粮农组织的标准，在 2000 年时全省城镇居民已整体摆脱贫困而步入小康社会。[2] 实践表明，城市 70 年发展的进程，始终是城镇居民生活水

---

[1] 《云南省情》编委会编《云南省情（2008 年版）》，云南人民出版社，2009。

[2] 赵俊臣主编《云南省城乡统筹及加快推进城市化研究》，中国书籍出版社，2008，第26、27 页。

平稳步提升的进程。

2. 城镇教育和科技水平跃上新高度

城市教育发展全面。1953 年以高等院校院系调整为起点，随着云南大学和昆明师范学院共计 8 个专业的跨省归并，全省城市教育不断发展。依托于城市平台，全省高等教育蓬勃发展，由 1978 年的 15 所高校，增长到 2007 年的 60 所高校（其中，公办普通高校 44 所，独立学院 7 所，民办职业技术学院 7 所，广播电视大学 1 所，成人大学 1 所），在校学生由 1978 年的 1.59 万人，增长到 48.48 万人；2007 年，普通高等学校教师队伍人数达到 2.12 万人，其中教授比重为 8.96%、副教授比重为 27.69%。城市高等院校的办学条件大幅度改善，学科学位授权体系与基础平台建设卓有成效，高等教育对外交流不断扩大，办学层次不断提升，办学规模不断扩大。2017 年，全省拥有高等学校 79 所，在校生人数 105.8 万人，普通高校在校生人数比 1978 年增长约 66 倍。尤其是改革开放 40 年来，云南教育对外开放水平进入全国前列，截至 2017 年，在境外开办孔子学院 15 所，全省高校招收外国留学生 18778 人。① 2018 年，在高等教育发展上启动实施《云南省统筹推进一流大学和一流学科建设行动计划》，支持云南大学建成世界一流大学，支持昆明理工大学创建世界一流大学，支持建设 5～8 所特色鲜明的国内一流大学和 10 所省内一流大学。

城市科技发展贡献显著。云南科研机构在 1950 年时，仅有解放前遗留下来的北平植物所昆明植物站、南京紫金山天文台云南工作站、上海冶金陶瓷研究所昆明站等三个体系残缺的研究机构。1952 年云南拥有各类科研机构 5 个，1958～1959 年又在昆明等城市成立了中国科学院云南分院、云南省科学技术委员会、云南省科学技术协会，召开了全

---

① 中共云南省委宣传部、省委改革办举办"壮阔东方潮 奋进新时代"云南省庆祝改革开放 40 周年系列新闻发布会第二场——文教卫体主题新闻发布会，载《昆明日报》2019 年 1 月 4 日。

9

省第一届科学技术会议，1963 年编制《云南省十年科技发展长远规划》，重点加强科研机构建设。1983 年末，云南已建设起多级各类科研机构 219 个，拥有科研人员 6100 余人[①]。1950～1997 年，全省科技发展成果在"一五"计划后，完成了由分散于各科研部门的管理，统一为省科委科技情报机构、成果管理与推广机构的收集和登记管理，其中，1978～1997 年省级科技成果 7815 项，为 1950～1977 年科技成果1816 项的 4.3 倍；1978～1997 年获得国家级和省部级奖励的科技成果 4503 项（含国家级奖励 83 项和国务院各部委奖励 690 项），为 1950～1977 年科技成果奖项 103 项的 43.7 倍。1950～1994 年，中央驻滇的独立科学研究与技术开发机构，从 1950 年的 3 个增加到 1994 年的 19 个，拥有科技人员 4500 位，中高职称科技人员比例超过 19%。[②] 1988 年全省高校和大型国企拥有科研机构 141 个，科技人员 5216 人；地市级以上政府部门所属独立科研机构 151 个，科技人员 10385 人；2007 年全省拥有"两院"院士 9 人，国家有突出贡献各类专家 47 人，享受国务院特殊津贴专家 1440 人。从城市科技发展促进经济发展看，2005 年全省科技进步对国民经济增长和工业增长的贡献率为 48.0% 和 51.0%。2000～2005 年，城市科技发展直接推进省院省校科技合作、应用基础研究、国家和省级重点科研基地建设，尤其在医药科技的病理重点实验室、真空冶金重点实验室、国家贵金属材料工程中心等建设上，取得了以新材料创新成果为代表的国内国际领先的一系列科技成果。1982～2007 年，全省知识产权事业不断发展，在专利、商标、著作权、地理标志等方面取得重大突破。[③] 2012～2017 年，全省研发经费投入强度从0.67% 提高到 0.96%（增幅达 43.28%），每万人发明专利拥有量由

---

① 和志强：《靠科学技术振兴经济——云南三十五年科技发展的主要成就和展望》，《经济问题探索》1984 年第 9、10 期。

② 《云南科技参考资料》编写组：《云南科技参考资料》（内部资料），2001 年 11 月编印，第 147、434 页。

③ 《云南省情》编委会编《云南省情（2008 年版）》，云南人民出版社，2009。

0.89 件增长到 2.21 件（增幅达 148.31%），新增国家重点实验室 4 个、国家工程技术研究中心 2 个、国家工程实验室和国家工程研究中心 1 个，新当选"两院"院士 3 人，新增科技领军人才 28 名，引进高端科技人才 36 名，建成院士专家工作站 348 个，这一系列科技成就，大多分布于全省大中小型城市内的各类研发机构和企业。2017 年，全省科技进步对国民经济增长的贡献率，由 1995 年的 43.5% 提高到 48.53%，1239 家高新技术企业实现工业总产值 2351.75 亿元，实现销售收入 2532.89 亿元，汇聚于城市的高新科技产业极大地推动了云南经济的现代化发展。①

3. 城市医疗发展水平登上新台阶

70 年的城市医疗事业发展，建成了覆盖云南城市的全民医疗服务体系、医保体系，保障了居民健康水平的持续稳定提高。1953～1958 年，全省除原有医院外，各城市又建立了卫生防疫站、流行病防治研究所、妇幼保健站，在城市展开了"除四害，讲卫生"的群众性爱国主义运动，推进全社会讲究卫生，取得了减少疾病、提高健康水平的社会效益。1978～2017 年，全省各级城市聚集了省内高水平医疗专家资源，形成了保障城市医疗质量和满足患者需要的完备服务体系，在昆明、玉溪、曲靖、昭通等城市，建设了三级甲等公益性人民医院和中医院 30 余家，拥有床位数 2 万张以上，同时，地级及以上城市汇聚了全省 50% 以上的民营医院，每个县级市均拥有二级甲等公益性人民医院和中医院 2 家以上。2017 年全省已形成具有大病保险、医保支付结合的"应保尽保"网络。特别是改革开放 40 年，经过持续深化的医药卫生体制改革，2017 年全省城镇居民个人卫生支出占卫生总费用的比重降至 28.72%，社区医院对城镇居民小区的覆盖率大幅扩大，城镇家庭拥有家庭医生的比例不断提高，90% 以上居民建立起个人健康档案，传染

---

① 劳学丽：《改革开放 40 年来云南科技发展取得多项重要成就》，昆明信息港，2018 年 11 月 28 日。

病发病率低于全国平均水平，人均预期寿命显著提高。

4. 城市就业和社会保障体制不断健全

城市就业发展成就显著。1950 年云南和平解放后，为解决国民党统治时期遗留的城市失业问题，1951 年在昆明成立了云南省劳动局，从介绍就业、开展劳动力调配、加强劳动资源计划配置等方面，对城市社会劳动力进行了统一的管理，开启了促进城市就业的新阶段。

以城市为就业载体解决失业人员就业问题。1951~1957 年，云南用五年左右时间，基本解决了 1949 年前遗留下来的城市失业人员再就业问题，建立了拉动和配置就业资源的政府统筹制度及其计划体制，构筑了较全面的支撑社会主义建设的劳动用工体系。1962 年以后，全省通过组织城镇青年上山下乡，开始实施了城镇安置新增劳动力就业的新方式，到 1978 年为止，全省组织城镇知识青年 34.65 万人上山下乡（其中包括省外知识青年 10.66 万人），这期间省内企业发展所需劳动力也多途径从下乡的知识青年中招收。

改革招工用工制度，变单一安置就业为多渠道、多形式就业。1979~2005 年，云南城镇在"十五"计划期间新增就业 100 万人，比"九五"计划时期增长 62.07%，全省城镇登记失业率仅为 4.3%。随后，结合省情实际实施了一系列促进就业再就业的配套政策，形成了"劳动者自主择业，市场调节就业，政府促进就业"的城市就业机制，2007 年城镇登记失业率下降到 4.18%，通过城市社会保险补贴、公益性岗位补贴、职业技能培训补贴等，较好地解决了城市失业人员和"4050"下岗人员的就业困难。

拥有较完备的城镇就业体系。根据 2005 年云南省人民政府《关于加强高技能人才队伍建设的实施意见》、云南省劳动和社会保障厅《云南省三年十万高技能人才培养计划》，以健全人力资源开发为龙头，不断强化城市中职业技能开发培训工作，健全了支撑全省城市就业的人力资源开发体系。2008~2017 年，云南强化了劳动合同与集体合同制度，建立了劳动关系三方协调机制，健全了劳动争议信访和仲裁制度，完善了职业技能开发与培训，不断增强城市就业援助，进一步加大市场与信息网络建设以扩大市场化安置服务，使全省城市新增就业数量，常年保持在 15 万～20 万人/年，城镇登记失业率控制在 4% 以下。2018 年全省城镇新增就业人数约 52 万，年末城镇登记失业率仅 3.4%，社会就业形势持续保持稳定。

城市社会保障体系不断健全。改革开放前，云南城市社会保障的实施，总体上是围绕国务院 1962 年和 1965 年出台的《国务院关于精减职工安置办法的若干规定》和《国务院关于精减退职的老职工生活困难救济问题的通知》，主要针对城市企事业单位"精减退职""老弱残"职工，进行民政救济及补助费发放，全省受救济的范围小且救济标准低。改革开放后，云南城市社会保障范围扩大，救助方式多样，保障程度增强，社会救助向制度化和规范化方向发展，救济对象从城市企事业单位"精减退职""老弱残"职工，扩大为国民党起义投诚人员、平反释放后无家可归人员、生活困难的散居归国华侨侨眷等 25 个种类。1995 年，东川市率先实施了城市居民最低生活保障办法，1997～1999 年全省完成了城市居民最低生活保障制度的建立与实施工作，平均保障标准为每人每月 151 元，1999～2007 年的城市低保对象由 9.8 万人增加到 77 万人①。2007～2017 年，全省城镇职工养老保险、基本医疗保险、失业保险、工伤保险、生育保险等全面实施，城镇医疗救助、住房救助、教育救助、司法救助和临时救助等城市社会救助体系不断健全。按照云南省民政厅《关于提高 2019 年城乡居民最低生活保障和特困人员救助供养标准的通知》，2019 年全省城市最低生活保障指导标准提高到 610 元/（人·月），城乡特困人员基本生活指导标准统一提高到 732 元/（人·月）；集中供养特困人员照料护理补贴省级指导标准：一档（完全丧失生活自理能力或一级重度残疾）835 元/（人·月）；分散供

①《云南省情》编委会编《云南省情（2008 年版）》，云南人民出版社，2009，第 508～511 页。

养特困人员照料护理补贴省级指导标准：一档（完全丧失生活自理能力或一级重度残疾）151 元/（人·月）。

5. 城市文化体育事业健康发展

文化产业已成为云南城市经济社会发展的新亮点。改革开放 40 年，全省城市的文化创意业、文化信息业等产业持续发展，2014～2017 年，文化产业增加值由 396 亿元增加到 517 亿元，文化产业占全省地区生产总值的比重保持在 3.10%～3.16%。文化体制改革的成效显著，既实现了省新闻出版广电局与省广播电视局机构重组、完成了城市（区）文化与广电及新闻出版机构的职能整合，又在实施城市基层公共文化设施"补短板"、基层综合性文化服务中心建设试点、公共文化机构法人治理结构改革等方面，全面系统地推进了文化产业结构的不断完善，新闻出版、广播电视等产业的不断壮大，文化创意业、文化信息业等产业的持续发展，昆明市还成为全国首批对外文化出口基地。

体育事业发展进入新通道。改革开放 40 年，特别是党的十八大以来的 5 年，云南体育发展取得了丰硕成果。从 1984 年奥运会至今，云南共有 56 名运动员和教练员入选中国奥运体育代表团，获得金牌 3 枚、银牌 3 枚、铜牌 1 枚；从 1974 年至今，云南运动员在历届亚运会上共取得金牌 18 枚、奖牌 19 枚。在此基础上，以城市为平台云南体育运动成绩不断提高，既厚植起竞技体育后备人才的基础，又通过推行运动员注册制度，进一步增强着青少年竞技体育后备人才梯队的培养体系。2012～2017 年，全省注册青少年运动员从 6000 多人增加到 2.2 万人，增长 2 倍以上，各级城市体校的业余训练单位从 29 家增加到 83 家，昆明、玉溪、普洱等城市已成为国家奥运战略的人才输送基地。

（三）城市配套体系不断完备

1. 城市基础设施建设不断健全

城市基础设施的配套建设程度不断提高。1951～1955 年，昆明市城市基础建设以旧城改造、城墙拆除以拓展道路、城区河道桥梁加固、改扩建街道、路灯建设等为主体。1978～2018 年，城市基础建设突出了旧城改造与新区开发相结合，1985～2007 年，伴随着城市空间的拓展、城市人口的增加、城市交通与环保要求的提高，不断配套和提升基础设施建设水平，并在建设中强化了昆明作为历史文化名城的保护与恢复。依托各城市建成了一批城际铁路和公路的"无水港"运输枢纽，各运输枢纽在计算机控制下，整体形成了内引外联的现代综合交通体系。2018 年启动的"智慧昆明"等项目，在强化铁路运输绩效上，使解编能力提高到 15000 辆/天以上，更好地提升云南与南亚东南亚各国间的铁路贸易水平，特别有助于提高云南开远市至越南海防市的米轨铁路运输层次。2016～2018 年，城市之间现代交通网络格局初步形成，随着各城市高速公路、铁路和高铁的通车，已构筑了滇中城市经济圈交通环线和滇南城市轨道交通"大通道"，极大地加快了各城市间人才流、信息流、资金流等发展要素的集聚，促进了城市经济社会的全面发展。

云南大中城市在围绕城市轨道交通、海绵城市建设、城市地下综合管廊建设、垃圾分类处理等方面，基本完成了现代化城市发展所需配套的基础设施建设。按照"全省城市基础设施建设推进会"（云南省住房和城乡建设厅）工作实施要求，2017 年全省城市基础设施建设完成海绵城市建设 39 平方公里、城市地下综合管廊建设 180 公里、城市公共厕所新建改建 3062 座（含旅游公厕），对流经城市的 12 条黑臭水体治理进一步取得成效，城市的污水处理率超过 85%，新建污水处理厂运营与配套管网 1000 公里，城市排水防涝建设效果再上新台阶。

2. 区域性城市建设体系协调发展

云南 70 年城市发展的结果，形成了以 8 个地级市为主体的区域性城市体系。从城市建设看，8 个地级市的城市体系不断健全，地域性发展优势不断突出。

昆明已成为中国面向东南亚开放的国际门户城市。2018 年，城市国土面积 2.14 万平方公里，人口 670 万，拥有省内最完备的城建体系，城市的现代化程度较高。党的十一届三中全会后，1979～1999 年昆明经济发展重点，逐步转移到烟草工业、机械制造、五金家电、冶金化工、装备制造等轻重工业的规模化发展方面。2000～2018 年，昆明围绕省域中心城市，借助于高新产业和国家级园区的引领，以打造滇中城市群一小时经济圈为重点，形成了辐射和连接曲靖、玉溪、楚雄等区域性中心城市，覆盖周边小城市的三级城市建设与发展新体系。

全省 8 个地级市构成了区域性城市协调发展的新格局。曲靖作为云南重要的工商城市，在与贵州省和广西壮族自治区相邻中形成了较强的城市区位优势，综合经济实力居云南省第二位，城市土地面积 2.89 万平方公里，人口 640 多万，距省会昆明市 120 公里，是云南省滇中城市群规划区域中心城市。玉溪作为云南国际大通道中重要枢纽城市，城市土地面积 1.52 万平方公里，人口 238 万，距省会昆明 88 公里，是云南省第三大城市，为国内外著名云烟之乡和优质卷烟集中生产地之一。丽江作为国内外知名的旅游城市，城市土地面积 2.06 万平方公里，人口 110 多万，是依托古丝绸之路与茶马古道交会的区位，是改革开放 40 年发展起来的国内外知名的民族旅游城市。普洱作为云南沿边境绿色产业聚集城市，城市土地面积 4.53 万平方公里，人口 240 万，森林覆盖率超过 67%，生态环境良好，为北回归线上最大的绿洲，是普洱茶的重要产地之一，拥有茶园面积超过 318 万亩。保山作为沿边境特色产业型发展城市，城市国土面积 1.96 万平方公里，人口 250 万。昭通作为云南通向四川和贵州两省的门户型城市，城市面积 2.3 万平方公里，人口 530 多万，为滇东北区域型中心城市。临沧作为面向"澜沧江－湄公河"上游的沿边城市，土地面积 2.4 万平方公里，人口 249 万，拥有开放发展的良好区位与优势。云南 8 个地级市共拥有国土面积 19.8 万平方公里，占全省面积的 45.28%，具备参与国家"一带一路"建设和实施长江经济带战略的区位优势，拥有推进多元化协调发展的资源禀赋、区位条件和市场空间，构成了以区域性城市协调发展推进全省经济社会高质量跨越式发展的新格局。

3. 城市进入现代化建设新阶段

城市治理中省情特色凸显。云南省城市建设中蕴含着一系列现代化治理理念，尤其在新时代的城市运行管理智能化和精细化、城市基础设施营运效益化与科学化、城市生态环境与人居健康配套化、城市垃圾分类与处理资源化等领域，系统地体现了现代化城市精细治理的内容要求。昆明市作为省会城市，综合管理已进入智能化新阶段，以垃圾分类处理为标志的具体治理，也步入精细化服务新时期。

城市现代化建设标志鲜明。云南 70 年城市发展的现代化标志，将以昆明为代表做出展示。2000～2017 年，全省城市现代化建设的标志性成就，在基础建设方面集中于对外航空和对内高铁，在产业建设方面聚焦于斗南花市及其国际拍卖体系，在生态建设方面表现为以滇池和洱海治理为主的城市湖泊水环境建设和滇池治理显露的成效，斗南花市、长水国际机场、昆明动车等建设成效均展示着新时代城市建设新的标志。昆明高度重视城市生态文明建设中的滇池治理，20 年各级财政已为滇池治理投入 500 亿元以上，建成了环湖截污、生态补水、农业污染治理和河道治理等系统性工程，恢复滇池周边湿地面积 5.4 万亩，有效改进了滇池水质。昆明斗南花市经过近 30 年发展，已经成为全球第二大鲜切花交易中心，云南晋升为全球三大新兴花卉产区之一。昆明长水国际机场，2012 年已成为国内首个双跑道均具备二类盲降能力的机场，2016 年起其单日起降航班量连续 3 年位列全国第四，到 2018 年末已开通国内外航线 348 条，与东南亚和南亚 15 个国家的 34 个城市通航。昆明动车自 2016 年底开通后，其"昆明动车所"内有 10 条检修线和 58 条存车线，为中国西南地区规模最大的动车所，2016 年 12 月至 2019 年 6 月，高铁发送旅客 5000 万人次以上，全省铁路由此取得了从米轨到准轨、从蒸汽机车到内燃机车、从电动机车到高铁动车转变的巨大发展成就。此外，具有现代城市特征的昆明"夜间经济"不断发展，融合城市文化创意、旅游、餐饮、体育等多层次消费的"夜间经济"不断拓展，城市活力不断释放，在"2019 中国夜间经济论坛"有关中国旅游研究院发布的十大标杆项目中，昆明市入选全国"夜间经济十佳城市"，同时，通过实施《昆明市促进夜间经济发展 11 条措施的意见（送审稿）》（2019 年 8 月），以夜间消费、夜间灯光、夜间公交等发展为标志的夜间经济活跃度，列国内新一线城市的第 8 位。[①]

二　改革开放前的 30 年：云南城市建设在徘徊中前行

（一）城市发展状况与基本评价

1950～1978 年的近 30 年，云南完成了从和平解放走向全面建设的历史性转变，全省城市发展取得较大成就及建设进展，城市发展跨入新阶段。但受边疆、民族、山区等地理和区位的限制，加上历次政治运动的影响，城市建设整体处于徘徊前行状态，城市发展水平总体上仍低于全国平均水平。

1950～1955 年，云南城市基本沿袭着解放前的城镇格局，城市建设总体处于停滞状态。这期间，首先，全省城镇经济的区域性聚集特征凸显：昆明作为省会城市，是全省政治经济文化中心；蒙自作为进出口物资集散地，是仅次于昆明的贸易中心；昭通作为滇东北物资集散地，是云南面向贵州、四川和内地省份的物资交易中心；保山作为滇缅贸易通道的商品集散中心之一，是全省手工业相对发达的城镇；下关作为滇西物资主要集散地，是滇西的交通中心和商贸中心。丽江是滇西北物资集散地，开远是滇南物资集散地和交通中心，河口是云南进出口主要口岸，腾冲是滇缅和滇印贸易口岸及交易市场，思茅是滇缅、滇泰、滇老贸易的商埠汇集地。其次，全省市政建设格局初现。自 1951 年起，云

---

① 欧阳小抒：《昆明如何点亮"夜间经济"》，《云岭先锋》2020 年第 4 期。

南城市规划工作在几经波折后，依托各级政府城市建设部门，展开了全省各市的城市勘测与城市规划，重点针对市政实施、公共事业、园林绿化、环境卫生等方面，做出较为全面的建设布局。

1955～1978 年，云南城市发展呈现有规划引导的发展格局。1955年，昆明首编《城市总体初步规划》，较好地引领着昆明早期的城市建设。这期间，全省城市建设的区域布局和地区特色较为突出。一是沿用自 1910 年滇越铁路建成通车后形成的昆明、河口、蒙自、开远等滇南－滇中的城镇发展格局；二是围绕商贸交通干线形成了保山、大理、昆明等滇西－滇中的区域城市发展格局；三是依托国家矿产资源开发战略布局和"一五"计划工业建设布局的叠加发展，形成了以个旧、东川为标志的资源开发型城市，形成了以昆明为核心的机械机电、有色冶金、钢铁、纺织等加工型工业城市。

（二）城市发展历程与主要成就回顾

城市规划指导建设的基本历程。全省编制城市建设总体规划，率先于 1955 年在省会昆明市展开，经过实施到 1959 年时已形成"城区－近郊－远郊"布局下的城市发展构架，较好地奠定了城市建设的发展基础。但是，"文化大革命"中，受规划机构被撤销、技术人员被迫改行等影响，城市建设呈现乱建、乱盖、乱占土地等无政府状态。"文化大革命"结束后，昆明市城市规划与建设工作，重新获得加强和改善。

地方工业体系围绕城市完成建设布局。在"一五"计划至"四五"计划期间，云南工业针对昆明市、昭通市、开远市、楚雄市等地县级城市，布局建设了一系列工业发展项目，初步建立起具有云南地方特色的工业体系。特别在"三五""四五"计划期间，全省新增固定资产投资60.8 亿元，形成了覆盖十二个领域的工业体系：以有色和黑色金属为主体的冶金工业体系（昆明），以磷化工和煤化工为主体的化学工业体系（昆明），以煤炭和煤化工为主的能源化工体系（开远、昆明），以机床、铣床、电缆等为代表的机械工业体系（昆明），以 53 个电子产品企业及其系列产品为重点的电子工业体系（昆明），以玉溪卷烟厂、昆明卷烟厂、昭通卷烟厂、曲靖卷烟厂、楚雄卷烟厂等为主体的卷烟工业体系（玉溪、昆明、昭通、曲靖、楚雄），以云南白药为代表的医药工业体系（昆明），以水泥、平板玻璃等为主的建材工业体系（昆明），以弥勒糖厂、芒市糖厂等为骨干的制糖工业体系（弥勒、芒市），以轮胎生产为主的橡胶工业生产体系（昆明），以云南天然气化工厂、解放军化肥厂为代表的化肥工业体系（水富、开远），以纺织、印染、造纸、合成洗涤剂为代表的轻纺工业体系（昆明、下关）。

城市发展与工业化相互促进。云南城市发展是建立在工业化基础上的发展，呈现出城市规模效应与产业聚集效应相结合的特征。围绕国家"一五"计划时期工业项目在云南的部署，制造业类的大中型工业企业，大多集中布局在以昆明市为中心的半径 50 公里的城市区域内；资源采掘类的大中型工业企业，主要布局在滇中、滇东和滇南地区的各类城市及周边，并形成一批资源型城市。在"一五"计划时期，根据中央关于"云南一定要抓好个旧、东川等地锡、铜采矿业，支援国家经济建设"的总要求，全省围绕资源开发，形成了以有色金属为重点推动工业建设的资源型城市发展构架。这期间，云南提高了电力、公路、建材等建设配套强度，扩建了昆明、个旧、东川三个地区的电网体系，新建了以礼河梯级水电厂为标志的电力供给体系，修建了服务东川和个旧等资源型城市公路和铁路（其中包含寻甸县羊街至东川汤丹矿区的 238 公里公路、开远雨过铺至个旧大屯矿区的铁路支线等），推进了建材工业以服务城市建设的昆明水泥厂的建成投产（被列为国家重点建设工程）。滇中、滇东和滇南地区的产业发展，带动了全省中小城市的不断发展，完成了中小城市与昆明等大城市的交通运输枢纽联系、邮电通信联系、商业经济联系和科教文卫联系，有效促进了全省大中小城市的市政设施建设及其发展。随着聚集于昆明、东川、个旧、下关等城市的工业体系的配套发展，城市工业对全省经济发展的贡献显著，在"四五"计划时期（1971～1975 年），全省国民生产总值增长了 41%，年均递增

6.25%；工业总产值增长了37.35%，年均递增5.2%[1]。

城市基础设施建设不断完善。改革开放前的30年，城市基础设施建设经历了发展、停滞、再发展的曲折历程。1950～1960年启动城市建设规划，实施中出现规模偏大和指标偏高问题，于是1960～1965年做出减缓城市建设步伐的调整，一些城市基础性项目被取消，总体上使城市建设受到挫折和部分停顿，1966～1970年全省城市建设总投资仅为"二五"计划时期的65%[2]。但是，纵观1950～1978年28年的城市基础设施建设，在整体上不断克服问题和困难，基本实现了配套性建设及其局部的发展，形成了能够支撑地方城市经济社会运行的设施保障。交通和邮电通信方面完成了全省城市与各县之间的全面通车，省会昆明与各县乡村间的全面通邮。1966～1972年，贵昆铁路交付运营，成昆铁路正式通车，昆明至东川支线铁路全线通车，昆明至昆阳支线铁路交付运营，下关至畹町段500公里公路完成修缮整治，1973年10月全线贯通的滇藏公路经丽江沟通了滇藏，1972年全省实现了区域性中心城市与县级城市的相互连通。在邮政通信方面，通过国家通信网和边防通信的建设，架通了昆明至北京的微波线路，边防通信能力有所增强，全省大中小城市间邮路畅通，邮电业务总量翻番。

城镇居民收入稳步提高。"一五"计划时期，云南城镇居民就业面扩大、收入增加、生活状况不断改善，人均年平均消费水平由1950年的84元提高到1957年的162元，增长了93%，年平均增长9.8%。[3]1957～1978年，云南城镇居民可支配收入增长了62.5%，达到327.7元，年均收入递增在2%以上，人均生活消费支出在1978年达到303.1元，比1957年增长59.6%，城镇居民年末储蓄存款余额比1957年增长4.5倍，人均消费肉类和棉布比1957年增长11.3%和24.7%，人均消

① 当代云南编辑部编《当代云南大事纪要（1949-2006年）》，当代中国出版社，2007，第343页。

② 《云南省情》编委会编《云南省情（2008年版）》，云南人民出版社，2009，第637页。

③ 云南省地方志编撰委员会编《云南省志·经济综合志》，云南人民出版社，1995。

费粮食为 139.1 公斤、蔬菜 162.8 公斤。这期间，虽然全省的恩格尔系数高达 63%，但是，每百户城镇居民却拥有自行车 70 辆、手表 90 只、缝纫机 50 架，分别比 1957 年增长 4.9 倍、1.3 倍和 5.7 倍，并且人均居住面积 4.6 平方米，在人口数量增加的情况下，人均住房面积比 1957 年增加 1.2 平方米。[①]

三 改革开放后的 40 年：云南城市发展登上新台阶

改革开放后的 40 年，是云南城市发展速度和质量登上历史新台阶的 40 年，也是城市发展主导全省经济社会发展的 40 年。伴随着城市人口的快速集聚，云南城市建设规模持续扩大，城镇化水平不断提高，城市发展的新成就不断涌现，总体上形成了现代城市发展的格局：以昆明特大城市为核心的全省城市经济中心和增长极，以玉溪、曲靖、丽江、昭通、保山、临沧、普洱等地区性城市为支撑的全省次级城市经济中心，以县级城市为基点的配套和承接区域性城市发展的小型城镇群。

（一）城市发展特色鲜明

1. 城市经济体制改革成效显著

以企业改革为核心推进城市经济体制改革。在推行扩权让利搞活城市企业中，改革成效不断显现，1978 年下半年，全省围绕 4 个亏损企业试行亏损包干试点取得成效；1979 年 2 月，中共云南省委提出了扩大企业自主权的 13 条意见，在 50 个国营大中型企业展开试点深化国企改革；1980 年 4 月，全省试点工业企业扩大到 195 个，商业企业扩大到 200 户，城市经济体制改革全面铺开。经过三年改革试点探索，全省大

[①] 《云南省情》编委会编《云南省情（2008 年版）》，云南人民出版社，2009，第 500、501 页。

型骨干企业基本上参与了扩权试点，基本实现了经营权明晰、权责相配的自负盈亏。城市国有企业的改革，推进了全省城市经济体制的变革发展，全面激发了城市经济的活力。

推行经济责任制以激活企业。1980～1990 年，全省工业企业实行了以利润包干为核心的经济责任制，经过对昆明钢铁公司等 10 家骨干企业的试行和完善，1983 年，全省大中型企业普遍推行了"上缴利润包干"或"递增包干、一定几年不变"的经济责任制，其中，一是对部分中型企业试行了"以税代利"试点；二是对利润低于 10 万元的国营小型企业，试行了"自负盈亏、增征所得税"的办法；三是在企业推行多种分配办法，恢复并改进了奖金和工资发放制度。

推进国营商业管理体制、城市批发体制等改革，形成多层次、多形式、多渠道、少环节的流通体制和四通八达的流通网络。通过推进宏观调控改革和计划体制改革，缩小工业产品计划和指令性计划指标，扩大指导性计划指标和市场调节的范围。改革基本建设体制，将基本建设投资由原来主要靠国家财政拨款，改为由银行贷款，由无偿使用转变为有偿使用。全面推行城市建设项目的投资包干责任制和招标承包制。改革财政税收体制，在由省级对市级财政体制实行"划分收支、超收分成"的同时，对城市财政实行了形式多样的财政包干制。税收方面，通过实施"以流转税、所得税"为主体的多税种、多环节、多层次的工商税制体系改革，培育了分类指导激励下的商品经济发展新动力。

2. 城市社会人口持续集聚

1988～2017 年的 40 年，是全省人口向城市集聚程度最高的 40 年。1988 年，全省 11 个城市总人口为 560.3 万，占全省总人口的 15.6%，人口超百万的城市仅为昆明市，其余均为 20 万以下小城市，其中畹町市人口仅为 0.28 万。11 个城市的建成总面积为 166 平方公里，其中昆明市为 96 平方公里，占 57.8%；11 个城市工业总产值 151.93 亿元，占全省工业总产值的 62% 以上。但是，发展到 2017 年，全省城市人口聚集度大幅度提高，8 个地级市总人口 2988.0 万，占全省总人口的 62.2%。2017 年昆明市、玉溪市、昭通市等的人口密度均超过 2050 人/平方公里，比全省人口密度高 68.3%，其中，昆明市人口密度是全省的 2.58 倍。[①]

3. 重点城市对全省城市发展的引领作用持续加大

1988～2017 年，大中城市发展对全省经济社会发展产生了巨大的引领作用。在大中城市发展中，随着城市交通网络发展和城市间便捷交往程度的提高，省会城市昆明对其他中等城市的经济及其社会作用不断增强，进而引导和辐射全省小城市的发展，最终形成了省会大城市引导全省城市发展的圈层城市辐射发展模式。同时，重点城市对全省城市发展的引领作用，还表现为以下两个方面：

大城市规划的引导作用突出。1980 年昆明市向云南省人民政府呈报《关于昆明市城市总体规划要点的报告》，提出根据市情特点，将昆明建成具有现代化工业、以风景旅游为特征的社会主义城市，拟订出城市中心区近期和远期的人口控制数、城市布局"大分散、小集中"和"多搞小城镇"的方针，推动城市建设投资的大幅度增加。以此为基点，1980～1990 年，全省各州市及县级市多参照昆明市城市总体规划，结合当地实际制定了相应的城市建设与发展规划。

重点城市建设对全省经济发展拉动作用不断增强。首先，在以昆明市、玉溪市、曲靖市为代表的滇中城市群，2017 年，以 GDP 核算的城市经济总量占全省的 50.4%，其城市第二产业增加值占全省的 54.0%，第三产业增加值占全省的 53.1%，表现出对全省经济的巨大支撑。[②] 因此，改革开放后 40 年的城市发展，总体上形成了以重点城市为主体和拉动力的区域经济发展新格局。其次，在改革开放的初期，城市建设已呈现良好的投资增长趋势，这期间，昆明市城市建设投资逐年增大，

---

①　云南省统计局编《云南统计年鉴（2018）》，中国统计出版社，2018，第 374 页。

②　云南省统计局编《云南统计年鉴（2018）》，中国统计出版社，2018，第 30 页。

1979 年比 1978 年的投资增长超过 50%，投资多分布于基础设施领域，建设重点集中在全市 90 多条道路（其总面积为 4 万平方米）的翻修和扩宽、路面水泥和沥青化、城市住房（为 1 万多户居民建立了 44 万多平方米的新居）、自来水供水量（相对建设前提高了 3 倍）、市内公共汽车线路和近郊路线开辟、名胜古迹修缮及重新对外开放等方面。城市建设的不断完善，不断夯实着城市经济发展的基础，推动着城市跨入了一个又一个的发展新高地。

（二）城市建设成就亮点频现

1. 基础设施建设不断强化，城市综合功能不断完善

改革开放 40 年的城市建设与发展，重点围绕昆明、玉溪、曲靖、丽江、昭通、临沧、普洱、保山等区域中心城市，以交通网络、供水供电、邮政通信、市政建设为重点，全面推进基础设施建设，不断强化城市综合功能。滇中城市群基础设施建设在 1995～2000 年取得明显成效：在昆明市，城市建成区面积达到 143 平方公里（2000 年比 1994 年增长 43 平方公里），建设了至大理和石林的旅游专列，完成了市内公路的高等级改造，改扩建了昆明机场使国内和国际航线增加到 90 余条，健全了引水济昆等工程性供水进而将全市自来水普及率提高到 100%，邮政系统移动通信用户比 1995 年增长 53 倍，关闭滇池领域内 110 家污染企业和扩大污水处理厂建设，城市绿化覆盖率达到 31%，1999 年的环境保护投资指数达到 2.38%，城市基础设施不断配套，城市"水、路、树、房"建设效果显著，昆明在全国 46 个重点城市环境综合治理定量考核中居第 10 位，被联合国提名为 2000 年改善居住环境最佳范例城市。在玉溪市，建成城市中心区及其周边区的城区面积 50 平方公里，推进了城市道路、园林绿化、供水供电、城区交通、环境卫生等设施的建设完善，城区绿化覆盖率达到 10.35%。在曲靖市，建成城市城区面积 84 平方公里（2000 年比 1994 年增长 21% 以上），人均公共绿地面积、城市道路高等级化程度、污水治理与环境保护程度等指标大幅度提

高，城市基础设施建设水平获得整体性提升。[①]

2. 城市与房地产的高效融合发展

在云南 40 年城市发展中，后 20 年的房地产业发展，推进了第二产业与第三产业的融合发展，对城市建设与发展产生了巨大作用。自全省启动住房制度改革[②]，在城镇实施公房出售、筹集建房等后，1998 ~ 2005 年，全省房地产销售面积量级不断提升，由每年 230 万平方米增加到 550 万平方米，年均增长速度 13.26%。伴随着需求略高于供给，云南房地产对城市建设的拉动作用不断增强。2012 年，全省房地产投资达 1782 亿元，商品房屋施工面积超过 14000 万平方米（为 2002 年的 4.4 倍），商品房屋销售额超过 1300 亿元。2017 年全省商品房销售面积 2433 万平方米中，65% 以上集中在昆明、玉溪、曲靖等 8 个地级市；同期，在商品房销售额 1418 亿元中，昆明、玉溪、曲靖等 8 个地级市所占比重近 75%。2011 ~ 2017 年，云南房地产投资由 1273 亿元/年增加到 2786 亿元/年，净增长了 1.2 倍，推进了城市商品住宅、办公写字楼、商业营业楼、物业楼宇等建设，其中，仅按商业营业用房投资占总投资 12% ~ 19% 的比例推算，逐年形成的巨量投资，直接支撑了全省城市商贸经济等第三产业的持续发展。2018 年，全省房地产开发投资 3247 亿元[③]中，昆明、曲靖、玉溪等 8 个地级市的投资比重为 78.8%，城市房地产业的投资，拉动了城市产业建设及其优势资源的配套开发，提升了城镇建设与产业发展的良性互动层次，为云南工业强市、旅游强市、贸易强市等特色城市发展，奠定了良好基础并发挥了巨大拉动作用。

3. 科教发展贡献较大

1990 ~ 2000 年，云南省科技事业全面发展，高新技术产业发展成

① 中共云南省委办公厅、云南省统计局编《云南"九五"成就回顾》，云新出〔2001〕准字 013 号，2001 年云南广播电视大学印刷厂印制。

② 中共云南省委党史研究室编《云南改革开放二十年》，云南民族出版社，1998。

③ 董棣主编《云南经济发展报告（2018 - 2019）》，云南人民出版社，2019，第 193 ~ 194 页。

效显著，以重大技术改造推动了传统产业的改造，以应用电子信息技术促进了传统产业的升级（其中，"云南内燃机厂 CIMS 应用一期工程"，成为全省首家国家级应用示范工程），高新技术创新研究支撑了高新技术发展，高新技术产业开发区建设进一步加强（其中，昆明、玉溪等市的高新技术产业开发区已形成系列化主导产业），民营科技全面发展（其中，2000 年全省分布在城市的民营科技企业超过 2000 家，有 747 家被纳入国家科技部统计企业），国际科技合作交流不断扩展，省院省校科技合作深度不断加深，滇沪科技合作层次不断提高。这期间，1996～2000 年与 1990～1995 年相比，全省科技进步对国民经济增长的贡献率提高了近 15 个百分点，贡献率达到 43.5%；科技进步水平在全国的排名，由第 26 位提升至第 22 位；科技活动产出排序在全国的排名，由第 26 位提升至第 18 位。[①]

（三）城市经济实现跨越式发展

1. 城市发展助推经济增长完成历史性跨越

从经济总量中城市经济比重超过 65% 的省情实际看，城市发展的大平台上，聚集着全省大多数的投资、消费和进出口，城市经济是真正支撑云南经济增长的主体。在 1978～2017 年的 40 年，云南围绕城市经济发展，不断推进改革开放推动生产力的持续提高，综合经济实力实现了历史性跨越式发展，2017 年全省地区生产总值居全国第 20 位，地区生产总值由 1978 年的 69.05 亿元，增长到 2017 年的 16531.34 亿元，增长了 238.4 倍；全社会固定资产投资总额由 1978 年的 15.04 亿元，增长到 2017 年的 18474.89 亿元，增长了 1227 倍；财政总收入由 1978 年的 11.76 亿元，增长到 2017 年的 3392.08 亿元，增长了 287.4 倍。依托城市经济领域的作用，全省三次产业结构关系，从 1978 年的 42.7：39.9：

---

① 中共云南省委办公厅、云南省统计局编《云南"九五"成就回顾》，云新出〔2001〕准字 013 号，2001 年云南广播电视大学印刷厂印制。

17.4，优化调整为2017年的14.0∶38.6∶47.4，全省第二产业和第三产业的经济贡献幅度大幅上升，经济增长与财政增收进入良性互促发展新阶段，不断助推着城市经济实现跨越式的高质量发展。①

2. 城市发展引领新兴产业发展

城市发展在促进传统产业与引领新兴产业中发挥着巨大作用。1978～2017年，伴随着城市经济的发展，云南在巩固五大传统支柱产业发展基础上，借助城市经济要素聚集的优势平台，培育发展了生物医药和大健康产业、旅游文化产业、信息产业、物流产业、高原特色现代农业产业、新材料产业、先进装备制造业、食品与消费品制造业等八大重点产业。按照"两型三化"要求，加快培育新兴产业，全力打造世界一流"绿色能源""绿色食品""健康生活目的地""三张牌"，推进了新兴产业集群的不断形成，打造了全省经济增长新引擎。同期，一方面，在推进城市经济发展中，注重发展非公经济，非公经济发展从1978年前的基本停滞状态，发展到2017年非公经济增加值占全省生产总值比重达47.2%②的新阶段，全面激活了民营经济的整体活力。另一方面，推进了文化产业与旅游业的相互促进与融合发展，成为继"两烟"后，省内最具竞争力的产业经济和新型经济增长点。

城市发展推进了会展产业的不断发展。"十二五"期间，云南省面向南亚东南亚扩大开放，积极参与长江经济带、孟中印缅经济走廊和中国－中南半岛经济走廊建设，以发展会展产业，着力推动开放型经济发展。一是以昆明为中心的全省城市会展规模持续扩大，2011～2015年举办各类展览约260个，展览面积从2011年的77.96万平方米增加到2015年的96.65万平方米，增长24%，总展览面积达415万平方米，年均办展52个，年均展览面积83.16万平方米，会展产业规模虽总体处于国内同类城市的中游水平，但会展规模逐年增长，地方民族特色节

---

① 曲青山、黄书元主编《中国改革开放全景录》（云南卷），云南人民出版社，2018。

② 曲青山、黄书元主编《中国改革开放全景录（云南卷）》，云南人民出版社，2018。

庆会展活动丰富多样，经济社会效益不断凸显。二是全省城市会展结构不断优化，会展活动涉及工业、农业、经贸、文化、艺术、体育、旅游等多个领域，逐步形成了以中国－南亚博览会暨中国昆明进出口商品交易会和南亚东南亚国家商品展暨投资贸易洽谈会为引领，国际性重点展会为支撑，各类州市地方民族特色节庆会展活动及边境经济贸易交易会共同发展的会展产业格局，其中，中国国际旅游交易会、中国国际农产品交易会暨昆明泛亚国际农业博览会、中国云南普洱茶国际博览交易会、创意云南文化产业博览会、中国昆明泛亚石博览会暨国际珠宝文化节等城市会展品牌已经形成。三是城市会展企业和设施进一步发展，2015 年全省注册的城市会展企业累计约 500 户，90% 以上为民营企业，已建成投入使用的固定展览场馆超过 30 个，室内展览面积近 40 万平方米，同期具备举办大中型会议条件的会堂、酒店超过 500 家，与会展（场）馆配套的周边交通、物流、餐饮、娱乐、休闲、信息网络等设施不断完善。四是城市会展产业对开放型经济发展的促进作用不断增强，通过成功举办定期和非定期的会展活动，不断增进了云南与南亚东南亚各国经贸的有效衔接，支撑着中国－南亚博览会暨中国昆明进出口商品交易会等主体外经贸成交额和签约额的逐届提高。[①]

3. 聚汇国际发展要素助推开放型经济登上新台阶

云南城市的对外开放程度大幅度提高。自 1978 年起，昆明市经国务院批准被列为对外国人开放地区，带领全省推动了对外开放的快速发展。1980 年，瑞丽、畹町等市作为中缅边境小额贸易的聚集区，率先引领着全省边境贸易的发展，促进了 1985 年 3 月《云南省关于边境贸易的暂行规定》的实施，使全省与周边国家接壤的 27 个县（市）全面展开边境贸易。1984～1987 年，昆明等城市在云南省"坚持开放政策，

---

① 参见云南省人民政府编制《云南省会展产业"十三五"发展规划纲要》（公开发布），"会展产业发展情况"。

大搞技术引进"中，拓展了与外商的重点合作，实施了《云南省鼓励外商投资的若干规定》，带动了全省以对外开放促进经济的跨越发展。1992 年 6 月，国务院批准昆明市、畹町市、瑞丽县、河口瑶族自治县为沿边开放城市，批准昆明实行沿海开放城市政策，1993 年昆明举办首届"中国昆明出口商品交易会"，形成了以昆明为中心、边境开放城市和边境一线城市为前沿、面向南亚东南亚的开放格局。

云南城市固有的对外开放区位优势，转化为推进对外贸易上台阶的比较优势。改革开放 40 年，借助对外开放形成的边境贸易区位优势，一是全省对外贸易规模不断扩大，由 1978 年对外贸易不足 1 亿美元，增长到 2017 年的 250 亿美元，2017 年边境贸易占全省外贸额的 27.3%，与缅甸、越南、老挝等周边国家经贸合作的比重在 50% 以上。二是通关便利化水平不断提高，全省 25 个口岸（一类口岸 19 个、二类口岸 6 个）中，许多口岸实现 24 小时预约通关，边民互市的免税交易额提高到 8000 元/（人·天）。三是对外工程承包不断增加，全省对外工程承包营业额由 1985 年的 684 万美元，提高到 2016 年的 18 亿美元，统计数据显示，2017 年 11 月末全省累计外派各类劳务人员 11.6 万人。

搭建对外经贸合作平台，全面聚汇国际发展要素。改革开放 40 年，云南始终面向东南亚南亚，以城市体系为通道节点，切实推进国际大通道建设，持续加强"八出省、五出境"铁路骨架网、"七出省、五出境"高速公路主骨架网、覆盖东南亚南亚航空网和"两出省、三出境"水运通道等重大交通通道体系的建设，构建了辐射南亚东南亚的综合交通基础，在昆明、玉溪、蒙自、河口、瑞丽、腾冲等城市，搭建起一系列的对外经贸合作平台。截至 2019 年末，云南在众多城市实施了以中国（云南）自贸区试验区、国家级边境经济合作区、重点开发开放试验区、综合保税区、跨境经济合作区、国家级经济技术开发区和省级开发区为主体的对外开放平台建设。依托对外开放平台，不断推进开放型城市发展，围绕滇中城市群和沿边城镇带，不断汇聚着国际合作发展要素，全面推进着中老经济走廊、中缅经济走廊的建设，重点深化着中越、中泰等双边经贸的发展与产能合作。

四 城市 70 年发展启示：提高顺应趋势与把握规律的能力

云南城市 70 年发展的历史性实践成就，从整体上彰显了社会主义尤其是中国特色社会主义制度的巨大优越性，证明了中国共产党运用马克思主义立场观点方法指导发展、处理问题和把握战略机遇的实践正确性。在全省城市综合实力迈上新台阶、城镇居民充分享受发展成就中，中共云南省委、省人民政府始终立足省情实际抓机遇、顺应城市运行趋势谋布局、把握城市建设规律拓新城，不断推进城市发展实现新跨越。

（一）突出规划引领推进城市的科学发展与特色化建设

云南城市发展取得的巨大成就，是历届省委、省政府践行对历史负责、对未来负责和对子孙后代负责的历史责任感，始终坚持规划引领城市建设的发展结果。从功能区块、特色景观、重要建筑物风格等方面看，改革开放 40 年，具有云南地域特色的城市体系建设成就显著，进一步展现和提升了大中小城市的精神风貌与城市魅力。尤其是党的十八大以来，按照习近平总书记"规划科学是最大的效益，规划失误是最大的浪费，规划折腾是最大的忌讳"的指示精神，不断加强对城乡规划工作的组织领导，不断推进省委、省政府加强城市规划建设管理工作的实施意见，不断强化城市建设空间布局与高质量城市建设，因而在城市体系建设上更加突出了云南地域特色，在城市建筑上体现了"适用、经济、绿色、美观"的建筑方针，在城市内涵发展上实现了经济社会生态环境的有机协调发展。

在突出省情的地域特色城市建设上，明确了"一个目标，两条线索，三个层次，四个方面"规划建设要求。具体内容为：一个目标，是打造"一域有风情，一路有风景，一城有记忆，一方有乡愁"的城乡特色规划设计目标；两条线索，是地理气候特色线索与文化特色线索相结合，地理气候特色线索的内涵为气候生态、地理地貌、地质水文、土壤植被、物产交通、经济民生等，文化特色线索的内涵为民族文脉、历史传承、群体记忆、风俗习惯、时代面貌等；三个层次，按照"发展层次、区位层次、规模层次"三个不同分层，分级确立大中小城市的地域特色要求；四个方面，集中为"植根地域、彰显文化、强调特色、融入时代"等四方面的统筹建设。

在突出云南城市功能的社会化与生态化适应上，践行把社会生活适用性与宜居性放在城市首位的建设要求。在大中小城市发展中，始终注重社会运行系统、交通系统和生活系统之间的高效对接，始终把地域文化特色贯穿于不同的城市建设。在大中小城市建设中，一是始终重视建筑体系与自然体系的和谐融洽，顺应自然、尊重自然、依自然环境就势展开城建，尽量将自然风光融入建筑群体，实现城市建筑与环境、人与自然的和谐；二是加强历史文化保护与利用，按照历史文化名城、名街的保护规划，重点对涉及历史文化街区和老城区的改造时，始终加强对历史文化建筑的保护与再利用，既加固和改造特色传统建筑，又不断完善和增强老城区、传统街区的城市功能与活力；三是善于结合城市建设要求，应用新技术、新材料、新设备、新工艺，突出建筑节能型、地面海绵型、交通智慧型、生活便利型的城市建设新功能。

（二）顺应趋势发掘城市群建设的空间及潜力

从云南城市建设成就看，城市发展的经验之一，在于发掘城市群建设潜力，提高城镇化建设程度，拓展城市发展新空间。按照国际上城市发展经验，当城镇化率在30%～70%时，城镇化阶段即进入中期阶段。这当中，城镇化率超过50%，城镇建设往往进入高速发展阶段，进而推动城镇化从中低水平迈向高水平。2017年云南常住人口的城镇化率为 46.69%，按照国际划分标准，全省城镇化率已迈入向高速发展的新阶段。2013～2017 年，云南城镇化率年均提高 1.17、1.25、1.60、1.70、1.66 个百分点，呈现加速发展的态势。因此，按照年均 1.3 个百分点的增速估算，2021 年云南城镇化率可超过 50%，2030 年有望超过 65%，进而实现城镇化中期向中后期的跨越。这样，在未来 10～20 年内，云南城镇化发展的空间和潜力，将为云南城市群建设提供良好的基础与条件。

（三）把握规律推动城市群发展与产业经济的双向促进

正确定位城市群与产业双向协调发展的目标。云南城市建设始终围绕着全省经济增长极而发展，尤其是进入新时代后，始终以习近平新时代中国特色社会主义思想为指导，统筹推进"五位一体"总体布局，协调推进"四个全面"战略布局，贯彻落实创新、协调、绿色、开放、共享发展理念，通过产业与城市间融合发展为引领，突出产业领域的供给侧结构性改革，突出以城市群为主体的区域协调发展，追求有产业支撑的、能参与国际合作和竞争并且可引领区域经济持续发展的城市群，最终形成能对全省产业现代化发展有引领、辐射和集散功能的城市群体系建设。同时，以城市群带来的综合交通通信枢纽建设为基础，进一步强化产业支撑，不断提高产业与城市的联动发展水平。在扩大和加速城市化的进程中，既科学吸纳人口集中流向城市，又围绕城市消费升级优化产业沿城市区域的布局，从需求促进供给上不断提高产业聚集效应。这样，不断推进城市经济的高质量发展和跨越式发展，不断加速城市化发展，逐渐构建起以昆明为龙头、以滇中城市群为主体的大中小城市并举发展的新格局，不断形成城市与产业分布合理、优势互补、协调发展的特色城市群新体系。

科学选择促进城市群与产业双向协调发展的路径。一是以工业化和城市化的协同发展来推进城市群发展。在城市规模随工业化程度提高而不断扩大、城市化水平随产业聚集程度提高而不断提升的发展中，能够借助主导产业发展的引领、交通条件改善的支撑，不断促进城市去组团发展，促使中心城市与外部城市协调发展。二是以产业集聚带动人口聚合，不断推进城市群发展，把握小城镇－大城市－城市群－中心聚集区的演变规律，利用市场机制作用推进人口向城市中心区聚合、扩大和转移，带动城市一二三产业融合发展。

重点部署各城市间产业的协调发展。从云南各城市产业发展前期多以工业发展汇聚资源、后期以第三产业发展引领城市拓展的实际看，城市建设与发展的成效，在于充分利用了市场机制活力与政府发展动力的叠加组合，在于调整产业发展方向及其结构以引导城市群内核心城市的产业聚集，特别是以金融服务为主体的第三产业聚集，由此从产业支撑上全面激活城市群的功能作用。

（四）坚持问题导向破解难题，着力构建现代城镇体系

云南城市建设 70 年，始终是在解决问题中不断迈向现代城市体系发展的 70 年。针对全省城市发展历程艰辛、城镇化进程整体缓慢、城镇空间分布不平衡、城市社会发展理念滞后、城建"摊大饼"式缺乏创新等问题，省委、省政府坚持问题导向破解难题，运用科学理念着力构建现代城镇体系，取得了一系列成就，积累了一系列经验。一是以优化城镇空间布局，重点"做强昆明大城市、做大区域中心城市、做精县级小城市"，不断推进《云南省城镇体系规划》的实施，不断加大对滇中、滇西、滇东北、滇西南、滇东南和滇西北等六大城市体系规划的实施力度，不断健全昆明区域性国际城市的建设配套，不断通过"县改市"来发掘城市发展潜力。二是注重强化城市特色的定位发展，结合城市文化保护与开发，在实践中不断践行"特色立城，特色建城，特色兴城"，不断完善城市功能与提升城市品位，取得了打造昆明主城区、呈贡新区和空港经济区等城市核心区的建设业绩。三是结合实际高位推动现代化城市的建设与发展，在全省总结出具有地方特点的诸多建设模式，如：昆明结合国际旅游的城市建设，曲靖推进"四城联创"的城

市建设，玉溪紧扣"三湖两区"治理和文化传承的城市建设。四是强化城市现代交通体系的配套发展，形成了以轨道交通为标志的城市交通服务新格局。五是按城市治理体系、治理能力现代化的总要求，立足实际，突出做好海绵城市、生态环境优美城市、节能城市等建设，不断创新提升城市发展的新方式。

（执笔者：董棣、徐丽华）

发展篇

第二章
城市发展的历史进程与阶段特征

新中国成立 70 年，城市发展变化之大前所未有。城乡面貌实现从破旧落后到美丽现代的历史性跨越；城市格局由"单中心"进入"双核多组团"时代；云南城市化水平大幅度提高，城市化率由 1949 年的 4.8% 提高到 2018 年的 47.8%，城市个数由新中国成立前仅有的昆明增加到 2019 年的 24 个。70 年来，昆明完成从"推开窗户看世界"到"敞开大门融世界"的历史性跨越，高质量推进区域性国际中心城市建设，谱写了城市发展的新篇章。

一 城市发展历史进程及阶段判断

根据胡佛和费希尔、罗斯托、钱纳里、诺瑟姆等学者的城市发展阶段理论，综合考虑人类社会发展阶段和云南省区域经济发展阶段，结合云南省 1949～2019 年的城镇化发展水平变化情况，将云南省城镇化发展进程划分为稳定发展阶段、曲折发展阶段、初期低速增长阶段、改革开放中期加速阶段和新时代统筹城乡的新型城镇化协调发展阶段五个阶

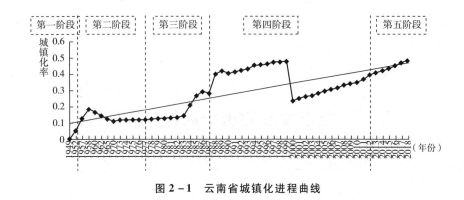

图 2 - 1　云南省城镇化进程曲线

段（见图 2 - 1）。

（一）　城市稳定发展时期　（1949～1957 年）

1949～1957 年，是我国国民经济的恢复时期，这一时期云南完成了社会主义三大改造，"一五"计划顺利实施，工农业指标得到恢复，城市建设稳步推进。

1. 城市建设快速恢复

新中国成立之初，云南城镇建设百废待兴，城镇化水平仅为 4.8%，设市城市仅有昆明市，人口 28 万，许多边远地区仍处于原始和落后的社会状态。[1] 经过增减调整，1950 年，云南省设有昆明市和河口、麻栗坡两个县级市；1950 年 12 月，个旧县改为云南省辖市；1951 年大理县析出下关区，成立下关市。1954 年，新设东川矿区，全省有 172 个镇。1954 年全省有昆明市和个旧、河口、麻栗坡、下关四个县级市。1955 年河口、麻栗坡改市为县。到 1957 年，云南省仅有昆明、个旧、下关、东川四个城市，城市化率达到 12.50%，比 1949 年增长了 7.7 个百分点（见表 2 - 1）。[2]

---

[1] 《创新发展 60 年 红土地上谱华章——云南省住房城乡建设 60 年成就综述》；《中国建设报》2009 年 10 月 26 日。

[2] 云南省地方志编纂委员会编《云南省志·城乡建设志（卷三十一）》，云南人民出版社，1996，第 12 页。

表 2-1　1949~2018 年云南省城镇化率

单位：%

年份	城镇化率	年份	城镇化率	年份	城镇化率	年份	城镇化率	年份	城镇化率	年份	城镇化率
1949	4.80	1974	11.57	1983	14.17	1992	41.97	2001	24.86	2010	34.81
1952	4.86	1975	11.65	1984	20.72	1993	42.83	2002	26.01	2011	36.80
1957	12.50	1976	11.63	1985	26.46	1994	45.24	2003	26.60	2012	39.31
1958	18.27	1977	11.63	1986	28.95	1995	45.65	2004	28.10	2013	40.48
1960	16.11	1978	12.15	1987	28.19	1996	45.96	2005	29.50	2014	41.73
1962	14.00	1979	12.39	1988	39.68	1997	47.32	2006	30.50	2015	43.33
1965	12.10	1980	12.46	1989	41.79	1998	47.10	2007	31.60	2016	45.03
1970	10.83	1981	12.92	1990	40.24	1999	47.50	2008	33.00	2017	46.69
1973	11.79	1982	13.19	1991	41.12	2000	23.36	2009	34.00	2018	47.81

资料来源：云南省统计局编《云南统计年鉴（2018）》，中国统计出版社，2018。[1]

2. 城市人口快速增长

这一时期云南人口总量增长出现了一个高峰期，见图 2-2。本阶段云南人口总量从 1949 年末的 1595 万，增至 1957 年的 1896.8 万，净增人数 301.8 万人，平均每年增加 37.73 万人，每年递增率为 2.2%。其中，城市人口从 1952 年的 82.3 万增长到 1957 年的 237.1 万，增长率为 188%，平均每年递增率为 23.6%（见图 2-3）。[2] 人口迅速增长

---

[1] 1985~1999 年期间，由于统计口径变化，按照行政区划的大口径进行城镇人口的统计，云南城镇化率一直在 45% 上下浮动。2000 年第五次全国人口普查对城镇人口的统计在口径上进行了调整，国家统计局出台了城乡统计划分标准。2000 年统计口径调整及多个省区在 2005 年调整成常住人口，本数据结合城镇人口或非农人口除以各省年末总人口所得，为便于计量研究，2000 年第五次人口普查采取了以下新口径，其中城镇人口包括：（1）人口密度在每平方公里 1500 人以上的市辖区的全部人口；（2）人口密度在每平方公里 1500 人以下的市辖区和未设区的市，只计入区、市政府驻地所在及其区建设延伸到的乡级地域内的全部人口，以及区、市管辖的其他街道办事处地域内的全部人口；（3）人口密度在每平方公里 1500 人以下的市辖区、未设区的市所管辖的其他镇和县辖镇，计入镇政府驻地所在的其城区建设延伸到的村级地域内的全部人口，以及镇管辖的其他居委会人口。

[2] 云南省统计局编《云南统计年鉴（2018）》，中国统计出版社，2018。

的原因主要有四个方面：一是推翻了腐朽统治，建立了中华人民共和国，人民安居乐业，生活水平显著改善；二是由于战乱后补偿性生育，人口出生率迅速提高；三是医疗卫生普及，各种恶性传染性疾病基本消灭，死亡率大幅度下降，人口数量上升很快；四是这个时期国家对边疆建设大力扶持，云南省有很大规模的净迁入人口。这一阶段是云南新中国成立以来第一个人口增长高峰期，它不仅引起人口总量的大幅度提高，也改变了人口的年龄构成。人口发展的惯性作用，还对以后各阶段的人口发展产生了极大的影响。①

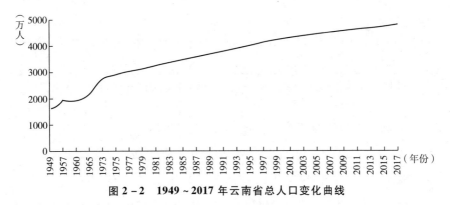

图 2-2　1949～2017 年云南省总人口变化曲线

图 2-3　1949～2017 年云南城市人口变化曲线

3. 人民生活明显改善

50 年代初，百废待兴，粮食短缺，不过人民生产积极性很高。中

---

①　云南省地方志编纂委员会纂《云南省志·人口志》（卷七十一），云南人民出版社，1998。

央政务院于 1953 年 10 月发布命令：全国实行粮食计划供应，采取凭证定量售粮办法，粮票出现了。同时食油、禽、蛋、肉、豆制品也实行限量供应。这一时期，就业面扩大、人民生活明显改善，云南城镇居民的年消费水平由 1950 年的 84 元增至 1952 年的 109 元，扣除价格因素，两年分别实际增长 27%[①]。

4. 城市规划初步推行

云南开始有城市规划的设想，不仅成立了专门负责城市规划和管理的部门，且对昆明和东川进行了详细规划。1952 年，昆明市成立昆明市建设委员会，着手进行城市规划、建设工作，提出了昆明市道路骨架和功能分区的初步设想方案。在此基础上，1953 年 6 月，正式编制昆明市总体规划。

（二）城市曲折发展时期（1958 ~1977 年）

这一时期伴随着跌宕起伏的政治经济形势，城市发展也经历了曲折的发展，既有进步的地方，也有混乱的地方，甚至有些地方出现倒退，整个计划经济时期的城镇化也处于停滞甚至倒退状态，留下了很多应引以为鉴的教训。

1. "大跃进"时期城市冒进发展阶段（1958 ~ 1960 年）

三年"大跃进"给云南经济带来了严重的后果，但是由于大力发展地方工业和修建基础设施，城镇化建设有一定的发展。1958 年开始"大跃进"，农村人口大量涌入城市，城市数量和人口急剧增加，远远超过其负载能力，而人均粮食产量却大幅度下降，造成了严重的国民经济比例失调。

这一时期，城市规划和城市建设都取得了一定成绩。1958 年 7 月，红河州哈尼族彝族自治州首府由蒙自迁至个旧市，个旧市由省辖市改为

---

① 云南省地方志编纂委员会编《云南省志·经济综合志》（卷八），云南人民出版社，1995，第 9 页。

州辖市；1958 年 7 月，云南省城市建设局与建筑工程部西南第三建筑工程公司合并，成立云南省建筑工程局，次年 5 月改局为厅，下设城市规划处，负责管理全省城市规划、建设工作。1958 年 8 月，云南省建筑工程局在建筑工程部城市设计院的协助下组成工作组对东川市新址进行了城市总体规划和详细规划。12 月，云南省建筑工程局在昆明召开第一次全省城市规划工作会议。会议交流了自 1956 年 6 月以来开展城市规划工作经验，部署了城市测量和规划。[1] 1958 年城市人口为 349.7 万，比 1957 年的 273.1 万增长 28.05%，城镇化率增长至 18.27%，比 1957 年的 12.50% 增长了 5.77 个百分点，1960 年城镇化率为 16.11%，虽比 1958 年略有下降，但是比 1957 年还是高了 3.61 个百分点。

2. 自然灾害严重城市逆向发展阶段（1961～1965 年）

1961～1965 年的城市发展出现逆向发展，城镇化率由 1960 年的 16.11% 下降到 1965 年的 12.10%。全省城市人口增长缓慢，并出现了负增长的局面，1960 年城市人口为 305.2 万，到 1965 年下降到 261.4 万[2]，合计减少了 43.8 万，下降了 14.40%。其原因一是由于政治、经济工作中的重大失误，整个国民经济受到严重破坏，加之连续三年自然灾害，人口出生率大幅度下降，死亡率骤然上升，自然增长率剧减；二是人口外流，特别是边境少数民族人口有一定数量的外流。[3] 在此期间，云南响应全国计划会议上提出的"三年不搞城市规划"，全省城市规划工作全部停顿。根据中央提出的"调整"方针和精兵简政的精神，撤销云南省建筑工程厅，原城市规划处仅保留 5 人编制。

3. "文化大革命"时期城镇化停滞发展阶段（1966～1977 年）

1966～1976 年，云南的城镇化率几乎处于停滞的状态，甚至出现

---

[1] 云南省地方志纂撰委员会编《云南省志·城乡建设志》（卷三十一），云南人民出版社，1996，第 16 页。

[2] 云南省统计局编《云南统计年鉴（2018）》，中国统计出版社，2018。

[3] 云南省地方志编纂委员会编《云南省志·人口志》（卷七十一），云南人民出版社，1998，第 36～37 页。

了负增长。1966～1977年，城镇化率由12.10%下降到11.63%，1970年低至10.83%。这一时期人口出现快速增长的局面，云南人口总量从1965年的2160.40万，增至1977年的3024.60万，净增864.2万，平均每年递增率为2.84%。城市人口也呈现快速增长的趋势，从1965年的261.4万增至1977年的351.7万，净增90.3万，平均每年增加7.5万。造成这一阶段人口高增长的原因，一是由于国民经济的恢复，城乡人民生活好转，第二次补偿性的生育高峰导致了人口的高出生率；二是此期间生产和人口生育处于无政府状态，人口发展失控。然而长达10年的人口持续高增长，并没有带来城镇化的加速发展。1966年，云南基本建设委员会（1965年由城市规划处改名）陷于瘫痪。直到1975年1月，云南省基本建设革命委员会报经省编制委员会批准，重新设立城市建设处，中断了近10年的城市建设工作才重新开展起来。

（三）城市化发展重启初期低速增长阶段（1978～1987年）

1978年后，全党工作重点转移，实行改革开放的方针，解放了生产力，阻碍云南经济发展的制约性因素逐渐消除，加之云南各族人民的积极努力，云南经济得到较快的恢复和发展。经济的恢复带来了城市化的发展，1978年3月，国务院召开第三次全国城市工作会议。会后，中共中央对加强城市建设工作制定了一系列政策和措施，其也推动了云南省城市建设工作的开展。1978～1987年，云南省城镇化水平虽然低于30%，但是恢复了缓慢增长的态势，城镇化发展进入初期低速增长阶段。

1. 城市规划审批重启

1980年8月，中共云南省委、省革命委员会批准成立云南省城市建设局，1981年3月，云南省城市建设局在沾益召开全省城市规划工作会议，贯彻第三次全国城市工作会议精神，部署了城市规划工作，中断了20年的城市规划工作重新开展起来。同月，云南省城市规划工作会议在昆明召开，传达了全国城市工作会议精神，交流总结了前段时期开展城市规划工作经验，部署了全省城市规划工作。1982～1987 年，云南省人民政府陆续批准了石林风景名胜区、下关、个旧市、楚雄县、文山县、保山、思茅、宣威的城市规划。其中，1984 年 1 月 10 日，国务院批准昆明市城市总体规划。

2. 城市建设快速发展

云南的城市建设在这一时期重新启动。1978 年 3 月，国务院召开第三次全国城市工作会议。会后中共中央针对加强城市建设工作制定了一系列政策和措施，推动云南省城市建设工作的开展，加大城市建设资金的拨付力度。这一时期云南省在城市建设方面采取的措施有：一是开征公用事业附加，1979 年云南省革命委员会贯彻国家纪委、国家建委、财政部等有关部门的文件精神，1978 年 12 月下发关于工业比较集中的县镇开征公用事业附加的几项规定，确定从当年起在玉溪、曲靖、昭通、文山、楚雄、丽江、中甸等 22 个县开征公用事业附加，作为这些城镇城市建设维护专项资金。至 1985 年，又有富源、禄丰的 15 个城镇，先后开征公用事业附加。二是加大财政支持力度。1978 年国家计委、建委、财政部批准昆明市实行从工商利润中提成 5% 作为城市建设维护专项资金。1982 年，云南省对开远、个旧、昭通、下关、东川、大理五市一县增拨了 500 万元城市维护资金，1983 年增至 1000 万元，1984 年增至 1500 万元。三是加强园林绿化服务。1980 年 6 月，省城市建设局在昆明市召开了全省园林花卉座谈会，主要研讨如何开放利用云南省丰富的植物花卉资源为城镇园林绿化服务。国家城市建设总局领导和著名的园林专家对石林风景区规划进行了评议，对昆明市拟建园林植物园园址选择进行了实地考察和研讨。

3. 旅游城市发展良好

在此期间，云南的旅游城市和历史文化名城发展迅速，取得了阶段性的成果。1982 年 11 月 8 日，石林、大理、西双版纳三个风景名胜区获国务院批准。1986 年 12 月，国务院公布第二批国家历史文化名城共 38 个，云南丽江古城名列其中。1987 年 10 月，省人民政府批准建水、巍山、腾冲、威信4县城成为省级历史文化名城。[①] 1988年5月，省人民政府批准通海秀山、武定狮山、曲靖珠江源、文山老君山、广南八宝、澄江抚仙湖－星云湖、泸西阿庐古洞、建水以及威信等9处为省级重点风景名胜区，10月，又增批腾冲的地热景观为省级风景名胜区。8月，昆明滇池、丽江玉龙雪山、滇西北三江并流3个风景名胜区被国务院批准成为国家风景名胜区。

（四）改革开放后城市化中期加速发展阶段（1988～2012年）

十一届三中全会以后，云南省相继经历了废除人民公社、建立区乡政府、建立村民委员会、撤区建乡等几次大的行政区划体制改革，坚持和完善民族区域自治。党的十四大、十六大对城镇建设高度重视，提出了不断推动城镇建设和提高城市化水平的目标。云南的城镇建设在这一时期也开启了新篇章，城市化与城市发展空前活跃。1988年云南省城镇化水平为39.6%，接近40%，城市总数发展到19个，云南省城镇化发展进入中期加速阶段。

1. 行政区划调整更趋合理

合理调整城市地区行政区划，推动和促进城镇化建设。1979～2004年，通过撤县建市和撤地建市，云南的城市由昆明、东川、下关、开远4个增加到昆明、安宁、昭通、曲靖、宣威、玉溪、楚雄、个旧、开远、思茅、景洪、大理、保山、潞西、瑞丽、丽江、临沧共17个，其中，地级市8个，县级市9个。

为促进旅游开放而更改县名及其相应的区划调整。包括1998年将原路南彝族自治县改为石林彝族自治县、2001年将迪庆州中甸县更名为香格里拉县、2002年将丽江纳西族自治县分设为古城区和玉龙纳西族自治县。

---

① 云南省地方志编纂委员会编《云南省志·城乡建设志》（卷三十一），云南人民出版社，1996，第24页。

2. 民族区域自治恢复完善

云南有 25 个少数民族，民族区域自治的建立和不断完善，对于解决民族问题具有重要的意义。在新中国成立伊始，云南就开始了民族区域自治的工作，1951～1958 年，西双版纳傣族自治州、怒江傈僳族自治州、大理白族自治州、迪庆藏族自治州、红河哈尼族彝族自治州、文山壮族苗族自治州、楚雄彝族自治州相继建立。从 1979 年至 2002 年，云南省新建、重建了 14 个民族自治县。至 2002 年底，全省有 8 个自治州、29 个自治县，共 37 个自治地方，成为全国民族自治地方最多的省份。[①] 云南省政府贯彻民族区域自治政策，在财力、物力、人力、智力等各方面给予民族自治地方强大的支持，推进经济、教育、文化、卫生等全面发展。2005 年起实施的"兴边富民"工程，使边境少数民族的生产生活条件大大改善。通过实施"扶持人口较少民族发展规划"，帮助独龙族、怒族、阿昌族、德昂族、基诺族、普米族、布朗族等人口 10 万以下的民族实现了跨越式发展。云南民族地区在改革开放的建设中，在连接南亚、东南亚国际大通道，参与大湄公河次区域合作和中国－东盟自由贸易区建设，与沿海发达地区对口支援加强联系等方面都发挥着越来越重要的作用。

3. 城镇化步伐提速前进

改革开放以来，云南城镇化取得了很大进步。一是通过 1978 年到 1996 年的撤县建市和 1997 年至 2004 年的撤地建市，全省建制市的数量从改革开放初的 4 个发展到 2012 年的 19 个。二是不断加大对城市基础设施的投入，逐步形成了以昆明为中心的滇中城市群，以个旧、开远、蒙自为中心的滇南城市群和以大理、丽江为内核的滇西北城市群，构成了近期云南城镇化建设的重点区域。三是城镇化水平快

---

① 《创新发展 60 年 红土地上谱华章——云南省住房城乡建设 60 年成就综述》，《中国建设报》2009 年 10 月 26 日。

速提高，1988 年城镇化率为 39.68%，自此城镇化率保持在 30% 以上。[1] 初步形成了由 1 个特大城市、4 个中等城市、14 个小城市、108 个县城、1183 个小城镇组成的省域城镇体系，城镇化进入快速发展期。四是特色小城镇发展快速。改革开放以来，县辖镇的数量减少，市辖镇的数量增加，全部建制镇的数量增加，转变了一批各具特色的小城镇，城镇规模扩大，功能进一步完善，由过去的单一农业型逐步转变成了旅游服务型、口岸贸易型、交通枢纽型、工业主导型等并存发展的格局。五是城镇结构上更加优化。表现为大中小城市的梯次配置更加优化、各类城市功能与角色定位更加科学、全省城市空间布局更加合理等；城市管理水平不断提高，城镇各类功能日益完善配套，人民群众生活更加便利。

4. 城市辐射作用不断增强

昆明、大理、曲靖、玉溪、蒙自等区域中心城市规模不断扩大，集聚辐射作用不断增强。滇中地区以昆明为中心，与曲靖、玉溪、楚雄形成了城市经济圈，在烟草、旅游、文化、能源、商贸物流、冶金化工等产业上形成优势，成为云南交通条件好、产业基础强、人才聚集水平高的重要增长极，为打造后来的滇中新区奠定了基础。红河州以"打造滇南中心城市"的思路，"个开蒙"城市群取得快速发展。城市经济圈的形成，具有很强的辐射带动作用，带动了中小城市和县城建设的步伐，对面向南亚东南亚地区的辐射带动作用也在不断增强。

5. 房地产产业从无到有

从 1981 年成立第一家房地产公司，到房地产的产业化、市场化发展，云南房地产走上产业发展的"快车道"。这一时期云南商品房的施工面积、竣工面积、销售面积和商品房的价格都呈现翻番的态势。2001 年商品房屋施工面积 1348.1 万平方米，销售面积 322.22 万平方米。

---

[1] 2000 ~ 2005 年城镇化率下降低于 30%，是 2000 年全国城市化统计口径的调整导致。

2012 年商品房屋施工面积 14362 万平方米，销售面积 3237.75 万平方米，都增长了 10 倍以上。2012 年，全年房地产开发投资达 1782.14 亿元，比上年增长 39.2%。[1]

（五）新时代统筹城乡的新型城镇化协调发展阶段（2012 年至今）

自 2012 年到 2019 年，云南省城镇化水平始终高于 40%，这一阶段云南省城镇化发展再次进入加速阶段。这一时期的城镇化发展呈现以下几个特征。

1. 新型城镇体系的网络化特征日益显著

为全面优化省域城市空间布局，在《云南省城镇体系规划（2011～2030 年）》的指导下，2009～2016 年完成了《云南省人民政府关于深入推进新型城镇化建设的实施意见》、六大城市群的规划编制，完成了县域经济发展规划、特色小镇规划、沿边地区开发开放等不同等级城市的规划，初步形成"一核、多中心、网络化、开放型"新型城镇化体系。2012 年云南省委、省政府做出滇中城市经济圈建设和"一区、两带、四城、多点"发展战略部署，推动滇中城市一体化发展，加快昆明区域性国际城市建设步伐，提升现代新昆明的影响力、带动力、辐射力，标志着规划进入实质性实施阶段。[2]

2. 城市群成为新型城镇化发展的主体形态

云南已基本形成"一核一圈两廊三带六群"的城市发展格局。[3]2015 年 9 月 7 日，作为"一核"的滇中新区已获国务院批复，管理体制机制得到理顺。[4] 昆明作为"一圈"的中心城市，区域性国际中心城市的功能不断凸显，曲靖、玉溪、楚雄、蒙自、大理、昭通等区域中心

---

[1] 云南省统计局：《云南省国民经济和社会发展统计公报》，2012。

[2] 曲青山、黄书元主编《中国改革开放全景录（云南卷）》，人民出版社，2018，第 75 页。

[3] 《中共云南省委关于制定国民经济和社会发展第十三个五年规划的建议》，人民网，2015 年 12 月 16 日。

[4] 云南省人民政府：《云南省人民政府工作报告（2017 年）》，云南省人民政府网。

城市不断壮大。① 在"两廊三带"建设中，将云南的丝路中线打通，中老、中泰铁路开始建设②，沿边开放经济带、澜沧江开发开放经济带、金沙江对内开放合作经济带"三带"的规划已全部出台。滇中等六大城市群建设加快，滇中城市群成为云南经济最发达的地区。③ 滇中地区城市一体化快速发展，树立了云南特色城镇群发展样板。

3. 农村劳动力转移加速农业人口市民化

云南积极探索具有特色的农村劳动力转移道路，进城落户的农民不断增加，有力提升了全省城镇化水平，常住人口城镇化率从 2011 年底的 36.8% 上升到 2016 年的 45.03%，提高了 8.23 个百分点；户籍人口城镇化率从 2011 年底的 16.5% 上升到 2016 年的 31.4%，提高了近 15 个百分点；户籍人口城镇化率与常住人口城镇化率差距由 20.3 个百分点缩小到 13.6 个百分点。④

4. 新型城市化道路凸显云南特色

根据云南融山区、民族、边疆、贫困为一体的特征，云南"城镇上山"取得突破性进展。云南省出台了《云南省人民政府关于加强耕地保护促进城镇化科学发展的意见》（云政发〔2011〕185 号）和《云南省人民政府关于加大城乡统筹力度促进农业转移人口转变为城镇居民的意见》（云政办发〔2011〕195 号），明确了"保护坝区农田、建设山地城镇"的具体目标和要求。2012 年云南省"严格保护耕地尤其是坝区优质耕地，用好用足国家低丘缓坡地综合开发试点省差别化土地政策，引导城镇、村庄、工业向适建山地发展，建设山地城镇，完善城镇发展思路，转变建设用地方式，走具有云南特色的城镇化发展

① 中共云南省委宣传部：《谱写中国梦云南篇章——砥砺奋进的五年》，人民出版社、云南人民出版社，2017，第 31 页。

② 《中老铁路建设预示发展新希望》，《人民日报》2016 年 8 月 27 日，第 3 版。

③ 云南省住房和城乡建设厅：《滇中城市群规划（2016—2049 年）》，云南省住房和城乡建设厅网，2016 年 12 月 23 日。

④ 云南省统计局：《云南省 2018 年国民经济和社会发展统计公报》，《云南日报》2018 年 6 月 14 日。

道路。"① 2012～2016 年云南省用"山水田园一幅画，城镇村落一体化"的思想来规划布局城镇建设，创新使用坡地、荒地搞建设，创造山水城市、田园城市、山地城市等城镇建设模式。② 大理市、麒麟区、红塔区、宜良县等一批试点项目进展顺利，探索出城镇上山 10 种类型，涌现出一批工业上山的典型。③

5. 产城融合推进城市功能提升

2012～2018 年，产城融合发展已经成为云南经济转型升级、优化产业结构和布局的重要推手，为云南经济发展树立了典范，加强了区域协调发展。云南省人民政府出台了《关于进一步推进云南省产城融合发展的实施意见》。提出了"以产兴城、以城聚产、产城联动、融合发展"的工作思路，努力实现产业园区由政府主导向市场主导转变，由速度、数量、规模向质量、效益、特色转变，由单一产业功能向城镇综合功能转型，加快构建现代产业发展新体系，走出了一条具有云南特色的产城融合发展道路。

6. 特色小镇建设助推城乡融合

云南省委、省政府贯彻落实新发展理念、适应经济发展新常态，深化供给侧结构性改革，从统领全局的高度加快特色小镇建设。2018 年云南省财政奖补支持的 15 个特色小镇已累计完成投资 236 亿元，省级财政奖补资金 22.5 亿元已下拨到位。④ 云南 105 个特色小镇的建设，绝大多数已经完成了前期工作，进入项目建设的高潮时期。2017 年云南省国际一流和国家级特色小镇建设工作进展顺利，一些特色小镇的建设基本成形、特色突出，如红河"东风韵"小镇、腾冲玛御谷温泉小镇、

---

① 《科学发展和谐发展跨越发展为加快建设面向西南开放重要桥头堡而奋斗——在中国共产党云南省第九次代表大会上的报告》，《云南日报》2012 年 4 月 18 日。

② 《2011 年 1 月 31 日云南省人民政府第 52 次常务会议报告》，云南网，2011 年 1 月 31 日。

③ 《云南省人民政府关于加大城乡统筹力度促进农业转移人口转变为城镇居民的意见》（云政办发〔2011〕195 号），云南省人力资源和社会保障网，2012 年 7 月 27 日。

④ 《云南省特色小镇建设成效显著》，人民网－云南频道，2019 年 2 月 27 日。

屏边滴水苗城、寻甸凤龙湾阿拉丁小镇等。截至 2017 年，云南特色小镇实现新增就业 6.5 万人，新增税收 8.6 亿元，新入驻企业 2576 家，集聚国家级大师和国家级非遗传承人 53 人，特色小镇共接待游客人数 1.8 亿人次，其中过夜游客 5832 万人，实现旅游收入 1052 亿元。[①]

二　城市化进程的演进特征

70 年的云南城市化发展进程中，城市化的进程始终与经济发展相对应，不断注重城市规划先行，城市化的动力机制由区位驱动、资源驱动、工业驱动、交通驱动向旅游等第三产业驱动演进。

（一）城市发展与经济发展的关系渐趋协调

H. 钱理纳曾说，"工业化水平越高，城市化水平也越高"。多位学者先后对不同时期世界各国城市化水平与人均经济产出的数据进行分析，结果表明二者之间具有高度相关的指数曲线关系。云南的人口城镇化率随着人均 GDP，第二、第三产业占 GDP 比重的增长而增长，经济发展对人口集聚和城镇发展起着正向作用。见图 2－4，云南二三产业占 GDP 比重与城市化成正向的变动关系。由 1978～2018 年度时间序列数据计算得出，云南省二三产业占 GDP 比重和城镇化之间存在长期的均衡关系，第二产业产值每增加 1%，城镇化水平增加 1.92%，第三产业产值每增加 1%，城镇化水平则增加 1.35%。

（二）城市规划日益趋于合理完善

编制和修改城市总体规划。各城市在制定总体规划过程中，明确了城市性质和发展方向，城市经济的发展和经济结构的调整有了准绳，有

[①] 《云南省人民政府关于加快特色小镇发展的意见》（云政发〔2017〕20 号），云南省人民政府门户网站，2018 年 10 月 26 日。

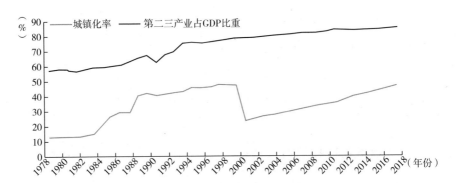

图 2 - 4 1978 ~ 2018 年云南城镇化率与二三产业占 GDP 比重关系的变动

资料来源：云南省统计局编《云南统计年鉴（2018）》，中国统计出版社，2018。

助于城市经济长期稳步地发展。云南的城市规划在新中国成立初期才开始有了设想；1967 年，城市规划被迫停止，1980 年城市规划才又重新启动。目前，城市规划经过不断的调整、改进、完善，趋于合理。云南的六大城市群、区域中心城市、县域发展规划、特色小镇、沿边城市等不同等级城市都有科学、合理的规划作为指导。云南城市规划坚持体现人口、经济、资源、环境的协调，坚持为人民大众根本利益服务的思想，坚持统筹全局，发挥着城市发展的引领作用。

（三）城市化的动力机制趋于多元化

从云南的城市发展历程来看，云南城市化的发展经历着从农业、资源向交通、第三产业趋动的过程，动力机制不断多元化。首先，云南的城市是建立在平坝、河谷居多，地形平坦、水土肥沃、种植业发达的地区，云南省各市州的区域中心城市几乎都是在第一产业基础上发展起来的城市化。其次，资源导向型的城市开始发展，第二产业的发展成为牵引城市化发展的动力，特别是新中国成立初期，东川、个旧等城市的发展就是在矿产资源的基础上发展起来的。再次，交通可达性对城市发展的导向作用十分明显，交通运输线及交通运输节点处多是城市兴起的优良场所。运输线集中了大量人流、物流、信息流，为城市发展提供了丰富的资源条件。滇中城市群交通通达性具有优于其他市州的空间差异性特点，交通条件的非均衡性布局极大地影响了城市化发展水平，形成了以昆明市为云南省城市空间核心集聚区，交通枢纽连接着其余州市，作为全省的政治经济文化中心驱动着各州市的城市化发展。最后，云南第三产业对城市化的正向影响较大，在近期开始成为推动云南城市化的主要力量，如腾冲、丽江、香格里拉等城市都是在旅游业的基础上发展起来的，第三产业逐渐代替第二产业成为吸纳劳动力的主要部门。

三　城市化进程存在问题

新中国成立 70 年来，尤其是改革开放 40 年来，云南省城市化建设取得了辉煌的成就，城乡规划工作明显加强，区域中心城市建设扎实推进，中小城市建设步伐不断加快，特色乡镇建设取得积极进展，城乡面貌发生了翻天覆地的变化。但是，70 年的城市化发展历经坎坷，也面临着道路曲折、城市化水平低、城市化质量差等问题。

（一）城市发展"瓶颈"多

从 1949 年中华人民共和国成立到云南城市化 70 年的发展历史，云南的城市化像中国的经济、社会发展一样，走过艰难曲折的历程。在新中国成立初期稳步发展后，受到了"大跃进""自然灾害""文化大革命"等政治、社会、自然等因素的影响，一直到 1980 年，云南仅有 4 个城市。1981 年以后，云南受边疆区位、自然条件、经济发展水平、人口快速增加等因素的制约，城市化发展也受到严峻的挑战，新型城市化战略将是破解整体发展"瓶颈"的有效选择。

（二）城市化总体水平低

从 1980 年以后，云南城市化得到了快速的发展，但是城市化水平与国内发达地区相比差距还很大，与世界发达国家相比差距更大。2018

年，云南常住人口城市化率为47.81%①，低于全国的常住人口城市化率（59.58%）11.77个百分比；昆明常住人口城市化率为72.85%，比第一名的上海（88.10%）低15.25个百分点，比第二名的北京86.50%低13.65个百分点，比第三名的天津83.15%低10.3个百分点。② 2018年日本城镇化率92%，新加坡城市化率接近100%③，云南城市化率与其相比相差甚远。

（三）城市结构失衡

城市建设用地与人口集聚的失衡。城市建设用地过度扩张，而人口集聚相对不足。城市大力推进开发区、新区等建设，致使大量的商品房空置。城市人口和建设用地规模的集聚、膨胀，造成城市交通拥堵、住房拥挤、房价高昂、资源短缺、生态空间少，环境质量恶化，通勤成本增加等问题。

城市资源垄断与行政配置的失衡。云南的城市形成以昆明为典型的极化特征，各种资源和行政中心高度聚焦昆明、玉溪、曲靖等几个中心城市，而小城市和县城的发育不足。

城市经济增长与社会滞后的失衡。在城镇化推进的过程中，云南更倾向于城市经济的增长，而忽略了城市发展过程中的很多社会问题，如农民工难以融入城市问题，"城中村"普遍存在问题，高速城市经济增长和城市社会滞后矛盾突出问题等。

（四）城市化质量差

城市的发展目前存在后劲不足的问题。基础设施差，交通、能源等基础设施滞后，适应不了城市发展的需要；城市环境差，绿地少，水土

---

① 云南省统计局：《国民经济和社会发展统计公报》，2018。

② 资料来源于北京、上海、天津统计局网站。

③ 世界银行网站：https://data.worldbank.org.cn/indicator/SP.URB.TOTL.IN.ZS? end =2018&locations=SG&start=1960&view=chart。

流失严重，大气污染、水污染严重，城乡接合部环境卫生脏乱差，与云南省要争当生态文明建设排头兵的要求还有一定差距；管理法规不健全，管理不力，离城市现代化管理要求相差甚远。

（五）城市特色不突出

回顾过去 70 年的城市发展历程，各地在城市规划建设和更新改造中，对原有形成的城市特色、历史文脉保护不够，基本上采取大拆大建的开发方式，致使许多积淀丰富人文信息的历史街区被拆除，一些具有地域文化特色的传统民居、特色标志性建筑被摧毁，很多地方缺乏对自然山水环境的尊重，随意改变原有地形地貌。城市发展存在缺乏文化意识、民族意识、人文特色、美学观念等问题。

四 城市化发展未来展望

（一）新型化：推动新型城镇化建设

云南城市化未来以城乡统筹、城乡一体、产业互动、节约集约、生态宜居、和谐发展为基本特征，努力实现各大中小城市、小城镇、新型农村社区协调发展、互促共进的新型城镇化。

大力推进新型城市化综合试点。继续推进曲靖市、大理州大理市、红河州、保山市隆阳区板桥镇、保山市腾冲市、楚雄州楚雄市、德宏州瑞丽市、大理州剑川县沙溪镇等新型城市综合试点，形成可复制可推广的经验。加快突破薄弱环节，重点推进的试点包括农业转移人口市民化成本分担机制、多元化可持续的城镇化投融资体制、农村宅基地制度、行政管理创新和行政成本降低的新型管理模式与体制机制改革创新、同城化发展的行政管理创新和扩权强镇模式等。

突出"多规合一"。通过完善体系、建立平台引领新型城镇化发展。通过规划实现发改、国土、环保、林业、文化、教育、体育、卫生、绿化、交通、市政、水利、环卫等各专业规划的"多规融合",最终实现全市"一张蓝图干到底"。形成规划协调"新机制",依托地方城乡规划委员会,建立多部门联合工作机制,构建新型规划实施保障体制;形成规划管理"新平台",成立规划管理信息中心,依托地理信息系统技术支撑,以城乡规划为基础,整合各部门规划目标和措施,整合各规划空间要素,建立空间管理基础信息集中统一的、各职能部门分层管理的规划技术管理平台。形成行政审批"新流程",借助"多规合一"成果,整合审批流程,促进审批流程再造。

加快智慧型城市建设。加快智慧城市基础设施建设,推进光纤宽带网络升级改造,大力推动5G网络建设,无线局域网覆盖全市重要区域和公共场所;全面建设城市宽带立体高速信息公路城域网,推动全市电子政务外网和互联网协调发展;加快昆明国际通信枢纽建设,提升信息集散中心和通信交换枢纽地位;加快城市公共信息平台建设,完善数据资源共享交换目录体系;大力推进智慧政务建设、优化无线政务信息交换平台,实现一站式协同办公、公文流转、业务处理与决策支持等功能;大力推进智慧交通。建设以综合信息中心和交通监控与管理、交通信息服务、交通运营管理、电子收费、交通设施管理、ITS基础设施等子平台为总体框架的智慧交通体系;重点推进智慧旅游。鼓励企业在主流旅游电商平台开展产品销售;在滇池、石林、九乡等主要旅游景区(点)深入推进"智慧景区"建设。

(二)特色化:凸显城市文化特色

突出重点和特色,形成以城市经济为主体形态的经济格局。发挥特色,找准定位,形成大、中、小城市合理布局。

打造特色区域新高地。重点打造昆明国家创新型城市行列,推动昆玉楚曲国家高新区联合申报国家自主创新示范区。红河州优化个旧、开远、蒙自和弥勒4个县级市的空间结构,普洱打造典型的"民族地级市"特色。

坚持城镇上山。云南省山地多，平地少，为保护减少城市化的发展而占用过多坝区耕地，云南探索出一条符合实际情形的城镇上山模式的道路，也即"云南特色城市化模式"。城镇化上山要与产业上山相结合，抓好项目入园，确保进城；打造一批城镇上山试点精品，结合云南实际凸显 10 种山地开发类型，以大理为代表的山地城市建设类型，以昆明长水国际机场、丽江火车站为代表的基础设施建设项目上山类型，以宜良、普洱工业园区为代表的工业园区用地上山类型，以西双版纳为代表的影视、康体、休闲度假等文化旅游产业上山类型等。①

加快特色小镇建设。根据小镇资源环境承载力、发展潜力、资源禀赋和文化特色，科学制定发展目标、确定特色产业，使产业发展兼顾"特色"与"绿色"，形成具有较强竞争力的特色产业；重视生态环境和文化建设，让特色小镇更加宜居宜业宜游，充分挖掘和彰显当地人文特色与底蕴；形成符合市场规律的商业开发模式，让社会资本进得来、留得住、能受益，从而减轻政府资金投入压力；围绕产业支撑、公共服务、社会治理等重点内容加强体制机制创新，完善相关政策。

加强对城市文化的保护。坚持"规划先行、保护为主、抢救第一、合理利用、科学管理"的原则，积极构建科学有效的历史文化资源保护体系，进一步保护历史文脉、传承历史文化、彰显城市特色。

打造美丽县城特色风貌。根据《云南省城镇特色规划编制暂行办法》，指导各城镇建设，使之蕴含文化特征，突出每个城镇的特色主题形象。以特色风貌的九大行动②指导中小城市和县城的建设，找准最美丽县城特色风貌定位，要吃透特色风貌内涵和体系，实现功能性与审美性的统一，突出建筑风格色彩和环境绿化美化的统一。

---

① 许青萍：《云南"城镇上山"的途径、成效与经验探析》，《创造》2013 年第 6 期。
② 一是编制县城特色风貌规划。二是积极开展城市设计。三是谋划最美丽县城建设项目。四是制定县城风格色彩、绿化水系、山水田园、民族文化、历史文化规划指南标准体系。五是提升规划设计能力。六是完善审查审批制度。七是健全城市管理执法体制。八是提高管理和决策能力。九是研究出台云南省特色县城指导意见。

（三）集群化：加快城市集群发展

目前云南正在形成滇中、滇东南、滇西、滇东北、滇西北、滇西南六个城市群，但是仍然处于初级阶段，今后要加强区域合作城市连通，加速区域一体化，推进基础设施网络化、公共服务均等化，建立多中心、集群化的城市体系，实现转型升级。

加快滇中崛起。2019 年云南政府工作报告中提到，"充分发挥滇中产业新区示范带动作用"，"着力打造新的经济增长极"。滇中崛起以交通建设为重点，开展"五网"建设，形成"环线 + 射线"的骨干路网体系。加强昆明、曲靖、玉溪、楚雄、红河五州市详细规划的协同、衔接，突出产业协同发展、错位发展，探索建立"共建产业园""共建科技园""共建跨合区"等利益共享机制，避免同质化竞争。积极探索多元化利益兼容机制，把滇中各州市的近期收益与远期收益、工业收益与商业收益、生产收益与生活收益有机结合起来，为各地企业和各州市长期的经济发展带来持久的内生收益，为以后合作的可持续性提供利益保障。

促进滇西一体化。滇西一体化还面临着严峻的挑战，滇西地区属于内陆边疆地区，对外开放程度相对较低；滇西是我国集中连片特困区，是中国最不发达的地区之一；滇西作为少数民族集聚区，内生发展能力不足；滇西地区属于高原多山地形，地质灾害频发，交通等基础设施建设成本巨大。要实现滇西一体化，首先要从经济总量上下功夫，应当充分利用国家对西部大开发和民族地区等的优惠政策，积极推进区域经济增长中心建设；其次，改进交通运输条件，滇西自然阻隔严重，在今后一段时期内应将改善连接性的交通基础设施条件作为滇西区域经济一体化初期阶段的重要任务，充分抓住孟中印缅经济走廊、中国－中南半岛经济走廊发展机遇，构建面向缅甸、老挝的国际大通道；最后，加快要素自由流动。大理作为滇西的中心，丽江作为滇西北的中心，保山作为滇西南的中心，应当消除劳动力、资金、技术、信息等要素流动的体制机制障碍，保障各个中心的作用充分发挥。

（四）融合化：推动产城融合和城乡融合

为破解城乡二元结构，实现乡村振兴，应进一步推动产城融合和城乡融合发展。云南顺应城乡融合发展，重塑城乡关系，推动新型城镇化健康发展，改革完善农村产权制度，激发农村内部发展活力，优化农村发展外部环境，逐步推进城乡公共资源均衡配置和基本公共服务均等化，打通城乡要素合理流动的制度障碍，走出一条符合云南实际、具有云南特点的城乡融合发展之路。

推进产城融合。首先，不断完善园区和城镇基础设施，加快推动园区"七通一平"，以及仓储物流、文化娱乐、公共交通等服务设施建设。加快以滇中城市经济圈为重点的城际轨道交通建设，鼓励玉溪、曲靖、个旧、开远、蒙自等城市采用轻轨、有轨电车等模式发展轨道交通。强化昆明城市集聚和辐射功能，进而推进曲靖、玉溪、楚雄等节点城市建设，加快构建水利、能源、信息和交通一体化网络体系，推动基础设施互联互通。着力推进瑞丽、腾冲、陇川、镇康、河口、磨憨、孟定等沿边园区基础设施建设，提升园区产业增值能力和国际化水平。其次，加快发展现代产业体系。加强供给侧结构性改革，促进经济结构和产业结构向"两型三化"转型。改造提升传统产业，培育扶持优势特色产业，充分发挥各地自身优势、资源禀赋，培育和壮大主导产业，大力推动产业链从前端向后端、从低端向中高端延伸。最后，促进产城融合开放发展。积极发挥主导产业的龙头带动作用和关联企业的互补、配套作用，鼓励各地整合相邻产业园区，创新园区发展模式。强化企业创新主体地位，依托企业、高校、科研院所建设一批国家级、省级创新中心、重点实验室、工程实验室和技术中心等创新平台，构建产学研用有机结合的产业技术创新联盟，培育创客空间等新型孵化器。重点打造昆明金鼎科技园众创空间核心区、昆明高新技术产业开发区和以昆明理工大学等高校为支点的学府路创新创业聚集示范区，培育发展以云南空港国际科技创新园、呈贡大学城、昆明经济技术开发区等为核心的创新创业聚集区。

推进城乡融合。首先，促进城乡要素合理配置。鼓励人才下沉、科技下乡，形成城乡资源要素合理配置的体制机制，使城乡的人才、土地、资金等要素良性循环。其次，推动城乡基本公共服务普惠共享。推动公共服务、社会事业向农村延伸，形成基本公共服务城乡一体化。再次，发展乡村经济多元化。发展现代农业，培育新产业新业态，进一步完善农企利益紧密联结机制，通过家庭农场、农业合作社等新型经营主体带动，农民收入增加。以城乡产业协同发展平台和城乡融合典型项目，形成示范带动效应。

70年的时代印记，记录城市发展变迁。新中国成立70年来，云南城市发展虽然历经曲折，但是发生了翻天覆地的变化，经济实力变化之大前所未有，城市发展变化之大前所未有，人民生活水平变化之大前所未有。城市发展取得辉煌的成绩，城市水平大幅度提升，城市数量不断增加，城市面向南亚东南亚的辐射能力不断增强，滇中新区城市群一体化发展成果显著，特色小镇建设如火如荼。但是，与发达国家和省区相比，云南的城市化水平还很低，布局还不尽合理，城市建设特色还不突出。未来云南城市应走新型化、特色化、集群化、融合化的道路，努力谱写城市发展新篇章。

（执笔者：徐丽华）

第三章
城市建设的空间布局与演变规律

城市空间指的是城镇体系的时空演变以及城镇化率、城市经济发展、公共服务、人口发展、生态环境和主体功能区六个维度在云南整个城镇体系中的空间分异。非均衡性是云南区域经济发展的基本特征，城市发展也一样具有非均衡性特征。城镇体系由"单核"，到"十二五"时期"一区、一带、五群、七廊"，再到新时代"一核一圈两廊三带六群"区域发展格局，呈现出由点到线、线到区、区到带、带到廊的变迁，不断推动着云南城市空间呈现大中小城市优化协调发展的格局。

一　城市体系与空间格局演变路径与现状特征

（一）新中国成立初期的城市体系与空间格局（1949～1977年）

解放初期，云南城市寥寥无几，1949年云南仅有昆明一个市。1949～1978年的城市发展过程中，新形成的城市数量也屈指可数，1950年增设河口、麻栗坡两个县级市，但于 1955 年河口、麻栗坡撤市改县；1953 年增设个旧、下关两个县级市；1958 年增设东川。1958 年到 1978 年，随着全国跌宕起伏的政治经济形式，尤其是"文化大革命"运动，已初具雏形的社会主义政权体系和行政区划体制造成极大冲击，全省的城市建设处于停滞状态。截至 1980 年，云南省也仅有昆明、下关、东川、个旧 4 个城市。这一时期云南的城市发展有两个特点：一是以资源型城市为主，二是以沿边城市为主。原因是这一时期商品经济萎缩，工业发展严重滞后，处于工业发展的初级阶段，城市和城镇的集聚力差，这些成为城市化进程的严重障碍。

（二）改革开放时期的城市体系与空间格局（1978～2012 年）

《云南城镇体系规划（2002－2020 年）》提出"要增强昆明作为省域中心城市的功能，加快发展各地中心城市，有重点发展小城市和小城镇。根据云南省地理和城镇布局特点，强化以昆明为主的滇中城市群，充分发挥其在全省城镇体系中的辐射和带动作用"[①]。"十一五"期间，按照"统筹规划、合理布局、完善功能、以大带小"的空间布局原则，构建以大城市为中心、中小城市为骨干、小城镇为基础的梯次明显、优势互补、辐射较强的现代城镇体系。[②]

改革开放以来，云南城市发展呈现新局面，城市数量迅速增长。1978～2012 年，通过撤县建市和撤地建市的措施，新增加了昭通、曲靖、保山、楚雄、玉溪、开远、景洪、宣威、安宁、潞西（芒市）、丽江、临沧等 12 个城市。"十一五"时期，省政府召开加快县城建设和城乡建设工作现场会，会上提出了"做强大城市、做优中小城市、做特乡镇、做美农村"的工作思路，区域中心城市昆明、大理、曲靖、玉

[①] 云南省人民政府：《云南城镇体系规划（2002－2020 年）》，2002 年 1 月 11 日。

[②] 《牢牢抓住西部大开发和桥头堡建设重大机遇，全力促进云南经济社会发展再上新台阶》，中共云南省委八届九次全会上的报告，2010 年 7 月 25 日。

溪、蒙自等规模不断扩大，中小城市丽江、思茅、楚雄、安宁等不断发展，一些县城如弥勒、腾冲等也处于快速发展中。到 2010 年底，云南城镇化水平达到 34.81%，全省城市数量为 19 个，初步形成了由 1 个特大城市（昆明）、1 个中等城市（曲靖）、17 个中小城市、108 个县城、1175 个小城镇组成的省域城镇体系，聚集经济、人口能力明显增强。[①] 以昆明为中心的滇中城市群，以个旧、开远、蒙自为中心的滇南城市群和以大理、丽江为内核的滇西北城市群，构成了这时期云南城镇化建设的重点区域，滇中城市群一体化水平和国际竞争力明显提高，滇西、滇东南城镇群成为云南省区域发展新的重要增长极。这一时期的城市发展体现出空间布局的几个特点：一是滇中城市作为发展重点规模不断扩大；二是旅游型城市快速发展；三是工业城市发展迅速；四是各地把州（市）行政中心和县城作为城市重点发展；五是城市群发展初具规模。

表 3－1　云南城市变更情况

城市	成立时间	级别	变更情况
昆明	1949	地级市	
河口	1950	县级市	1955 年市改县
麻栗坡	1950	县级市	1955 年市改县
下关	1953	县级市	1983 年，下关市与大理县合并设立了县级大理市
个旧	1953	县级市	
东川	1958	地级市	1999 年撤销地级东川市设立东川区
昭通	1981	县级市	2001 年设立地级市
曲靖	1983	县级市	1997 年设立地级市
保山	1983	县级市	2000 年设立地级市
楚雄	1983	县级市	
玉溪	1983	县级市	1997 年设地级市
开远	1985	县级市	
畹町	1985	县级市	1999 年撤销畹町市，划归瑞丽市管辖

---

① 《云南：建设"两强一堡"加快实施特色城镇化战略》，《云南日报》2011 年 2 月 9 日。

续表

城市	成立时间	级别	变更情况
景洪	1993	县级市	
宣威	1994	县级市	
安宁	1995	县级市	
潞西	1996	县级市	2010 年潞西市更名为芒市市
丽江	2002	地级市	
临沧	2003	地级市	
思茅	2003	地级市	2007 年思茅市改普洱市
蒙自	2010	县级市	
文山	2010	县级市	
弥勒	2013	县级市	
香格里拉	2014	县级市	
腾冲	2015	县级市	
泸水	2016	县级市	
水富	2018	县级市	

资料来源：云南省地方志编撰委员会编《云南省志·城乡建设志》，云南人民出版社，1995；历年《云南统计年鉴》。

（三）新时代的城市体系与空间格局（2012～2019 年）

2012～2019 年，云南城市体系由"1157"向"11236"的格局转变，空间布局不断优化，促进区域协调发展。"十二五"期间，云南省遵循"强区、富带、兴群、促廊"的城镇空间发展战略，加快建设滇中城市聚集区、沿边开放城镇带、五个区域性城镇群和七条对内对外开放经济走廊城镇带，云南城镇化布局进一步优化，形成以"一区、一带、五群、七廊"即"1157"为主体构架的点线面相结合的全省城镇化。①

---

① 云南省人民政府：《云南城镇体系规划（2012－2030 年）》。"一区"即滇中城市集聚区（滇中城市群）；"一带"即沿边开放城镇带；"五群"即滇西城镇群、滇东南城镇群、滇东北城镇群、滇西南城镇群、滇西北城镇群；"七廊"即四条对外经济走廊（昆明—皎漂、昆明—曼谷、昆明—河内、昆明—腾冲—密支那）和三条对内经济（转下页）

"十三五"时期，云南按照"做强滇中、搞活沿边、联动廊带、多点支撑"和做大做强大城市、做精做优中小城市、做特做靓小城镇的思路，推进形成以滇中城市群为核心，以中心城市、次中心城市、县城和特色小镇为依托，大中小城市和小城镇协调发展的城镇格局，基本形成"一核一圈两廊三带六群"的区域发展格局。① 以滇中城市群为首的六大城市（镇）群初步形成。滇中城市群是全省的核心城市群，群内经济发展水平高、交通条件好、城镇化率高，区域一体化取得良好效果。滇西、滇东南、滇西南、滇西北、滇东北五个城镇群正处在培育和初期发展阶段。2012～2018年，云南省相继有9个县撤县设市设区，全省县级市和市辖区数量增加到33个，占全省县级政区的比重由2012年的17.80%提高到目前的25.60%。截至2018年，云南有8个地级市、8个自治州、17个市辖区、16个县级市、29个自治县，共计129个县级行政区划单位，建制镇和街道从746个增加到857个，建制镇和街道占乡级行政区划比重达61.20%，全省行政层级和行政区划结构更加优化，有力支撑了新型城镇化建设和区域协同发展。② 这时期云南城市空间分布的趋势，一是重视对内对外合作和交流，以"一带一路"和面向南亚东南亚辐射中心建设为重点，加强基础设施和沿线的城市建设；二是旅游城市脱颖而出，香格里拉、腾冲等都是在这个阶段发展起来的；三是城市群发展成为重点。2009年至2014年，云南完成了滇中、滇西、滇东北、滇东南、滇西南、滇西北6个城市群规划编制报批工作，通过《规划》引领打造云南特色的城市群。

(接上页注①)走廊（昆明—昭通—成渝—长三角、昆明—文山—广西北部湾—珠三角、昆明—丽江—香格里拉—西藏）。

① 中共云南省委云南省人民政府：《云南省新型城镇化规划（2014－2020年）》（云发〔2014〕8号），2014年4月13日。"一核"是指昆明市和滇中地区；"一圈"包括昆明市、曲靖市、玉溪市、楚雄州和红河州北部地区的滇中城市经济圈；"两廊"涉及孟中印缅经济走廊和中国－中南半岛国际经济走廊；"三带"涵盖沿边开放经济带、澜沧江开发开放经济带、金沙江对内开放合作经济带；"六群"包括滇中城市群和滇东北、滇西北、滇西、滇西南、滇东南城市群。

② 《云南县级市和市辖区数量增加到33个，9个撤县设市设区》，《春城晚报》2018年11月4日。

二 云南城市发展的空间分异特征

城市发展空间分异是一个综合概念，下面分别从城镇化率、经济发展、公共服务、人口发展、生态环境和主体功能区的划分六个维度来考察城市在各个方面发展的空间分异情况。

（一）云南城镇化的地区差异

由于经济发展水平的差异，云南各地的城镇化进程严重不平衡。总体上看，城市化水平以昆明为核心逐渐向四周降低，形成明显的中间高四周低、东边高西边低的城市化水平分异特征（见图3－1、图3－2）。城市化核心区是以昆明为依托的高水平城市化区域；城市化水平次级中心是大理州、玉溪市、曲靖市、红河州、西双版纳等几个市州。从各地区的城镇化率来看，昆明城镇化水平最高，城镇化率达到72.05%；从各城市的城镇化率来看，安宁的城镇化率最高，城镇化率达到75.80%，个旧、开远、蒙自、昆明紧随其后，城镇化率都在70%以上。滇西北、滇东北、滇东南方向的市州城市化水平较低，特别是丽江、保山、昭通、泸水，城市化率在40%以下。

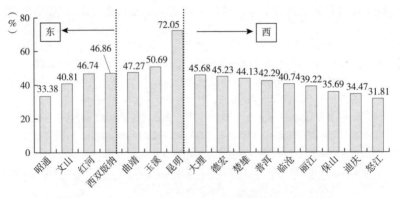

图3－1 2017年云南16个地州市城镇化率的空间分异

资料来源：《云南省统计年鉴（2018）》。城镇化率按户籍人口计算。

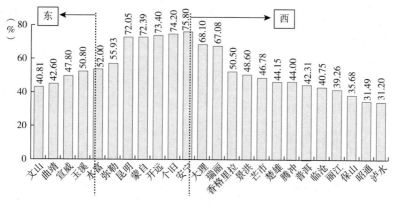

图3-2 2017年云南24个城市城镇化率空间分异

资料来源：24个城市的国民经济和社会发展统计公报、政府工作报告。城镇化率以常住人口计算。

（二）城市经济发展的空间分异

从城市经济发展的空间分异来看，云南城市之间经济发展的差异非常大，呈现出以滇中为中心向四周经济发展水平逐渐降低的格局。城市经济发展良好的集中在滇中的安宁、昆明、玉溪、楚雄等地，滇西北的香格里拉和滇东南的开远城市经济发展也良好，而临沧、昭通、普洱、泸水等地处于城市经济发展的凹地。安宁在人均地区生产总值、全年城镇常住居民人均可支配收入和人均地方公共财政预算收入三个方面都居于首位；从第二产业占GDP的比重来看，水富、弥勒、个旧、玉溪等有大企业带动的城市占据榜首；以第三产业占GDP的比重来排列，瑞丽、香格里拉、昆明、芒市和景洪等旅游城市位居前列（见表3-2）。

表3-2 2017年云南城市经济指标前五名

名次	人均地区生产总值（元）		全年城镇常住居民人均可支配收入（元）		人均地方公共财政预算收入（元）		第二产业占GDP比重		第三产业占GDP比重	
1	安宁	84128.71	安宁	39815	安宁	32700	水富	0.69	瑞丽	0.68
2	香格里拉	71998.70	昆明	39788	昆明	8300	弥勒	0.63	香格里拉	0.66

名次	人均地区生产总值（元）		全年城镇常住居民人均可支配收入（元）		人均地方公共财政预算收入（元）		第二产业占GDP比重		第三产业占GDP比重	
3	昆明	71614.92	大理	33857	香格里拉	8000	个旧	0.53	昆明	0.57
4	玉溪	59433.01	楚雄	33388	玉溪	5800	玉溪	0.52	芒市	0.56
5	开远	56719.55	宣威	32863	楚雄	5800	蒙自	0.52	景洪	0.54

资料来源：24 个城市国民经济和社会发展统计公报、政府工作报告。城镇化率是常住人口城镇化率。

（三）城市公共服务的空间分异

云南城市公共服务质量普遍处于较低水平，基本公共服务地域差距较大。师玉朋利用 59 个优选指标构建基本公共服务发展综合评价体系，对云南 129 个县市区的基本公共服务进行了综合评价，结果显示，云南大部分地区的基本公共服务水平都还很低（57% 的地区得分为负），基本公共服务水平地区差异也很大，最高的红塔区和最低的镇雄县极差为 1.98。师玉朋把基本公共服务水平分为四个等级，昆明市辖区及滇中经济强市为第一等级，州（市）辖区及周边县区为第二等级，第三等级集中了云南省 70.54% 的县（市），均等化水平相对较低，景洪市、镇雄县等 9 个县市超低的为第四等级。① 从城市公共服务的空间分异上看，影响基本公共服务发展差距的因素有财政体制、经济水平、人口特征、需求程度、地理位置等。另外，云南整体城市公共服务水平还很低，每百人拥有藏书量即便是城市化水平和经济发展水平比较高的昆明、大理，也不到 100册，分别为 81 册和 65 册。与国内高质量发展城市百人图书馆藏书量超过300 册相比，差距还很大。每万人拥有卫生技术人员数水平高的分布在滇中的昆明、楚雄、安宁等城市，而丽江、泸水等城市比较低。②

---

① 师玉朋：《基本公共服务发展水平评价及解释》，《地方财政研究》2014 年第 12 期。
② 统计资料来源：云南省各城市发布的国民经济和社会统计公报。

（四）人口发展的空间分异

2017 年，云南总人口 4800.5 万，其中城镇人口 2241.4 万人，人口密度为 121.8 人/km^2。云南省总人口突破 600 万的有昆明和曲靖两地，紧随其后的是昭通，总人口数达到 553.7 万。人口最少的是迪庆，只有41.2 万，其人口密度也最低，每平方千米只有 17.3 人。从云南人口密度空间分布来看，2017 年云南省人口密度大的区域为昆明市、昭通市、曲靖市、玉溪市、红河州、保山市、大理州、德宏州、文山州等。人口密度低的区域为怒江州、迪庆州等。其中昆明市人口密度最高，为314.3 人/km^2，人口密度最低的是迪庆州，为 17.3 人/km^2，两者相差17.17 倍。人口密集区集中在云南省的东部和中部地区、西北部地区人口最稀疏；从城市经济圈来看，滇中城市群（昆明市、曲靖市、玉溪市、楚雄州及红河州北部的蒙自市、个旧市、开远市、弥勒市）人口分布较密集，滇东北和滇东南城市群人口密度也很大。滇中城市群、滇东北城市群和滇东南城市群总人口为 3191.6 万，已经占总人口比重的 66.50%。滇西北城市群、滇西南城市群地区人口分布较稀疏（见表 3 - 3）。

表 3 - 3 2017 年云南城市人口空间分异

城市群和城市		总人口（万人）	城镇人口（万人）	人口密度（人/km^2）	人口密度（人/km^2）
滇中城市群	昆明	678.3	488.7	314.3	184.6
	曲靖	612.2	289.4	205.1	
	楚雄	274.4	121.1	63.3	
	玉溪	238.1	120.7	155.8	
滇东南城市群	文山	363.6	148.4	112.8	255.9
	红河	471.3	220.3	143.1	
滇东北城市群	昭通	553.7	184.8	240.5	240.5
滇西城市群	大理	358.4	163.7	121.7	122.8
	保山	261.4	93.3	133.1	
	德宏	130.9	59.2	113.5	

城市群和城市		总人口 （万人）	城镇人口 （万人）	人口密度 （人/km²）	人口密度 （人/km²）
滇西南	西双版纳	118.0	55.3	59.9	73.7
	普洱	262.7	111.1	57.9	
	临沧	252.6	102.9	103.2	
滇西北	丽江	129.0	50.6	60.8	38.4
	怒江	54.7	17.4	37.2	
	迪庆	41.2	14.2	17.3	

资料来源：《云南统计年鉴（2018）》。

（五）生态环境的空间分异

生态环境系狭义概念，主要包括森林覆盖率、城市绿化覆盖率，垃圾、污水和废弃物的处理率，换句话说只能体现政府在环境保护方面所采取的措施和投入云南城市生态环境的质量。森林覆盖率呈现明显的东西差异，滇西的森林覆盖率大大高于滇中和滇东地区，滇西的森林覆盖率都在50%以上，滇东的大部分地区在50%以下。其中，森林覆盖率最高的景洪市达84.46%，超过70%的有楚雄、香格里拉、腾冲、泸水，超过60%的有芒市、丽江、普洱、临沧等（见图3-3）。建成区的绿化面积除了昭通的19.79%，其他城市的建成区绿化面积都在30%以上。从已获得的统计数据来看，城镇生活污水处理率、生活垃圾无害化处理率等都在90%以上，很多城市达到100%。

（六）城市主体功能区的划分

根据中央主体功能区规划编制和施行的宏大计划，结合云南综合地理环境复杂多样的客观实际，云南省将主体功能区划分为四个类型：优化开发类型、重点开发类型、限制开发类型和禁止开发类型。优化开发类型包括昆明市区、红塔区、楚雄市、个旧市、蒙自市、大理市。本区域经济发展水平高，占云南省总面积的3.66%。在主体功能区划分的

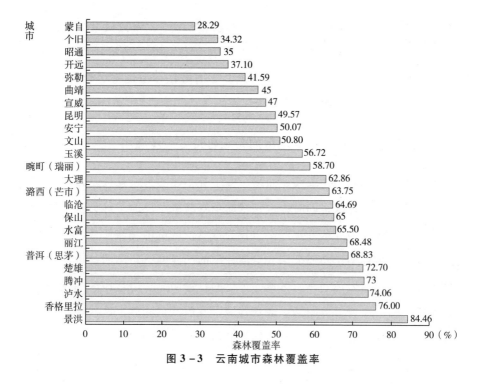

图 3 – 3　云南城市森林覆盖率

思想指导下，云南形成"一核一圈两廊三带六群"的城市空间发展布局，各区域根据自身的自然条件，发挥不同的城市功能，云南建设成了颇具特色的旅游城市、工矿业城市，退耕还林还草成绩显著，共建有162个自然保护区。云南城市空间结构得到进一步优化，城乡发展更协调、资源配置更合理、生态系统更稳定。

三　城市体系与空间格局存在问题

（一）空间格局有待进一步调整完善

云南的城市空间布局受地理条件、民族分布、历史传统、资源禀赋、风俗人文、人口密度等客观因素影响，全省城镇空间分布呈现"T"形集聚性，中多西少，东密西疏。"T"形南北向城镇集聚轴主要覆盖昆明、曲靖、玉溪、楚雄、昭通、红河、文山、德宏等州市，涉及城市比重达 70% 以上，总体呈现滇中地区城市多、周边城市少的基本格局。以云岭东侧和元江为界，东部有 1 个大城市（昆明），1 个中等城市（玉溪）、10 个小城市和全省近 2/3 的城镇，滇西地区仅有 10 个小城市和全省近 1/3 的城镇。

（二）中心地区与边远地区的差距有待进一步缩小

滇中地区的昆明、玉溪、曲靖、安宁等整体实力较强，是云南区域发展能力最强的地区，同时，也是带动全省经济发展的主导力量。滇中地区工业结构较为齐全，生产实力较为雄厚，区域内交通便捷，已经形成了以高铁为骨架，高速公路、空港并举的交通网络，昆明至玉溪、楚雄、曲靖已开通城际列车，区域一体化的趋势明显。边远地区的发展严重滞后。临沧、普洱、昭通、泸水等城市发展严重滞后，这些地区交通不便，产业支撑能力弱，造成边缘地区与中心区域的收入差距和城乡差距拉大，不利于城市化进程的推进。

（三）城市规模结构需要进一步优化

云南省的人口主要集中在滇中和滇东地区，城市规模等级中的特大城市缺位，仅有昆明、曲靖两个大城市；辐射地带的中间层次的城市发展缓慢，区域中心经济辐射功能受到限制。次级中心城市规模偏小，集聚与辐射功能较弱。核心城市过高的城市首位度会导致人才、科技、生产、商贸活动等都向核心区域内集聚，生产要素、资源等过度的集聚，限制了区域内次级城市的发展。

（四）对内对外交流的枢纽城市有待进一步推进

云南定位为面向南亚东南亚辐射中心，应加强对内对外的交流与联系。目前，一方面，承接对内对外交流的枢纽城市数量很少。处于边境线的城市仅有瑞丽市，处于长江沿线的仅有水富市，两个城市总体经济发展水平还比较落后，城市的辐射和集聚功能还比较弱。另一方面，枢纽城市的规模小。2017 年，瑞丽的国民生产总值为 103.60 亿元，在全部城市中排名倒数第三位，水富的国民生产总值为 54.84 亿元，在全部城市中排倒数第二位，仅高于泸水市。两市的对内对外开放的枢纽作用远远不能满足进一步开放合作的需要，沿边开放的城市发展需要快速推进。

四　城市空间布局发展趋势

按照省委"做强滇中、搞活沿边、多点支撑、联动廊带"发展布局，推动"滇中崛起、沿边开放、滇西一体化"三大板块协调发展的思路，未来云南城市空间布局的发展会呈现城市群凸显、昆明中心地位提升、特色小镇崭露头角、沿边城市快速隆起的趋势。

（一）城市群区域格局逐渐凸显

未来 10 年，将是中国城市化快速推进的重要时期，也是城市群加速成长的关键阶段，云南城市群将继续快速崛起。首先，六大城市群板块的大致轮廓将更加显露。六大城市（镇）群聚集经济、人口能力明显增强，目前发展缓慢的滇东北城市群、滇西北城市群和滇西南城市群在旅游业和工业化的带动下，将进一步加大融合力度。其次，滇中城市群将持续快速发展和壮大，基础设施、产业布局、市场体系、公共服务和社会管理、城乡建设、环境保护等一体化发展水平和国际竞争力明显提高；最后，滇西、滇东南城镇群正成为云南省区域发展中新的重要增长极。依托"一带一路"和面向南亚东南亚辐射中心建设，滇西和滇东南将在连接中国 – 中南半岛、孟中印缅经济走廊建设中起到重要作用。

（二）现代新昆明的中心地位进一步提升

昆明位于东盟"10 + 1"自由贸易区、大湄公河次区域、"泛珠三角"、长江经济带区域经济合作圈的交汇点。未来昆明发展还面临诸多机遇，大通道的建设和畅通，经济走廊的推进，自贸区的发展，都将使昆明沿边开放的区位优势进一步凸显，国际区域合作不断增强。良好的发展机遇将加速昆明产业发展的国际化进程，现代产业体系国际竞争力将大大提升；市场体系国际化加速，构建规范市场与国际接轨；文化交流国际化加速，建设泛亚文化新领军城市；社会管理国际化加速，用科学理念创造良好发展环境。进入国际化拓展新阶段的昆明，不仅是云南省经济文化中心，也是面向南亚东南亚的辐射中心，其区域性战略地位正一步步提升。

（三）特色小镇渐露头角

目前，在云南省已有 105 个特色小镇，放眼全国，数量上已占绝对优势。云南省提出的"特色、产业、生态、易达、宜居、智慧、成网"七大要素，让云南的特色小镇在"小镇 + 新经济体"时代，更能借助互联网和城市创新体系融入全球价值链，渐渐发挥出城市修补、生态修复、产业修缮的功能。云南城市由此形成特色突出、合理分工、错位竞争的新型发展格局。中小城市走特色化和专业化的道路，已经成为小城镇发展的共识。云南依托多样的民族文化、众多的古城古镇、优美的自然风光、良好的生态环境、鲜明的特色产业等元素，紧紧围绕旅游文化产业发展这条灵魂和主线，在未来云南城市发展中将独树一帜。

（四）沿边城市快速隆起

云南的优势在区位、出路在开放，沿边城市的发展面临着一系列的发展机遇，将成为未来快速崛起的隆起带。首先，澜沧江－湄公河合作机制、孟中印缅经济地区合作以及云南省与越北、老北、泰北和缅甸的合作机制和平台日益完善，建立全方位对外开放新格局，为沿边地区发挥后发优势、实现跨越式发展提供了良好的机遇。其次，省级层面重视沿边地区的开发与建设。2017 年，《云南省沿边城镇布局规划（2017－2030 年）》获批实施，提出了打造"富裕沿边、开放沿边、人文沿边、祥和沿边、安定沿边、绿色沿边"的发展目标。沿边的怒江、德宏、临沧、保山、普洱、西双版纳、红河、文山等八个沿边州（市）将是重点推进建设区域。再次，云南沿边以口岸为基础的开发开放实验区、跨境经济合作区、边境经济合作区、境外经济合作区、综合保税区等合作平台不断创新、设立，为沿边城市的发展提供了重要的平台。

五　城市体系与空间格局改进途径

（一）加快区域中心城市发展步伐

加快现代新昆明建设。重点抓好呈贡新区、空港经济区、滇中新区、综合保税区、自由贸易区的建设。区域中心城市的建设还要重视城市环境综合整治和城市交通拥堵等突出问题，建设美好的人居环境和提供方便的出行条件。次级区域中心城市，如曲靖、玉溪、大理、蒙自城市要加大产业支撑力度，促进城市建设与工业、第三产业的有机结合，推进有条件的地州市府所在城市尽快发展成中等城市。

（二）完善城市体系建设

努力构建城市群，以及特大、大、中、小城市协调发展的城镇体系。把滇中城市群的一体化建设成为样板，形成可复制和借鉴的经验，促进滇西北、滇东北、滇西南、滇南等城市群的发展。特别重视县城和特色小镇的建设，以"一县一业"为指导思想，调整优化产业结构，增强市场竞争力，形成产城融合的良好局面。支持旅游城市和边境口岸城市进一步发展，重点打造口岸型城镇，以基础设施、口岸产业等为重点领域，发展边境特色城镇，展示良好形象。

（三）促进城镇空间聚集

从中国要素流动的趋势来看，中国的城市化还处于集聚发展阶段，各种资源要素的配置在城市效率最高，促进城市紧凑发展仍然是城市空间合理布局的一个重要方向。一方面，云南要提高城市密度，特别是要增加滇西城市发展的数量和规模。通过滇西一体化,加速大理、保山、临沧等次级中心城市的发展。另一方面,提高城市的承载力。通过培育产业使城市成为区域的增长点,提供就业岗位、良好的居住环境,吸引人口、资金、技术和信息等要素集聚,形成以产业的网络化发展引致城市群网络化的发展趋势。

(四)推动城市一体化进程

推进基础设施、产业发展、市场体系、基本公共服务和社会管理、城乡建设、生态环保六个“一体化”进程。基础设施方面,加快推进面向南亚东南亚大通道的建设,加快高速公路连通和高铁连通,推动城市连通快速化。产业方面,不断促进六大城市群根据自身资源禀赋形成区域特色鲜明、优势互补、分工有序、协调发展的格局。市场体系方面,加快云南省现代物流产业发展,推动省级重点物流产业园的建设。基本公共服务和社会管理方面,重点推动城乡教育均衡发展。城乡建设方面,实现城乡居民公平享受社会保障待遇,实现广大农民均等地享受基本公共文化服务。生态环保方面,要提高城市污水处理能力和污水处理率,加大农村环境综合整治力度。

70年来,云南城市发展由单核昆明发展到“一核一圈两廊三带六群”的布局。从城市经济、城市化水平等方面来看,“滇中崛起”的趋势明显,城市空间布局极不平衡,只有促进城市均衡发展,扩大城市的发展空间,才能更好地对城市空间进行科学合理布局。

附表 2017 年云南 24 个城市经济发展指标

城市	人均地区生产总值(元)	城镇化率(%)	人均地方公共财政预算收入(元)	第二产业占GDP比重	第三产业占GDP比重	全年城镇常住居民人均可支配收入(元)
昆明	71614.92	72.05	8300	0.38	0.57	39788.00
大理	56382.54	68.10	4700	0.45	0.49	33857.00
个旧	51694.27	74.20	3900	0.53	0.41	31839.00

城市	人均地区生产总值（元）	城镇化率（%）	人均地方公共财政预算收入（元）	第二产业占GDP比重	第三产业占GDP比重	全年城镇常住居民人均可支配收入（元）
昭通	15910.21	31.49	1400	0.45	0.37	27632.00
曲靖	31707.29	42.60	—	0.39	0.43	31932.00
保山	25971.69	35.68	2400	0.36	0.40	27801.00
楚雄	31053.33	44.15	5800	0.51	0.41	33388.00
玉溪	59433.01	50.80	5800	0.52	0.38	32177.00
开远	56719.55	73.40	4200	0.34	0.53	31238.00
瑞丽	49676.34	67.08	3700	0.22	0.68	31890.00
景洪	38538.39	48.60	2000	0.29	0.54	29661.00
宣威	17367.38	47.80	900	0.27	0.51	32863.00
安宁	84128.71	75.80	32700	0.43	0.52	39815.00
芒市	27659.03	44.56（2016）	1500	—	0.56	25997.00
丽江	26316.66	39.26	3100	0.40	0.45	30403.00
临沧	23913.70	40.75	1600	0.34	0.39	25056.00
普洱	23775.79	42.31	2000	0.36	0.39	26853.00
蒙自	42247.15	72.39	4100	0.52	0.35	31990.00
文山	45628.74	40.81		0.45	0.47	31039.00
弥勒	51038.15	55.93	3100	0.63	0.27	32312.00
香格里拉	71998.70	50.50	8000	0.41	0.66	32605.00
腾冲	27543.61	44.00	—	0.36	—	29245.00
泸水	27603.37	31.20	—	0.36	0.49	25156.66
水富	50267.09	52.30	2400	0.69	0.27	30173.00

资料来源：24个城市的国民经济和社会发展统计公报、政府工作报告。城镇化以常住人口计算。

（执笔者：徐丽华）

第四章
城市经济实现跨越发展

新中国成立 70 年来，特别是改革开放 40 年来，云南省委、省政府高度重视城市工作，云南城市经济建设突飞猛进，城市规模快速拓展，城市经济实力不断增强，城市经济在国民经济中的重要作用日益显著，城市面貌焕然一新。党的十八大以来，在以习近平同志为核心的党中央坚强领导下，城市建设和发展进入了一个崭新的发展阶段，城市经济发展质量不断改善，城镇化水平不断提高，为全面建成小康社会拓展了一个广阔的舞台。

一 云南城市经济不断发展，综合实力逐步增强

新中国成立初期，云南城市经济基础差、底子薄。新中国成立 70 年来，特别是改革开放后，城市经济百业兴起、繁荣旺盛，云南城市经济水平大幅提高。城市个数由 1949 年底仅有设市城市 1 座，即省会昆明市增加到 2019 年的 24 个。其中，地级市 8 个，县级市 16 个，此外，市辖区 17 个。城市化率由 1949 年的 4.8% 提高到 2018 年的

47.78%。城市经济总量由 1949 年的 2.98 亿元[1]增加到 2017 年的 14443.81 亿元,占全省生产总值 16376.34 亿元的 88% 以上[2]。在 2018 年全省生产总值(GDP)17881 亿元中,8 个地级市所占比重达 67.02%;在全省第二产业增加值 5799 亿元中,8 个地级市所占比重达 68.47%;在全省第三产业增加值 8424 亿元中,8 个地级市所占比重达 67.44%;在全省地方公共财政总收入 3719 亿元中,8 个地级市所占比重达 73.36%;在全省社会消费品零售总额 6826 亿元中,8 个地级市所占比重达 71.48%;全省城镇常住居民人均可支配收入是 33488 元,为农村常住居民人均可支配收入的 3.11 倍;在全省引进省外到位资金中,8 个地级市引进资金比重超过 67%[3]。依托城市经济持续和快速的发展,云南城市综合发展程度日益提高,整体发展水平和质量已经进入了跨越式发展的新阶段。总体上,将云南城市经济发展分为新中国成立前三十年,改革开放以来至党的十八大召开前以及党的十八大以来三个阶段。

(一)新中国成立后 30 年,云南城市经济发展缓慢

1949 年,全省仅有的一座城市——昆明市地区生产总值只有 2.98 亿元,占全省地区生产总值 8.93 亿元的 1/3[4]。国民经济恢复与"一五"时期,设立了东川、个旧等工矿业城市,设立下关等县级城市,随着城市经济发展,大批农业劳动力不断向城市工业部门转移,城市人口持续增加。1959~1978 年这一阶段,"大跃进"和"文化大革命"运动,违背了经济发展规律,使国民经济结构严重失调和遭受大肆破

---

① 云南省统计局编《大写的云南·60 年辉煌历程·国民经济核算卷》,2010,第 2 页。
② 云南省统计局编《云南统计年鉴(2018)》,中国统计出版社,2018。另,合计数中,对云南 24 个城市生产总值进行合计。
③ 《云南省 2018 年国民经济和社会发展统计公报》,《云南日报》2019 年 6 月 14 日。
④ 云南省统计局编《大写的云南·60 年辉煌历程·国民经济核算卷》,2010,第 2 页。有统计以来,昆明市生产总值占全省 1/3 强。1949 年全省生产总值 8.93 亿元,按 1/3 核算,昆明市生产总值 2.98 亿元。

坏，云南没有新增一座城市，一直保持 4 座城市的数量，云南城市经济发展出现下滑。总体来看，新中国成立前三十年，云南城市经济发展缓慢。

（二）改革开放以来，云南城市经济发展迅速

党的十一届三中全会以来，随着改革开放的一系列政策和措施的实施与推进，云南城市经济的建设与发展进入了一个快速发展期。从 20 世纪 80 年代起，云南经济体制改革由农村逐步向城市展开，特别是进入 90 年代以后，随着国家小城镇发展战略的实施，以及经济开发区的普遍建立，特别是乡镇企业的兴起，城市化水平的快速提高。城市经济辐射面进一步增强，城市发展的中心作用、支撑作用进一步增强，多年来的城乡分割被打破。1988 年云南省共有 11 个设市城市，分别是昆明和东川两个地级市，下关、个旧、昭通、曲靖、保山、楚雄、玉溪、开远、畹町 9 个县级市。昆明市为云南省省会，东川市为省辖工矿城市，其余均为省辖县级市，由各地州代管。其中：开远是云南省交通能源基地之一的综合性工业城市；畹町则为对缅贸易的边境口岸城市。11 个城市在全省经济建设和经济活动中起着主导作用。按现行价格计算，1988 年 11 个城市工业总产值总和达 151.93 亿元，占全省工业总产值的 62%[①]。1991 年 11 个城市生产总值 218.94 亿元（按当年价格计算，下同），占全省国内生产总值 432.86 亿元的 50.58%；在全省第二产业生产总值 179.56 亿元中，11 个城市 135.98 亿元，所占比重达 75.73%；在全省第三产业生产总值 83.82 亿元中，11 个城市 54.06 亿元，所占比重达 64.50%；国民收入达到 182.51 亿元，占全省国民收入 381.77 亿元的 47.81%[②]。

---

① 云南省地方志编纂委员会编《云南省志·城乡建设志》（卷三十一），云南人民出版社，1996，第 159 页。

② 云南年鉴杂志社编《云南年鉴（1992）》，云南年鉴杂志社，1992，第 126 页、第 129 页、第 130 页。

党的十四大明确了社会主义市场经济体制建设的总目标，确立了社会主义市场经济体制的主体架构。城市作为区域经济社会发展的主战场和主阵地，其重要地位和支撑作用得到前所未有的发挥。2002年11月党的十六大明确提出"要逐步提高城市化水平，坚持大中小城市和小城镇协调发展，走中国特色的城市化道路"，从此，为我国城镇建设发展指明了新方向，城市化与城市发展空间得到拓展、发展活力得到增强。到2011年底，云南省共有19个设市城市，有8个地级市和11个县级市，全省生产总值（GDP）8893.12亿元中，8个地级市生产总值达到6130.25亿元，所占比重达68.93%；在全省第二产业增加值3780.32亿元中，8个地级市第二产业增加值2985.74亿元，所占比重达79.00%；在全省第三产业增加值3701.79亿元中，8个地级市第三产业增加值2309.27亿元，所占比重达62.40%；在全省地方公共财政总收入1111.16亿元中，8个地级市地方公共财政总收入622.45亿元，所占比重达56.02%；在全省社会固定资产投资6185.30亿元中，8个地级市社会固定资产投资4107.87亿元，所占比重达66.41%；在全省社会消费品零售总额3000.14亿元中，8个地级市社会消费品零售总额2378.13亿元，所占比重达79.27%；在全省进出口总额160.53亿美元中，8个地级市进出口总额135.79亿美元，所占比重达84.59%。[1]

（三）十八大以来，云南城市经济发展质量明显提升

2012年，党的十八大提出"走中国特色新型城镇化道路"，我国城镇化建设开始走进"以人为本"，以及规模和质量并重发展的新时期。2013年，党中央、国务院召开了第一次中央城镇化工作会议。2014年，印发了《国家新型城镇化规划（2014－2020年）》。2015年，召开了中央城市工作会议。为积极落实党中央、国务院关于新型城镇化建设的精神，推动云南新型城镇化建设，云南财政、教育、就业、住

房、户籍、医保和土地等领域配套改革相继出台和实施，推动了云南农业转移人口市民化的进程，城市经济发展质量明显提升。到2018年底，全省生产总值（GDP）17881亿元中，8个地级市所占比重达67.02%；在全省第二产业增加值5799亿元中，8个地级市所占比重达68.47%；在全省第三产业增加值8424亿元中，8个地级市所占比重达67.44%；在全省地方公共财政总收入3719亿元中，8个地级市所占比重达73.36%；在全省社会消费品零售总额6826亿元中，8个地级市所占比重达71.48%。加上其他16个县级市，各项指标占比都超过80%[①]。

二　城市产业体系不断完善，产业结构显著优化

新中国成立初期，云南省同全国其他省份一样基本上是一个贫穷落后的农业省。新中国成立后，云南逐步完成了对农业、手工业和资本主义工商业的社会主义改造，城市工业快速发展，逐渐成为国民经济的主要支柱，实现了工业化。改革开放后，云南省委、省政府采取一系列改革举措，加速了资金、技术和劳动力向城市集聚，快速推动云南现代工业体系建立，加快了服务业发展，城市人口结构、劳动力结构和产业结构不断得到优化，经济增长方式由依靠第一产业转为主要依靠第二、第三产业带动。十八大以来，产业结构调整持续升级，新产业新业态新商业模式不断涌现，城市旅游、康养和文化等"幸福产业"快速发展，城市新兴服务业不断崛起；新动能持续增强，转型升级成果增多，城市经济发展潜力和活力进一步挖掘。

（一）城市工业和服务业体系不断完善

1949年，云南唯一一座城市——昆明工业基础十分薄弱，中小型

---

① 《云南省2018年国民经济和社会发展统计公报》，《云南日报》2019年6月14日。

工业企业及手工作坊只有 471 个[①]。从 1953 年社会主义建设起，至 1988 年，云南重点建设了昆明、个旧、东川、大理、开远、曲靖、玉溪、昭通、保山、楚雄、畹町等 11 个设市城市，使这些城镇成为全省重要工业城市。云南有文山、景洪、潞西、中甸、六库、思茅、临沧、丽江、宣威 9 个重要城镇。11 个城市工业发展迅速，在全省经济建设和经济活动中起着主导作用。1988 年 11 个城市共有工业企业 2000 多家，按现行价格计算，1988 年 11 个城市工业总产值总和达 151.93 亿元，占全省工业总产值的 62%[②]。1988 年，昆明先后建立起来的工业企业有冶金、机械、纺织、化工、建材、电子、电器、汽车制造、卷烟、制茶、发电、采掘、食品加工、皮革、造纸等工业企业 953 个，工业总产值 771304 万元（按 1980 年不变价格计），占全省工业总产值的 43%。1988 年，全市有零售商业饮食业、服务业机构 22406 个，社会商品零售总额 282083 万元[③]。昆明是云南工业发达、商业繁盛，交通便利，文化、体育、医疗福利设施齐全的中心城市。

东川市是云南省重要工业城市，境内铜矿资源十分丰富，并有悠久的采矿历史，是我国六大产铜基地之一。东川市中心区——新村是 20 世纪 60 年代才开始兴建起来的新兴工矿城市。除有大型铜矿资源外，另有铁、铅锌、石灰石、花岗石、大理石、石棉、石膏和与铜伴生的金、银、锗、嫁、镉等稀有金属，根据资源优势，1988 年，东川已建成以铜采选为主的工矿城市。大型工业有 8 个铜矿区、4 座铜选厂；地方工业有建材、化工、机械、酿酒、陶瓷、造纸、制药、食品、皮革等工业企业 74 个。按 1980 年不变价格计 1988 年工业总产值为 14463 万元，

① 云南省地方志编纂委员会编《云南省志·城乡建设志》（卷三十一），云南人民出版社，1996，第 160 页。

② 云南省地方志编纂委员会编《云南省志·城乡建设志》（卷三十一），云南人民出版社，1996，第 159 页

③ 云南省地方志编纂委员会编《云南省志·城乡建设志》（卷三十一），云南人民出版社，1996，第 160 页。

占工农业总产值的 71%。其中冶金工业产值占工业总产值的 52%[①]。在工业发展的同时，商业、文化、教育、卫生福利事业也有相应的发展。

个旧市是全国有色金属矿区之一，以盛产优质精锡而驰名中外，素有"锡都"之称。也是云南省以产锡为主的综合发展的重要工业城市。中华人民共和国成立后，个旧便是国家重点建设地区之一。经过 39 年的发展，到 1988 年，个旧已建成以锡采选炼为主的有大小工业企业 198 个、工业产值 81038 万元（按 1980 年不变价格计）的综合工业城市。1988 年，全市有商业零售网点 4037 个，社会商品零售总额为 31666 万元[②]。

大理市位于滇西腹部，扼滇西九地州交通要冲。唐宋时为南诏国、大理国首府地区。今为大理白族自治州首府。自古大理手工业、商业发达，今为云南省以轻工业为主的重要城市。自中华人民共和国成立以来，建立的有纺织、造纸、建材、水电、机械、化工、制茶、制药、皮革、服装、大理石加工、食品加工、卷烟等工业企业 157 个。1988 年工业总产值 46226 万元（1980 年不变价）[③]。工业产品中的沱茶，大理石工艺品、黄连素、岩白菜，为国内外顾客所欢迎。

曲靖市，古称味县。蜀汉、晋、隋曾为云南政治中心，现为曲靖地区政治、经济、文化中心。是云南滇东能源基地，交通枢纽重要城市。珠江发源于市境东北，故曲靖又称"珠江第一城"。1988 年，曲靖已先后建有采煤、机械、化工、卷烟、轻纺、冶金、建材、食品加工、酿造等工业企业共 146 个，工业总产值 84685 万元（1980 年不变价格）[④]。

---

① 云南省地方志编纂委员会编《云南省志·城乡建设志》（卷三十一），云南人民出版社，1996，第 177 页。

② 云南省地方志编纂委员会编《云南省志·城乡建设志》（卷三十一），云南人民出版社，1996，第 181、182 页。

③ 云南省地方志编纂委员会编《云南省志·城乡建设志》（卷三十一），云南人民出版社，1996，第 187 页。

④ 云南省地方志编纂委员会编《云南省志·城乡建设志》（卷三十一），云南人民出版社，1996，第 196 页。

是云南省以发展卷烟、机械、轻纺、食品加工为主的综合性工业城市。

昭通市历来为云、贵、川三省边境地区物资集散地。是云南与内地通商门户、昭通地区党政机关驻地，全地区政治、经济、文化中心。境内资源丰富，褐煤储量居全国第 2 位，是云南重要能源、煤化工基地。中华人民共和国成立后，先后建立的工业有卷烟、毛毯、建材、酿酒、制革、服装、食品加工、采煤等工业企业 127 个，1988 年工业总产值 38431 万元（1980 年不变价计算)[1]。

玉溪市是玉溪行署所在地，是玉溪地区政治、经济、文化中心。轻工业和建材工业比较发达，尤以全区生产的优质烤烟和玉溪市生产的名牌卷烟闻名全国，故有"云烟之乡"之称，是全省粮食、烤烟生产基地之一。工业有卷烟、食品、机械、化肥、建材等，1988 年工业总产值 123325 万元（1980 年不变价），其中轻工业产值占 94%，轻工业又以卷烟为主，1988 年卷烟产量 1097.76 万箱[2]。

楚雄市中心区为鹿城镇，是楚雄彝族自治州的首府，全州政治、经济、文化中心。1988 年，楚雄先后建有火力发电，农具修造，粮油加工，机械制造，建筑材料，化肥农药，以及丝绸、卷烟、造纸、医药、食品、服装、皮革、玻璃、五金、印刷、交通、建筑等中、小型工业企业 120 家。工业总产值达 52459 万元（1980 年不变价），占全州的 63%。商业、饮食业服务业机构 3774 个。社会商品零售总额达 247 万元[3]。

保山市是云南省迤西地区重镇，古"西南丝绸之路"重要驿站。历为永昌郡府治所，古有"大都会"之称。建立的工业企业有建材、

---

① 云南省地方志编纂委员会编《云南省志·城乡建设志》（卷三十一），云南人民出版社，1996，第 205 页。

② 云南省地方志编纂委员会编《云南省志·城乡建设志》（卷三十一），云南人民出版社，1996，第 212 页。

③ 云南省地方志编纂委员会编《云南省志·城乡建设志》（卷三十一），云南人民出版社，1996，第 218 页。

机械、造纸、制糖、冶金、皮革、纺织、化工、电力等共 87 个。1988 年工业总产值达 17706 万元（1988 年价格计），共有商业网点 4639 个，社会商品零售总额 2.68 亿元（1988 年价格）[①]。

开远市，旧称阿迷州。位于滇越铁路昆河段的中段，是滇南交通要冲。在第一个五年计划期间，便是云南省经济建设重点地区之一。现已成为全省重要工业城市、能源基地之一。第一个五年计划后相继建成的大中型工业企业有：电厂、水泥厂、化肥厂、糖厂、煤矿以及地方中小型工业企业共 106 个，1988 年工业总产值达 4 亿元（1980 年不变价）。全市有商业网点 3780 个，社会商品零售总额 2.3 亿元[②]。

畹町市，祖国西南边疆国境线上的小城市，是滇缅公路在国境内的终点，与缅甸隔河相望，是云南省对外口岸和贸易窗口。外贸是畹町市的经济支柱。1985 年进出口总额为 3090 万元，其中进口 1580 万元，出口 1510 万元，边境贸易利税收入占市财政收入的 62.60%。工业有造纸、电力、酿造、服装、家具、农机修配、食品加工等，工业企业 15 个。1988 年工业总产值 213 万元（按 1980 年不变价格计算）[③]。

从 80 年代起，云南经济体制改革由农村逐步向城市展开，特别是进入 90 年代以后，国家小城镇发展战略的实施，以及经济开发区的普遍建立，特别是乡镇企业的兴起，带动了城市化水平的快速提高。截至 2012 年，云南超百亿省属企业达到 7 户[④]，城市规模经济和整体实力显著提升，企业市场竞争力和内在发展动力、活力得到加强，在经济社会发展中发挥了不可替代的重要作用。

---

① 云南省地方志编纂委员会编《云南省志·城乡建设志》（卷三十一），云南人民出版社，1996，第 223 页。

② 云南省地方志编纂委员会编《云南省志·城乡建设志》（卷三十一），云南人民出版社，1996，第 229 页。

③ 云南省地方志编纂委员会编《云南省志·城乡建设志》（卷三十一），云南人民出版社，1996，第 235 页。

④ 彭波：《庆祝改革开放四十周年系列报道之十五——云南国企改革 40 年：创新不止亮点频现》，《云南经济日报》2018 年 10 月 25 日。

（二）城市支柱产业快速发展

云南认真贯彻落实党中央、国务院各项产业规划政策，结合自身资源优势，全面调整产业结构，形成烟草、生物资源、有色金属、旅游业、制造业五大支柱产业集群，推动云南经济持续快速发展，总量位居西部省区前列。云南卷烟产量由 1978 年的 63.33 万箱增加到 1988 年的 354.92 万箱，居全国第 1 位。卷烟实现利税从 1978 年的 2.37 亿元上升到 1992 年的 127.89 亿元。[①] 玉溪卷烟厂成为中国及亚洲最大卷烟厂，产品畅销国内外。1995 年云南卷烟出口 27.18 万件，占全国出口的 26.20%，创汇 3.1 亿美元，出口量和创汇量均居全国第一。1998 年，"两烟"实现税利超过 380 亿元，对当年财政收入的贡献率高达 80%[②]。

1995 年 4 月，云南成立了隶属省政府的"18 生物资源开发工程办公室"，选择了技术含量高、效益好的 18 项生物工程实行产业化开发。"18 生物资源开发创新工程"，是对云南具有优势的现代生物技术产品、天然药物、保健药物、农化产品、微生物产品、特种水产养殖产品、香料产品、花卉、无公害蔬菜、食用菌、果类软饮料系列、硬饮料系列、特种经济植物产品、特种经济动物产品、畜产品、林木系列产品、传统农产品等 18 个大类生物资源进行产业化综合开发。截至 1996 年底，省、地、县已启动实施"18 工程"项目 56 个，涉及 17 个大类的生物资源开发，覆盖 8 个地级市。

在推进现代企业制度改革过程中，云南国有矿山经过重组、改制，形成了云南铜业集团、云南冶金集团、云南锡业集团、云南煤化集团和云天化集团等矿产业龙头企业。有色金属采选冶能力在全国处于较先进水平，磷化工、有色金属、贵金属的科研开发能力在全国也居前列，其

---

① 云南省情编委会编《云南省情（2008 年版）》，云南人民出版社，2009，第 154 页。
② 中共云南省委党史研究室编《辉煌中国·云南六十年》，云南民族出版社，2010，第 185 页。

中锡选冶技术、湿法磷酸技术、贵金属加工技术在全国领先。以"西南三江铜银金多种金属成矿系统与勘查评价"为代表的地质找矿成果和其他科研成果迅速转化为生产力。截至 2012 年，云南共有矿业国家级实验中心 5 家，省级 7 家；矿业材料高新技术企业 10 家，上市企业 6 家，重点企业 25 家，主要分布在云南城市地区。"九五"以来，共完成国家级科技攻关项目 32 项，省级 12 项。在证券市场上，云铜股份、驰宏锌锗、云锡股份、云铝股份等矿产资源开发产业中的上市公司业绩显著，具有较高的成长性。矿产业已毫无争议地成为云南的支柱产业之一。

1995 年 8 月，云南第六次党代会提出，着力培育以自然风光和民族风情为特色的旅游产业，力争到 20 世纪末形成新支柱产业。1995 年昆明举行中国旅游购物节。1999 年，昆明成功举行世界园艺博览会，大大提高了旅游大省的地位。"九五"末期，以旅游业为"龙头"的第三产业占云南国内生产总值的比重达到 34.70%[①]，居中西部省区之首，逼近沿海发达地区水平。2002 年以后，云南实施旅游发展倍增计划，继续推进旅游"二次创业"，打造国内一流、国际知名旅游目的地。2012 年全年城镇共接待海外入境旅客 886.4 万人次，接待国内游客 1.96 亿人次[②]。

在加快优势产业发展的同时，云南不断加大新兴产业培育力度，着力构建完善的产业发展体系。改革开放初期，云南已经具备一定的制造业发展基础。20 世纪 80 年代，从计划经济向市场经济转型过程中，山茶电视机、白玫洗衣机、春花自行车、兰花冰箱、茶花汽车迅速崛起，被喻为云南工业的"五朵金花"。这 5 个工业产品曾经深受省内外以及缅甸、越南、老挝等周边国家消费市场的赞誉和喜爱。2002 年以后，云南加快实施新型工业化战略，产业规模不断扩大。在改造传统产业的

---

① 云南省人民政府：《2000 年云南省政府工作报告》。

② 云南省人民政府：《2013 年云南省政府工作报告》。

同时，发展战略性新兴产业，提升以汽车、电工、机床、五金等机械工业为重点的装备制造业，积极发展以光电子为重点的高新技术产业，大力培育以现代生物、新材料、节能环保、新能源等为代表的新兴产业。2011 年云南 8 个地级市第二产业生产总值占全省的 79%，保持两位数增长[①]，实现了经济发展的新跨越。

（三）城市迭代产业体系初见成效

党的十八大以来，云南省委、省政府明确提出烟草、能源、冶金、化工等传统产业仍然是云南经济发展的重要动力，也是新兴产业赖以发展的重要基础。[②] 在不断改造传统产业、积极调整产业结构、大力培育和发展新动能等方面取得了较好成绩。同时，能源、生物医药和大健康、数字经济等新兴产业也取得了较好成绩。2016 年，云南烟草产业通过多次重大的科技攻关，科技含量达到了 42.70% 的国内先进水平。2017 年，传统支柱产业对云南规模以上工业增长的贡献率高达 29.30%，拉动增长 3.2 个百分点。[③] 通过政策引领和产业园区支撑，2017 年云南先进装备制造业组织实施 28 个新开工、19 个续建、26 个竣工投产的亿元以上重点项目。装备制造业占云南规模以上工业的比重为 5.4%，较"十二五"期间提高了 1.4 个百分点。

打造世界一流"三张牌"，构建迭代产业体系初见成效。2017 年，云南能源工业实现增加值 863.7 亿元，成为第二大支柱产业。云南市场化交易电量突破 700 亿千瓦时，清洁能源交易占比居全国首位，非化石能源占一次能源消费总量的比重居全国首位，降低企业用电成本近百亿元，绿色能源优势转换为经济发展优势的潜力十分巨大。2018 年云南

① 云南省统计局编《云南统计年鉴（2012）》，中国统计出版社，2012，第 526 页。

② 《云南省委、省政府关于着力推进重点产业发展的若干意见》，《云南日报》2016 年 4 月 20 日。

③ 张云松：《跨越发展见成效亮点纷呈展新姿——2017 年云南经济发展回顾及 2018 年展望》，《中国信息报》2018 年 3 月 5 日。

生物医药和大健康产业实现主营业务 2555 亿元，比 2015 年的 1205 亿元增加了 1350 亿元，超额完成 2400 亿元的《规划》目标。① 2018 年，云南全面启动和实施"旅游革命"，向旅游发展的病垢开刀，并全面启动旅游模式的创新，实施"一部手机游云南"的智慧旅游模式。开展旅游市场整治，并取得明显成效，2018 年云南接待海内外游客人次和旅游业总收入分别增长 20% 和 22%。全年接待海外入境旅客（包括口岸入境一日游）706.08 万人次，比上年增长 5.80%；实现旅游外汇收入 44.18 亿美元，增长 24.40%。全年接待国内游客 6.81 亿人次，增长 20.20%；国内旅游收入 8698.97 亿元，增长 30.20%；全年实现旅游业总收入 8991.44 亿元，增长 29.90%。②

推动数字经济发展，"互联网 +"快速推进，信息产业融合发展水平整体提升。"十二五"期间，通信业产值年均递增 7%，电子信息产业产值年均递增 10.7%。社会经济信息化发展初见成效。信息技术在政务领域，以及通信、烟草、钢铁、化工、机械、生物医药、建材、物流等行业领域得到广泛应用，培育了一批具有云南特色的软件和信息技术服务企业与产品，其中国产操作系统软件国内领先。2018 年末固定互联网宽带接入用户 1019.43 万户，比 2012 年增加 643.93 万户；移动互联网用户 4003.92 万户（含无线上网用户和手机上网用户），比 2012 年增加 1976.86 万户。2018 年末固定电话用户 275.24 万户，其中城市电话用户 229.39 万户，农村电话用户 45.85 万户。新增移动电话用户 430.61 万户，年末，达到 4659.05 万户，其中 3G 移动电话用户 284.22 万户，4G 移动电话用户 3375.48 万户。年末，全省固定及移动电话用户总数 4934.29 万户，比上年末增加 404.76 万户。固定电话普及率下降至 5.73 部/百人，移动电话普及率上升至 96.47 部/百人。③

---

① 《云南生物医药和大健康产业发展强劲》，《云南日报》2018 年 6 月 13 日。
② 《云南省 2018 年国民经济和社会发展统计公报》，《云南日报》2019 年 6 月 14 日。
③ 《云南省 2018 年国民经济和社会发展统计公报》，《云南日报》2019 年 6 月 14 日。

三 城市建筑业快速发展，为城市建设做出突出贡献

新中国成立 70 年来，在省委、省政府的坚强领导下，建筑业实现了快速健康的发展，规模持续拓展，结构不断优化，技术不断提升，实力明显增强，对云南经济社会发展做出了卓越的贡献。党的十八大以来，在以习近平同志为核心的党中央正确领导下，云南省建筑业步入了新的发展时期，实现更加平稳的增长，对推动云南经济社会高质量跨越式发展做出了新的贡献。

（一）云南建筑业在曲折中不断前进

新中国成立前夕，云南建筑业趋于凋零衰败，昆明地区营造厂家不足 30 户、雇员仅有百余人①。20 世纪 50～70 年代，随着国民经济的恢复与发展，建筑业企业数量不断增加，云南建筑业也在曲折中不断前进，在发展中不断突破。1978 年，全省建筑业从业人员 21.7 万人，完成建筑业总产值 17.69 亿元，占全省社会总产值的 14%②。

（二）云南建筑业快速发展

改革开放以来，各行各业迎来了蓬勃发展的黄金时期，建筑业也不例外，建筑业经济总量不断扩大，在国民经济中的地位和作用稳步增强。紧紧围绕做大做强建筑业这一主题，不断深化机制创新、加强行业指导、强化市场监管；各建筑企业努力开拓、锐意进取，全省建筑业发展取得了令人鼓舞的成绩。目前，云南建筑业已经发展成为多门类、多层次、多成分并存的重要物质生产部门。

---

① 《西南 云南篇 创新发展 60 年 红土地上谱华章》，《中国住宅设施》2009 年第 12 期。
② 中华人民共和国住房和城乡建设部：《创新发展 60 年 红土地上谱华章——云南省住房城乡建设 60 年成就综述》，《中国建设报》2009 年 10 月 26 日。

2000～2007年，全省累计完成建筑业总产值3836亿元，年均增长13.7%，远高于同期GDP年均增幅。2008年，全省建筑业克服国际金融危机的严重影响，完成产值900亿元，同比增长21.3%，增长速度快于全国和西部地区。建筑业也成为该省地方财政收入的重要来源，2008年建筑业企业共上缴税金35亿元，占当年财政收入的2.6%。全省共有各类施工企业3015家，其中特级资质2家、一级资质114家、二级资质841家、三级资质1875家，有资质的企业所占比例大幅度提高。2008年全省建筑业总产值中，二级资质以上企业完成的产值就占了73%。企业实力不断增强，机械化施工能力不断提高，锻炼培养了一大批优秀工程项目管理和技术人才。2008年末，在全省建筑从业人员中，工程技术人员达10万人，一线操作人员持证上岗率达60%，关键岗位持证上岗率达100%①。2000～2007年，全省每年有3～4项工程荣获国家"鲁班奖"和"国家优秀工程奖"，每年有近百项工程获"省优质工程奖"，并获得原建设部首届全国绿色建筑创新奖2项，全国建设行业华夏建设科学奖1项，云南省科学技术奖6项。作为建筑科技成果转化的重点，新型墙体材料推广应用建筑工程面积已达到650多万平方米②。

（三）云南建筑业投资实现跨越式发展

2008～2013年，通过商品房市场和保障性住房建设双轮驱动，云南省建筑业实现逆经济周期的跨越式发展。2011年，全省建筑业开发投资首次突破1000亿元大关，达到1272.72亿元。2013年，全省建筑业开发投资首次突破2000亿元，完成2488.33亿元。2003～2013年，全省建筑业年度开发投资额增长了20.6倍，年均增速达到36.0%，明

---

① 中华人民共和国住房和城乡建设部：《创新发展60年 红土地上谱华章——云南省住房城乡建设60年成就综述》，《中国建设报》2009年10月26日。

② 中华人民共和国住房和城乡建设部：《创新发展60年 红土地上谱华章——云南省住房城乡建设60年成就综述》，《中国建设报》2009年10月26日。

显高于同期全省全社会固定资产投资年均增速（25.9%）①。2017年，全省完成建筑业开发投资2786.25亿元，同比增长3.6%，是1980年建筑业投资4000万元的6966倍。2018年，全年建筑业开发投资3247.23亿元，比上年增长16.5%，全省已有建筑开发企业3041家，物业服务企业2638家，房地产建筑估价机构181家，房地产建筑经纪机构560家，全行业从业人员近30万人，为促进就业、拉动内需、加快社会经济较快发展做出了重要贡献。

四　城镇住宅加快建设，市民安居乐业

70年来，云南房地产业也经历了从无到有、从弱到强的发展历程。

（一）云南城镇住宅建设受到重视，居住条件明显改善

中华人民共和国成立以来，国家重视城镇住宅建设，在国民经济恢复时期和1953年开始的第一个五年计划期间，云南省住宅建设投资7894万元，占全省固定资产投资额的7.12%。1949年前，昆明城区住房总面积仅193万平方米，人均居住面积为4.6平方米②，官绅富户人家拥有宽敞的宅院，而一般居民的居住条件则十分简陋，不少工人、贫民住的是茅棚。50年代，昆明市为解决劳动模范和老工人的住房困难，集中力量配套建设了工人新村。整个新村建筑面积2.28万平方米，其中：住宅2.08万平方米，安排住户901户，平均每户建筑面积23.09平方米，人均建筑面积5.77平方米；商业网点建筑200平方米，工人新村小学1800平方米③。住宅建筑均为条式的砖木结构，多为二层，少

---

① 中华人民共和国住房和城乡建设部：《创新发展60年 红土地上谱华章——云南省住房城乡建设60年成就综述》，《中国建设报》2009年10月26日。

② 云南省地方志编纂委员会编《云南省志·城乡建设志》（卷三十一），云南人民出版社，1996，第164页。

③ 云南省地方志编纂委员会编《云南省志·城乡建设志》（卷三十一），云南人民出版社，1996，第148页。

数三层，共用厨房，集中供水，公共厕所，公共绿化。全省新建改建厂矿企业、少数机关、大专院校，也陆续建设了部分低标准家属宿舍和单身职工宿舍。还集中成片地建设了三合营、潘家湾等工人住宅区。

（二）云南城镇住宅建设受发展思路影响矛盾突出

1958 年后，由于一度受"先生产、后生活"，"先治坡、后治窝"的影响，"二五"计划期间，云南的住宅投资比例下降到仅占全省固定资产投资的 3.80% 。1963～1965 年三年调整时期，住宅建设投资上升到占全省固定资产的 3.80% 。1966 年开始的"三五"计划期间，正值"文化大革命"，住宅投资比例急剧下降到占全省固定资产投资的 2.10% 。同时又因人口增长过快，住房欠账越来越多，城镇住房矛盾十分突出。据统计，1951 年到 1978 年的 28 年间，云南城镇和工矿区建成住宅仅为 3140 万平方米[①]。

（三）云南城镇住宅产业得到了快速发展

1978 年 12 月，中国共产党中央委员会第十一届三中全会决定全国以经济建设为中心，实行改革开放的方针，调整和增加住宅建设投资的比重，放宽政策，提倡城镇个人自筹资金，自建自用，建自己拥有产权的住宅，突破了长期以来由国家统包的做法。1979 年起，国家从基建投资计划中，连续 6 年安排一定资金，补助云南城市住宅建设。1979～1984 年统计，国家为了解决云南省城市住宅建设资金问题，从中央财政共拨款 2700 万元，以补助城市中无房户，无力建房企业单位职工的缺房户、困难户的住房建设。

1985 年，全省城镇人均居住面积 6.26 平方米（昆明市人均居住面积已达 6.48 平方米），略低于全国城镇人均居住面积（6.36 平方米）

---

① 云南省地方志编纂委员会编《云南省志·城乡建设志》（卷三十一），云南人民出版社，1996，第 148 页。

的水平。高于全省平均水平的地、州、市有西双版纳、迪庆、怒江、丽江、德宏、楚雄、玉溪、思茅、昆明。其他地、州、市低于全省平均水平。中华人民共和国成立以来，全省城镇住房建设量虽大，但城镇人口增加很快，且住房分配不均，至1985年全省城镇缺房户占23.04%，其中，无房户5.18万户，占5.39%，不方便户2.56万户（包括三代同室的3443户，父母与12周岁以上子女同室11779户，12周岁以上兄妹同室的9520户，二户同室居住的892户），占2.67%；拥挤户（人均居住面积不足2平方米的住户）14.41万户，占14.98%①。

改革开放以来，政策放宽，调动了国家、地方、单位、个人建设住宅的积极性，云南住宅产业得到了快速发展。1981年，云南成立了全省第一家房地产开发公司。1983年，首批开发的住宅进入流通领域，为房地产市场的培育发展奠定了基础。1979~1988年，十年来全省城镇社会住宅投资逐年增长，累计完成投资47.58亿元，十年累计竣工社会住宅3104万平方米，接近前29年住宅竣工面积的总和②。

1985年房产普查结果显示，全省城镇共有各种房屋1.17亿平方米，房屋现值138.2亿元，使用土地面积4.34亿平方米。③ 全省房屋按建成年代划分，中华人民共和国成立以前，云南省城镇规模很小。中华人民共和国成立以来，改造旧城拆除，自然淘汰房屋多。普查时，中华人民共和国成立前的旧房屋仅存1420.7万平方米，占房屋总面积的12.20%。50年代，国家百废待兴，资金有限，所建房屋的结构和标准很低（现多被拆除改造），普查时尚存的房屋有963.68万平方米，占7.80%。60年代的为1470.96万平方米，占13%。70年代的为3709.92

---

① 云南省地方志编纂委员会编《云南省志·城乡建设志》（卷三十一），云南人民出版社，1996，第141页。

② 云南省地方志编纂委员会编《云南省志·城乡建设志》（卷三十一），云南人民出版社，1996，第149、150页。

③ 云南省地方志编纂委员会编《云南省志·城乡建设志》（卷三十一），云南人民出版社，1996，第140页。

万平方米，占 31.70%。80 年代改革开放后，城乡建设发展快，建成房屋成倍增长。至 1985 年，建成房屋 4135.73 万平方米，占 35.30%。按照房屋用途来划分，住宅 5761.73 万平方米，占 49.26%。其中：集体宿舍 465.76 万平方米，成套住宅 9.81 万套，合 515.65 万平方米；工业及交通、仓库用房 2805.99 万平方米，占 24%；商业和服务业用房 1080.34 万平方米，占 9.22%；教育、医疗和科研用房 724.93 万平方米，占 6.16%；文化、体育、娱乐用房 125.69 万平方米，占 1.06%；办公用房 568.21 万平方米，占 4.90%；其他用房 634.08 万平方米，占 5.40%[1]。

（四）云南房地产业得到了快速发展

云南省房地产业起步晚、发展慢。1995 年，云南省完成房地产开发投资 36.23 亿元。[2] 2003 年，省政府召开全省房地产工作会议并出台了《云南省人民政府关于加快房地产业发展的决定》，云南省房地产业步入了政府全面支持的"快车道"。2008 年，全省房地产开发投资完成 557.59 亿元，比上年增长 31.90%，房地产开发投资占城镇固定资产投资的比重达到 18%。全省住房公积金归集总额达到 493.9 亿元，归集余额 313.8 亿元，累计发放住房公积金贷款 289 亿元，个人贷款余额 165.2 亿元。加快了全省物业管理市场化、社会化、规范化建设步伐，全省物业管理企业 897 家，其中一级企业 6 家、二级企业 46 家，产值近 100 亿元，从业人员近 10 万人[3]。住宅产业的跨越式发展，极大地改善了人民群众的居住条件，2008 年末，云南城镇人均住宅建筑面积已达到 31.42 平方米，是 1985 年全省城镇人均居住面积 6.26 平方米

---

[1] 云南省地方志编纂委员会编《云南省志·城乡建设志》（卷三十一），云南人民出版社，1996，第 141 页。

[2] 中华人民共和国住房和城乡建设部：《创新发展 60 年 红土地上谱华章——云南省住房城乡建设 60 年成就综述》，《中国建设报》2009 年 10 月 26 日。

[3] 中华人民共和国住房和城乡建设部：《创新发展 60 年 红土地上谱华章——云南省住房城乡建设 60 年成就综述》，《中国建设报》2009 年 10 月 26 日。

的 5 倍多①；住房配套有浴室厕所的占 83.20%，比 1985 年提高 78 个百分点；96.90% 的家庭独用自来水，比 1985 年提高 36.4 个百分点；88.8% 的家庭对自己的住房拥有产权，租赁公房的仅占 5.60%，比 1985 年下降 85.3 个百分点②。

云南城镇以房地产开发方式来推动住宅建设发展，在经济大发展条件下，不但使人民群众对美好居住生活的向往得到较好的满足，而且使我们在长期计划经济体制下形成的住房福利制度发生了彻底改变。2018 年，全年商品房施工面积 21800.41 万平方米，比上年增长 3.4%；商品房屋竣工面积 1447.28 万平方米，下降 40.20%；商品房销售面积 4531.88 万平方米，增长 4.70%；商品房销售额 3406.84 亿元，增长 33.00%。③ 截至 2018 年底，云南城镇居民人均住房建筑面积超过 38 平方米，改革开放成果惠及千家万户。

五 加快保障性住房建设，大大提升市民生活水平

多年来，中共云南省委和省人民政府始终重视保障性住房建设工作，始终按照党中央、国务院要求，进行着一系列的重大部署，扎扎实实推进保障性住房建设，取得了明显成效。

（一）率先通过政企共建方式建设廉租住房

早在 2005 年，云南坚持把住房保障工作、改善群众居住条件摆上重要议事日程，摆在工作突出位置，全力改善云南低收入群众居住条件。在省级财力十分有限的情况下，云南安排 5000 万元专项资金，开展规模为 10 万平方米的廉租住房建设，解决城市部分特困人群的

---

① 中华人民共和国住房和城乡建设部：《创新发展 60 年 红土地上谱华章——云南省住房城乡建设 60 年成就综述》，《中国建设报》2009 年 10 月 26 日。

② 《新中国成立六十年云南城镇居民从贫困走向小康》，国家统计局网站，2009 年 9 月 24 日。

③ 云南省统计局：《云南省 2018 年国民经济和社会发展统计公报》，2019 年 9 月 17 日。

住房问题。2008 年，全省廉租住房建设规模扩大到 80 万平方米，并在全国率先全面启动了住房租赁补贴发放工作，较好地改善了城市困难人群的居住条件。2009 年，全省廉租住房惠民政策扩大到国有大中型企业住房困难家庭，在全国率先通过政企共建方式建设廉租住房，建设规模进一步扩大到 550 万平方米①，大大改善了城市困难人群的住房条件。

（二）明确各种政策举措，加快廉租住房建设

2005 年以来，为切实改善群众居住条件，加快廉租住房建设，云南省成立了保障性住房建设工作领导小组，对全省城镇保障性住房建设实行统一领导、统一谋划，统一设计、统一建设和统一管理。云南省人民政府出台并实施了《关于贯彻国务院关于解决城市低收入家庭住房困难若干意见的实施意见》和《进一步加快保障性安居工程建设的实施意见》，全面明确各项土地、税费、金融等支持政策，并千方百计地想各种办法筹措资金，加快保障性安居工程建设。省政府层层落实责任，每年年初与各州（市）政府签订《廉租住房建设责任书》，分解落实保障性住房建设任务。"据不完全统计数据，自 2005 年开始至 2008 年，全省累计投入资金 160 多亿元，用于城镇保障性住房建设，其中各级财政投入达 30 多亿元。2009 年，中央和省级财政安排廉租住房建设补助资金 27.5 亿元，其中省级财政安排 5.5 亿元；安排棚户区改造补助资金 6.8 亿元，其中省级财政安排 2.4 亿元；安排华侨农林场改造补助资金 2.3 亿元，其中省级财政安排 1.4 亿元；安排农村保障性安居工程补助资金 22 亿元，其中省级财政安排 14 亿元。"②

---

① 中华人民共和国住房和城乡建设部：《创新发展 60 年 红土地上谱华章——云南省住房城乡建设 60 年成就综述》，《中国建设报》2009 年 10 月 26 日。

② 中华人民共和国住房和城乡建设部：《创新发展 60 年 红土地上谱华章——云南省住房城乡建设 60 年成就综述》，《中国建设报》2009 年 10 月 26 日。

（三）实现廉租住房建设"应保尽保"的目标

"2005 年以来，全省累计建成廉租住房 2.8 万套、135 万平方米；建成经济适用住房 4.1 万套、330 万平方米。全省先后累计为 10 万多户、28 多万名保障对象发放租赁补贴 2.1 亿元。"① 通过实物配租和发放租赁补贴的两种不同方式，基本实现了中央提出的 2008 年底前所有符合条件的城镇低保家庭"应保尽保"目标。

综上所述，新中国成立 70 年来，在省委、省政府的坚强领导下，经过全省各族人民的努力拼搏，云南城镇居民生活发生了巨大变化，城镇居民收入水平大幅提高，物质生活和精神生活丰富多彩，全省各族人民团结一家亲，成为新中国成立以来云南经济社会各方面取得丰硕成果的一个缩影。

（执笔者：胡庆忠）

---

① 中华人民共和国住房和城乡建设部：《创新发展 60 年 红土地上谱华章——云南省住房城乡建设 60 年成就综述》，《中国建设报》2009 年 10 月 26 日。

第五章
城市基础设施实现互联互通

　　新中国成立后，云南城市基础建设经历了发展、停滞、大发展的曲折历程[①]。1950～1965年，城乡建设稳步发展，城市建设规模逐渐扩大，城市测量、规划开始进行，基础设施有所发展。1960～1965年随着国民经济调整，20世纪50年代后期出现的规模过大、占地过多的错误得到扭转，城市建设步伐减缓，一些建设项目取消。1966～1978年城市建设严重受挫，城市基础设施建设处于停顿，甚至倒退状态。党的十一届三中全会以后，城乡建设进入快速发展时期，云南设市城市由1978年的4个，增加到1984年的10个。1984年，除昆明市人口规模95万、建成区面积75平方公里，是云南省唯一大城市外，其他9个城市的人口规模在20万以内、面积10平方公里以下。1990年实施的《城市规划法》提出"严格控制大城市规模，合理发展中等城市和小城市"的方针和"统一规划、合理布局、因地制宜、综合发展、配套建设"原则，以市政公用设施和城市住宅为建设重点，提高城市质量，完

---

① 《云南省情》编纂委员会编《云南省情（2008年版）》，云南人民出版社，2009。

善城市功能，充分发挥城市中心作用。"十五"时期，全省城乡建设呈现全面协调可持续发展的良好局面，2002 年云南设市城市增加到 16 个。现代新昆明建设加快，由一个市政设施简陋的城市发展成为设施比较完善、多功能的综合性中心城市。2006 年昆明市人口规模 274.72 万人，面积增加到 291.49 平方公里。中等城市有曲靖、个旧、大理、玉溪；其余城市规模也几乎扩大了一倍，形成"一大、四中、十二小"格局。[①] 党的十八大以后，云南城市建设进入了质、量双提升阶段，城市功能更加完善，区域性、城市群建设不断加大，形成大、中、小城镇协调发展的新格局。2018 年云南共有设市城市 24 个，城市基础设施建设向网络化、一体化、智能化方向发展。

一　1949～1978 年城市基础设施缓慢发展阶段

1949～1978 年，城市化经历了一个曲折的发展过程。20 世纪 50 年代，配合工业建设的重点和布局，工业基地在发展中逐步形成了工业城市，支持了工业和整个国民经济的发展。"一五"时期，新兴的工矿城市东川在滇东北乌蒙山区开始规划建设。从 60 年代中期开始的"三线"建设，促进了城市发展。70 年代末，云南的城市化水平仍然很低，但与经济发展基本上是同步的。

（一）城市市政设施建设

1949 年云南主要城市基础设施十分简陋，道路狭窄，昆明共有街道（巷）400 条，总长 9.3 万米，最宽 13～20 米；曲靖市 44 条，长 8945 米；个旧市 25 条，长 3000 米；文山市 29 条，长 1.21 万米；通海市 25 条、保山市 99 条、下关市 11 条、开远市 28 条，其他城市为 10 条以内居多。

---

① 许宏：《云南省城市化：现状评价和对策》，《云南省财经大学学报》（社会科学版）2010 年第 6 期。

城市化建设在国民经济和其他各项事业发展的支持下取得了一定进展。"一五"时期，大规模的经济社会建设推进城市建设取得了较大成效。1950～1960年城镇建设主要在少数能源、交通、资源条件好的城镇集中发展工业和相应的住宅建设。昆明、个旧、开远等城镇是云南主要建设地区，绝大多数以维修城镇设施和房屋为主，各城镇共建各类房屋964万平方米。大部分专、州所在地的城镇也多为"一条街"建设。1956年昆明市进行了第一次行政区划，当时的昆明建成区面积只有20平方公里。1950～1959年，全省所有县城以上城镇先后有了电灯照明。"二五"时期城市建设规模逐渐扩大，城镇测量和城市规划开始在全省范围内进行。1956～1960年，昆明、东川、个旧、大理等30余个城镇编制城镇总体规划，有72个城镇施测了地形图。但是城镇规划建设受"大跃进"影响，产生了规模偏大、指标偏高、占地过多、求之过急的失误。1953～1965年，除昆明、个旧、东川、开远等经济建设重点城镇建设和旧城维护外，新建城市近50个，激进的城市发展并没有相适应的基础设施建设，城市基础设施与城镇数量激增完全脱节。随着经济"调整、巩固、充实、提高"八字方针的实施，城市建设逐步压缩。1964年云南城镇建设开始复苏，经过三年经济调整，全省各城镇住宅面积达到142万平方米。1966～1976年"文化大革命"期间，城镇建设遭受严重挫折，市政设施缺乏养护。1966～1970年全省住宅投资不到"二五"计划的40%，城市建设总投资仅为"二五"计划的65%。1971～1975年市政设施建设进展甚微。1975年开始，中断了10年的城市建设工作重新开展起来。①

（二）城市交通建设

1949年，云南城市交通建设比较薄弱，昆明城市道路全长93公

---

① 云南省地方志编纂委员会总纂、云南省建设厅编撰《中华人民共和国地方志丛书：云南省志·城乡建设志》（卷三十一），1996，第63～71页。

里，其中高级、次级路面占 11%。能通车道路只有环城路、正义路、武成路、护国路等少数几条砂石路，排水能力弱。① 1966 年昆明道路总长 194.2 公里，1978 年为 195 公里，仅增加了 1 公里。个旧、昭通、保山、楚雄的城市道路里程均无增加。东川、曲靖、玉溪、开远略有增长。1977~1988，昆明道路总长增加到 271 公里，是 1949 年的 2.91 倍。

1949 年，昆明共有公共汽车 18 辆，营运线路 6 公里。1952 年 11 月成立昆明公共汽车公司，拥有 21 辆汽车，3 条市内营运路线，市郊区 3 条，营运里程 10 公里。② 1962 年 8 月，昆明公共汽车公司试办出租车业务，在近日公园设出租汽车站。1971 年下关市成立客车队，拥有 3 辆客车，开设下关至凤仪、大合江、蝴蝶泉 3 条线路。1972 年 1 月昆明市出租车汽车公司正式成立，但没有维持下来。1988 年除保山、畹町市外，9 个城市开设公共汽车，共有 776 辆，营运总里程 5742 公里。114 个县城仅景宏市有公共汽车。1976 年 1 月昆明市成立出租汽车公司，有小车 3 辆。

1964 年 8 月，随着"三线"建设的实施，中共中央决定加快修建成昆、川黔、贵昆三条铁路。成昆铁路投资 33 亿元，全长 1090 公里，云南境内 293 公里。贵昆铁路全长 620.7 公里，是云贵川与内地联系的重要纽带。铁路、公路建设改变了云南交通闭塞的局面。1966 年 3 月至 1970 年 7 月，贵昆与成昆两条准轨干线铁路与全国联网，1969 年至 1974 年又先后建成盘西、王家营、罗茨、东川、昆阳、羊场等 6 条准轨支线与干线形成网络。

与此同时，民航事业也逐步发展起来，1949 年 11 月 9 日，昆明

① 《中国城市综合实力五十强丛书·昆明市》编委会编《中国城市综合实力五十强丛书·昆明市》，中国城市出版社，1997，第 127 页。

② 云南省地方志编纂委员会总纂、云南省建设厅撰《中华人民共和国地方志丛书：云南省志·城乡建设志》（卷三十一），1996，第 13 页。《中国城市综合实力五十强丛书·昆明市》编委会编《中国城市综合实力五十强丛书·昆明市》，中国城市出版社，1997。

"两航"起义①，机场员工参与和保护了所有财产。1950年2月，解放军接管"两航"及其财产。1951年2月，成立军委民航局西南办事处昆明站，随后相继开辟重庆、南宁、广州航线。1956年4月，第一条沟通东南亚、西亚和非洲国家的重要国际通道，也是中国打破国际封锁的两条空中国际通道之一的昆明－曼德勒－仰光国际航线开通。1958年，昆明机场扩建，成为西南地区重要的国内国际干线航空港。1959年1月，成立民航云南省管理局。1968年9月，民航成都管理局第七飞行大队四中队进驻昆明机场。

1950～1988年，昆明先后修建了11座桥梁，为城市发展和沟通创造了条件。

（三）城市供水及排污建设

1950～1959年云南城市仅昆明、个旧2座自来水厂。1956年，昆明建成小菜园泵站，取盘龙江水，称为第一水厂。1958年，修建松花饮水库，库容6818万立方米。1960年昆明新建第二自来水厂，1962年投产，日产水5吨，是国内最先采用矩形悬浮澄清池、净水处理设施完备的现代化水厂，也是当时全省最大的水厂。② 1973年，楚雄以尹家嘴水库为水源，建立自来水厂，日供水250吨。1964年，昆明、个旧、曲靖、东川、昭通等城镇共建7座水厂，思茅、蒙自、腾冲等15个县城建设了水厂和简易供水设施。1971～1975年，虽然住宅和自来水工程建设有所增加，但是远不能满足维持生产和生活需要。

新中国成立后，在全民爱国卫生运动的推动下，各城镇开始整治城市内部排水系统，疏通沟渠，填平污水塘沟。昆明市1951～1953年改

---

① "两航"起义是中国共产党领导下的一次成功的爱国主义革命斗争。"两航"系原中国航空股份有限公司（简称"中国航空公司"或"中航"）与中央航空运输股份有限公司（简称"中央航空公司"或"央航"）的简称。

② 云南省地方志编纂委员会总纂、云南省建设厅编撰《中华人民共和国地方志丛书：云南省志·城乡建设志》（卷三十一），1996，第16页。

造"臭水河",改明渠,1955 年形成昆明主城区兰花沟排水系统,服务面积 13 平方公里,1965 年形成东城区明通河排水系统,服务面积 5.5 平方公里。1966 年以前各城镇的排水系统均以改造下水道为主。1966 ~ 1976 年,下水道建设基本停止。

(四)能源及通信事业发展

新中国成立后,开始建小水电站、小火电站,1950 年国家成立云南省电力工业局。

1946 年以前,昆明邮政控制在外国人手中。新中国成立后,1950 年昆明市共有邮政局所 103 处,邮路总长 3156 公里。[①] 1952 年,云南建成第一条位于昆明的电力载波通信电路,长约 3 公里,线路电压等级为 23kV,机型为东电简易型载波机,标志着云南电力载波通信的开始。1970 年成立了云南省"三电"(电力、电信、广播电视)领导小组办公室,1972 年 12 月,建立云南电子工业局,并采取"部队、地方一起上"的方针,加快电子工业发展。至 1971 年,全省已有 53 个厂点能生产无线电军用通信设备、计算机、有线通信设备、广播电视发射与接收设备、无线电测量仪器、电子管、半导体器件、无线电元件及专用设备等。到 1957 年,全省新辟邮路 9 万多公里,新建长途电话线路 1.8 万公里。截至 1978 年,通过国家通信网和边防通信的建设,架通了昆明至北京的微波线路,边防通信能力有所增强。邮路长度达 26.08 万公里,比 1957 年增长 94.55%;邮电业务总量达 3016 万元,是 1957 年的 2.81 倍。

二 1978 ~ 2012 年城市基础设施建设提速发展阶段

1978 ~ 2012 年,云南城市基础设施主要围绕市政基础设施建设和

---

① 《中国城市综合实力五十强丛书·昆明市》编委会编《中国城市综合实力五十强丛书·昆明市》,中国城市出版社,1997,第 129 页。

城市绿化、美化、亮化工作，交通、通信、给排水、无障碍设施等内容开展工作，取得了很好的成效，过去普遍存在的城镇供水不足、交通不便和环境污染等重点问题得到了较大改善。

（一）城市市政建设

1979～1988 年是云南城镇建设大发展时期。中国共产党第十一届三中全会后，云南国民经济开始全面发展，城镇建设逐步走上良性发展道路，多方集资投入城镇建设。然而云南城市发展极不平衡，昆明市是人口百万的大城市，城市功能及城市整体素质不断加强，发挥着中心城市的作用，其他 10 个城市是人口不足 20 万的小城市，城市建设资金严重不足。1979 年，云南省政府批准玉溪、曲靖等 22 个城镇开征公用事业附加费（到 1985 年又增加 13 个）。1983～1984 年，经财政部核准，昆明、个旧、东川、开远等市从工商利润提成 5%，用于城市维护建设专项资金。1985 年国家公开开征城市建设维护税，城市建设有了固定的资金来源。1981～1988 年，全省住宅投资 29.2 亿元，城市建设总投资 5.65 万亿元。1979～1988 年，全省共建住宅 3104 万平方米，接近前 29 年的总和。1988 年城市亮化工程的实施使城镇电力照明逐渐扩大，路灯也增多，11 个城市共有路灯 16700 盏，114 个县城，共 12045 盏。自 1982 年，昆明城市建设进入了一个新的高潮，城市规模快速扩张，建设水平逐步提高，城市功能初步配套，基本满足了同期经济快速增长在发展空间和基础设施上的需要，并奠定了现代化城市的基础框架。"八五"时期，昆明市累计投入资金 104.4 亿元，完成近 90 项基础设施建设，市容市貌明显改善。建成桥梁 157 座，拥有公共汽车平均每万人 2.3 辆，比 1978 年增加了 3.9 倍。出租车每万人 64 辆。1995 年，昆明市路灯 2 万余盏，亮灯率达到 97%。1992 年以后，随着昆明高新技术产业开发区、经济技术开发区、滇池旅游度假区三个国家级开发区建设，兴办开发区在一定程度上有力促进和实现了昆明主城规模与功能的跳跃发展。"十五"时期市政公共设施事业得到重视和加强，大幅度增加市政基础设施建设投资，不断加强城镇承载能力。城市基础设施建设投资达到 377 亿元，是"九五"时期的 2.1 倍。城市基础设施明显改善。2003 年，云南省委、省政府提出了"做强大城市、做优中小城市、做特乡镇、做美农村"的战略思路。同时提出了现代新昆明建设；玉溪、曲靖、大理、蒙自区域中心城市建设；其他州市所在地和设市城市建设；县城建设；中心集镇以及边境口岸城镇 6 个层次的城镇体系建设构架。2003 年是昆明城市发展史上极其重要的一年，省委、省政府提出建设现代新昆明，用 18 年时间将昆明建成以滇池的保护和生态建设为前提，建设以滇池为核心、"一湖四片"和"一湖四环"的现代化城市，城市规划从以翠湖为中心变成以滇池为主，构建山、水、城、林相互交融的"大昆明城市区"，以此全面提升昆明城市形象与综合竞争力。2007 年，全省城市市政基础设施建设投资 121 亿元，城市建成区面积达到 1150.34 平方公里。到 2008 年底，全省城镇面貌发生了前所未有的变化，城市规模逐步扩大，综合实力日益增强，城市功能更加完备，环境不断改善，城市建成区面积达 1200.39 平方公里①，城镇人均住宅建筑面积达到 31.42 平方米。

（二）城市交通建设

这一时期市内交通快速发展。1988 年，全省 114 个县城道路总长约 1048 公里，总面积 1030 万平方米，其中高级、次高级路面占 90% 以上。改革开放以来，城市道路质量和等级大幅提升，昆明、玉溪、曲靖等主要城市以立交桥、环城路、过境路、人行天桥或道路下穿以及快、慢车道，人行道分离等形式，建设城市道路网络，大大提高了道路的承载和通行能力，以及交通安全系数。除昆明、个旧、大理、东川外，曲靖、昭通、开远、玉溪、楚雄 5 市开设公共汽车，9 个城市共有公共汽

---

① 中华人民共和国住房和城乡建设部：《创新发展 60 年 红土地上谱华章——云南省住房城乡建设 60 年成就综述》，《中国建设报》2009 年 10 月 26 日。

车 776 辆。1988 年末，昆明出租营运车 181 辆，行程 636 公里。昆明、保山、玉溪共计出租车 187 辆，里程 651 公里。截至 1994 年底，市辖区内拥有公路 6160.3 公里。其中，国道 5 条 485 公里；省道 7 条 351 公里；县道 87 条 1595.5 公里；市政道路 21 条 198 公里，公路网密度平均每平方公里 0.4 公里。昆明至地州市的 6 条干线公路完成改造，以昆明为中心，213、320 国道纵横交错的十字形路网形成东达贵州、北上四川、南联泰越、西通缅甸的高等级公路网。昆明市拥有各种机动车 17 万辆，其中客运汽车 3.6 万辆以上，完成公路货运 5150 万吨，客运 1417 万人次，分别占社会运量的 81.81% 和 65.72%。形成了以昆明为中心，以干道为骨架，连接市、县、乡的 3 级公路网，200 公里范围内干道公路实现高等级化。1995 年底，昆明城市道路总长 863.7 公里，有公共汽车 1224 辆，行驶里程 266 万公里，有 100 辆无人售票车和 15 辆双层客车，全市出租车 6387 辆。2007 年，全省建成城市道路 6714 公里，拥有标准营运公共车辆 9031 辆。2008 年，全省城镇面貌发生了巨大的变化，城市综合实力持续增强，城市功能更加完备，建成城市道路 7994 公里，全省拥有标准运营公共车辆 9566 辆。突破了交通、能源、通信、环保各类基础设施的制约瓶颈，增强了城市发展后劲，城市功能日趋完善，城市形象不断提升。昆石、昆玉、昆曲、昆安等一批高速公路的建成通车，昆玉、南昆、广大铁路的建成和贵昆铁路电气化的改造，以及滇越铁路的重新通车，使昆明成为泛亚铁路的龙头和多条铁路动脉的终点，成为"五纵七横"国道主干线的重要节点。昆明机场实际吞吐量已超过 1600 万人次，居全国第六位。①

1988 年云南 11 个城市修建桥梁 98 座。1988～1990 年昆明西站兴建三层环行大型立交桥。

城市对外交通提质增效。1990 年 7 月，贵昆铁路电气化工程全线

---

① 中华人民共和国住房和城乡建设部：《创新发展 60 年 红土地上谱华章——云南省住房城乡建设 60 年成就综述》，《中国建设报》2009 年 10 月 26 日。

完成，运输能力提高 3 倍以上。1994 年昆玉地方铁路通车，市域内拥有准轨铁路 495.3 公里，车站 49 个，除富民、禄劝外，其余县市均有铁路相通。1994 年昆明铁路货物运输发送量 1131 万吨，发送旅客 568 万人次。"九五"时期基本形成了以铁路为骨干，公路运输为主体，省内航空网络化的综合运输体系。其中新增铁路里程 642 公里，建成昆玉、南昆、广大铁路，完成了成昆铁路电气化改造；新建和改建公路 3.73 万公里，二级以上高等级公路里程 2273 公里。新建楚大、昆曲、玉元等一批高速公路。

　　1980 年 3 月，国家决定民航脱离军队建制，民航逐步走上企业化道路。1985 年云南作为首家引进波音 737 - 300 型飞机的省份，飞机增加到 7 架，组成云南高原第一支配备世界先进机种的飞行大队。1992 年 7 月，云南民航公司成立，直属民航总局，标志着云南航空业正式跨入参与国际竞争的行列。为了适应现代航空事业发展，昆明巫家坝国际机场按照国际一级机场标准进行 4 次扩建，可以提供大型飞机全天候起降。1994 年昆明拥有 6 家航空公司，开辟了 6 条国际航线和 1 条地区航线（昆明至香港），以及 40 余条国内航线，每周 130 个航班，基本辐射省外和东南亚地区。1994 年旅客发送量首次突破 100 万人次，货物运输量 1.74 万吨，1995 年客运突破 200 万人次。[1]"九五"期间昆明国际航空港拥有航线 80 多条。2000 年新建和扩建机场 10 个，民用航空网基本形成。2001 年根据国家民航体制改革的总要求，云南省民航机场移交地方组建云南机场集团。2005 年 7 月进入东航股份，成立云南分公司。2007 年，云南省拥有 12 个机场，36 架飞机，运力排全国第 4。《2007 年民航机场生产统计公报》显示，昆明、丽江、西双版纳进入全国前 40 名，昆明位列第 7。[2]

---

① 《中国城市综合实力五十强丛书·昆明市》编委会编《中国城市综合实力五十强丛书·昆明市》，中国城市出版社，1997。

② 罗佳：《云南航空业发展的 SWOT 分析报告》，载《和谐之声——云南民航和谐发展论坛论文集》，2008。

（三）城市供水及排污建设

改革开放后，城市供水被列为市政公用设施建设之首，随着城市建设体制改革的推进，城市供水事业迅速发展，并有计划地向县城以外建制镇推进。1988 年，云南省 11 个城市建水厂 21 座，管网总长 2089 公里，日供水能力 43.4 万吨，解决 196.4 万人用水问题。2007 年，全省人均日用水 131.63 升，供水普及率达到 90.95%，城市综合供水能力 431.91 万吨/日。与此同时，排水和污水处理取得突破性进展，1988 年，11 个城市排水管道总长 568 公里。截至 1988 年，114 个县城共有排水管道 713.33 公里。1988 年，11 个设市城市，除昭通、楚雄外，共修建防洪堤 69 公里，114 个县镇中 58 个县修建防洪堤 182.82 公里。"八五"期间，昆明市废水处理率达到 77.10%，城市排水管长度 546 公里，密度为 256 米/公里。① 截至 1995 年，昆明市先后建成 6 个自来水厂，全市综合生产能力日产 53.3 万吨，自来水普及率 99.80%，供水人口 150 万，人均生活用水 0.18 吨/（人·日）。自来水管总长 891.1 公里，年供水 1.81 亿吨。2008 年全省城市综合供水能力达到 445.60 万吨/日，用水普及率达到 91.17%。②

云南城市污水处理厂建设于 20 世纪 80 年代，出于保护滇池的需要，1991 年建成昆明第一污水处理厂，1997 年建成昆明市第二、第三、第四污水处理厂。20 世纪 90 年代末，引进世行贷款在昆明和曲靖、个旧等地级市建设了一批污水处理厂。2000 年后，借助国债资金建设污水处理厂向地州及县普及，全省县级以上城市 30% 建有污水处理厂。2007 年底，全省建成 37 座污水处理厂，形成日处理 125.05 万吨城市污水的能力，污水集中处理率达到 39.6%。2010 年，11 个城市新建水厂

---

① 《中国城市综合实力五十强丛书·昆明市》编委会编《中国城市综合实力五十强丛书·昆明市》，中国城市出版社，1997，第 5 页

② 吕云波、贺彬：《论云南的城市化发展与环境保护对策》，《云南环境科学》2005 年第 A01 期，第 39~42 页。

4 座，扩建 8 座，日供水总能力达 22.74 万吨，设市城市供水普及率、污水处理率、生活垃圾无害化处理率分别达到 90% 以上、60%、60%。城市排水设施落后，排水管网雨污不分，配套不完善，大量城市污水得不到有效处理和再利用，年排放 32575 万吨的城市生活污水有 56.4% 未经处理，直接排入环境水体，加重水环境污染。城市垃圾收集转运不善，垃圾没有得到处理，全省城市人口生活垃圾年生产 410 万吨，仅有 10 座全部无害化处理厂。除昆明、玉溪 100% 无害化处理外，有 52.2% 的城市生活垃圾未能实现无害化处理。全省年生产 2 万吨医疗废物，集中处理率仅为 71.40%。① 2008~2012 年，省级财政每年安排 5 亿元污水垃圾处理设施项目资金。云南省住房和城乡建设厅为了加强对项目前期、建设、运行全过程进行组织协调和监督管理，编制了《云南省城镇污水处理及再生利用设施建设规划（2008~2012 年）》和《云南省城镇生活垃圾处理设施建设规划（2008~2012 年）》，并且率先建立运行了"云南省城镇污水生活垃圾处理设施建设动态管理系统"。截至 2008 年，全省已经有 99 个污水生活垃圾项目完成了前期工作，累计完成实际投资 18 亿元，全省城镇污水处理率和生活垃圾无害化处理率分别达到 42.10%、35.20%。② 全省城市日综合供水能力达到了 445.60 万吨，用水普及率达到 91.17%。

（四）城市能源建设及通信事业发展

1993 年 12 月，为了适应改革需要成立了云南省电力公司，电力供应大幅提升。云南省城市民用燃气起步于"七五"期间。20 世纪 80 年代云南城市开始提供煤气，昆明、开远 2 市率先建起城市煤气工程。1983 年，昆明市煤气公司建成，11 月开始供气。1986 年 8 月首次向市

---

① 吕云波、贺彬：《论云南的城市化发展与环境保护对策》，《云南环境科学》，2005 年第 24 卷，第 39~42 页。

② 中华人民共和国住房和城乡建设部：《创新发展 60 年 红土地上谱华章——云南省住房城乡建设 60 年成就综述》，《中国建设报》2009 年 10 月 26 日。

区供气。1988 年昆明煤气厂综合生产能力达 17 万立方米，煤气管道总长 103 公里，用户 55984 户，覆盖人口 19 万。1995 年，全市煤气日产量 65 万立方米，全年供气 1.23 亿立方米，服务用户 20 万户。昆明煤气公司排全国 50 家最大煤气生产、供应企业前 10 位。同一时期，液化石油气供应量达到 13272 吨，家用量 9265.7 吨，液化气用户 47.2 万人，城市气化率达 87%，其中管道煤气占 49%，液化气占 38%。① 1989年开远市煤气供气，1990 年煤气用户 5000 户。2000 年以来，依靠市场机制作用，在政府基本没有投资的情况下，液化气逐步走入市民生活，进一步改善市民燃料结构。2007 年底城市燃气用户达 685.01 万人。②

  1978～2008 年，云南电力通信走过了辉煌的 30 年，电力通信资产从不足千万元增长到 7 亿多元（不含 OPGW 光缆资产）。为了满足日益激增的各类信息传送交换需求，改变过去原有的架空明线，电力载波、特高频通信技术和手段的不足，云南积极加快电网现代化发展。1982年，云南建成第一条微电波通信线路——昆宣微波，电路全长 223.4 公里，共有 7 个微波站，采用 300 路模拟微波机，标志着云南电力通信进入微波时代。20 世纪 80 年代末期，云南电力第一条光纤电路在鲁布革电厂建成，全长 3.4 公里，采用普通光纤，沿 10kV 线路同杆利用钢绞线挂设。随着 GWWOP（地线缠绕光缆）、ADSS\OPGW 等光缆技术在云南电力通信采用，云南电力通信迈入了光纤化、数字化、宽带化、智能化、IP 化时代。"九五"时期，邮政事业蓬勃发展，邮电业务总量成倍增加。1995 年，昆明市共有邮政局所 252 处，邮路总长 21565 公里，分别比新中国成立初期提升了 2.5 倍和 7.7 倍。1999 年末，云南长途光缆线路 7600 公里以上，微波线路 2676 公里，城镇程控电话交换机总量

---

① 《中国城市综合实力五十强丛书·昆明市》编委会编《中国城市综合实力五十强丛书·昆明市》，中国城市出版社，1997，第 129 页。

② 中华人民共和国住房和城乡建设部：《创新发展 60 年 红土地上谱华章——云南省住房城乡建设 60 年成就综述》，《中国建设报》2009 年 10 月 26 日。

347 万门，电话机 243 万部，电话普及率 7.2%。[①] 2008 年云南电力通信迈入光纤化时代。云南电力通信拥有各类光缆长度超过 13537 公里，共有 145 台电话交换机，共计 138160 线，各类 DDN 设备 644 台，数据网路由器设备 113 台，交换设备 837 台。云南电网 220kV 及以上电力线路的光纤覆盖率达到 99%。[②]

三 2012～2019 年城市基础设施建设速度与质量双提升阶段

2012～2019 年是云南城市基础设施建设的提质增效时期，城市化进程依托昆明区域中心和滇中城市群建设的契机，城市基础设施建设向网络化、区域一体化、功能化和现代化方向发展。

（一）城市市政建设

全面增强现代化城市服务功能和管理水平，大力发展智慧型城市。以数字化和网络化技术提升管理，以规划引领城市管理。根据 2009 年云南省发展和改革委员会公布的《云南省统筹城乡协调发展总体规划（2009～2020 年）》，构筑滇中城市群和滇西、滇东北、滇东南、滇西南、滇西北城镇群城乡发展的目标。2012～2019 年，昆明市大力推进"五网"基础设施建设，逐步形成以昆明为中心、覆盖西南地区、联通国内和南亚东南亚的基础设施网络体系。2015 年 2 月，曲靖市和大理市成为云南进入首批新型城镇化试点的城市，2017 年取得 5 项阶段性成果。同时曲靖市、大理州大理市、红河州、保山市隆阳区板桥镇、保山市腾冲市、楚雄州楚雄市、德宏州瑞丽市、大理州剑川县沙溪镇 8 个城市（镇）深入开展城市设计和"城市双修"试点，推进棚户区和

[①] 黄智：《世纪之交：昆明城市发展战略》，云南科技出版社，1997，第 76～80 页。

[②] 胡劲松：《云南电力通信改革开放 30 年的发展》，《电力系统通信》，2009 年第 1 期，第 195 期。

"城中村"改造，推进6个国家智慧城市试点，提高城市整体形象和综合承载能力。改革开放40年，昆明不断加大城市建设力度，城市建成区面积从1978年的22平方公里到2017年的420.5平方公里[①]，增长了近20倍。

围绕"智慧城市"建设，云南省从2010年正式启动数字城市建设。2013年，"数字安宁"和"数字玉溪"被列为国家城市试点。数字应用示范系统在楚雄、丽江等11个州市完成平台基本建设工作，2015年覆盖全省16个地级城市以及具备条件的县级城市。截至2018年，云南16个州市中有14个在公共信息资源工程、智慧城市管理工程、智慧交通工程、智慧环保工程、智慧医疗健康工程、智慧旅游工程等八个方面开展数字城市建设[②]。从2016年开始，昆明市智慧信息化基础设施核心工作主要围绕区域国际通信枢纽工程、信息化基础设施建设工程、"号码升位"工程建设等方面进行。同时与浪潮集团、普天集团等知名企业在云计算产业发展、智慧城市建设、大数据运营服务等方面开展战略合作，并在智能交通、智慧医疗、智慧民生、平安城市等方面开展示范应用。昆明市启动了一批示范项目，包括社区公共服务综合信息平台、数字城管升级改造、公共交通智能化应用等。2018年，云南昆明下发的《关于加快推进智慧城市建设的实施意见（2016－2018年）》提出，力争通过三年的努力，打造集区域信息辐射中心的核心区、"生态＋"融合发展的示范区、资源"慧"聚的标杆区、信息惠民的样板区为一体的发展模式，实现城市向智慧型发展。[③] 2017年7月14日，住房和城乡建设部印发《关于将保定等38个城市列为第三批生态修复城市修补试点城市的通知》，云南省的昆明、玉溪、大理、保山市被列为第三批"城市双修"试点城市，有序实施城市修补和有机更新，有计划有步骤

---

① 《数读昆明巨变｜昆明建成区面积达到420.5平方公里》，掌上春城，2018年11月20日。

② 丁慎毅：《智慧城市的核心要义》，《云南日报》2018年10月29日，第6版。

③ 《未来三年云南昆明将全面推进智慧城市建设》，云南省人民政府网站，2016年10月20日。

地修复被破坏的山体、河流、湿地、植被。2017年10月19日，云南省城市"双修"和城市设计试点工作会议公布了云南省第一批23个城市"双修"和第一批23个城市设计试点城市名单。按照国家提出城市"双修"和城市设计的要求，抓紧补齐短板，推进生态建设，着力完善城市功能，着力改善环境质量，着力塑造风貌特色，努力打造和谐宜居、富有活力、各具特色的现代化城市。①

（二）城市交通建设

基本建成海陆空立体化的交通基础设施体系。形成市域高等级干道网络，采取了多种交通方式的高效利用和集约管理，云南城市综合交通基础设施建设和管理水平得到进一步提升。到2017年底，城市客运运输能力稳步提高，车辆装备不断改善，城市公交运营车辆为15744辆。新能源清洁能源车5811辆，占车辆数的36.91%。公交专用道里程达93.4公里。公交进场率达90%。城市公交运输量达16.74亿人次，城市出租汽车客运量达8.37亿人次。公共汽电车运营线路网总长度46258公里。智能化信息采集与处理技术、公共交通IC卡系统技术、卫星定位技术（GPS）、智能公共交通调度与信号控制技术、应急救援技术等新技术和科技创新成果在城市公共交通领域得到应用。2017年，云南16个州（市）政府所在地城市公交卡已形成互联互通。城市公共交通服务质量和可持续发展水平得到有力提升。② 2017年，昆明地铁"十"字骨干路网初步形成，轨道交通成功迈出组网运营的第一步。截至2018年11月25日，线网累计运送乘客5.3亿乘次，运行图兑现率99.99%，列车正点率99.99%。到2018年，昆明市已基本构建了水、陆、空、管道立体综合交通运输体系，并且被指定为"十三五"

---

① 云南省住房和城乡建设厅：《云南省城市"双修"和城市设计试点工作会在昆明召开》，云南省住房和城乡建设厅网站，2017年10月30日。

② 《改革开放40年云南交通运输谱写跨越发展新篇章》，云南省人民政府网站，2018年12月21日。

时期国家推进建设的国际性交通枢纽城市之一。同时昆明也是交通部指定的公交都市、低碳交通等试点城市。2019 年，昆明将不再是云南唯一拥有地铁的城市，西双版纳将发展轨道交通，继滇南城市群（红河）城际轨道交通工程开工后，西双版纳轨道交通线网规划对外发布，"十三五"时期曲靖、玉溪、楚雄、大理、昭通等市的城市轨道交通得到大力发展。① 云南切实解决群众出行"最后一公里"问题，截至 2018 年 4 月 30 日，昆明市累计建设自行车服务站点 590 个，自行车投放 15000 辆，累计租用达 356 万余人次。② 2018 年 6 月 26 日，云南第一家本土网约车平台"途途行"正式上线，云南市民及游客可通过手机享受到出租车、快车及城际快车预约，汽车客票购买等一站式服务，实现云南 174 个三级以上客运站联网售票，城际出行业务覆盖云南 129 个县（市、区），有力推进了"互联网＋交通运输"模式全新探索。③

对外沟通能力大幅提高。沪昆、云桂高铁开通，昆明南站建成使用，昆明正式步入高铁时代。2018 年长水国际机场旅客吞吐量达 4200 万人次，跃居全国第五位，开通航线 297 条，通航城市 158 个，是我国飞往南亚、东南亚航线最多的机场之一。昆曼国际大通道全线贯通，全市公路总里程达 17600 多公里，"七出省、五出境"公路网逐步完善。中缅油气管道全面建成。根据国家发展改革委、交通运输部 2017 年 3 月 8 日联合下发的《面向南亚东南亚辐射中心综合交通运输发展规划（2017—2030 年）》，两条互联互通国际运输走廊、六条国内运输大通道、昆明国际性综合交通枢纽，曲靖、大理、红河三个全国性综合交通枢纽，多点支撑的地区性综合交通枢纽将成为云南重点推进项目，以此

---

① 莫然：《昆明不再是云南唯一有地铁的城市 西双版纳将发展轨道交通》，云南网，2019 年 3 月 23 日。

② 《5 条在建地铁线路施工顺利 新一轮地铁规划同步开展》，《云南日报》2018 年 7 月 31 日。

③ 《云南首家本土网约车平台正式上线》，云南网，2018 年 6 月 26 日发布。

形成"两廊六道，一中心、多节点"的综合交通网络空间格局。根据国家《"十三五"现代综合交通运输体系发展规划》，昆明被列入国家建设的 12 个国际性综合交通枢纽，大理、曲靖被列为全国性综合交通枢纽，瑞丽、磨憨、河口被列为沿边重要口岸枢纽[①]，为云南建成面向南亚东南亚辐射中心奠定了基础。2018 年，昆明地铁运营里程 88.7 公里，车站 57 座，排全国城市轨道交通运营第 16 位。[②] 全市公路通车里程达到 17959 公里，是 1978 年 1895 公里的约 10 倍。

云南着力构建昆明、大理两个铁路枢纽，打造王家营、山腰、瑞丽、磨憨"四个口岸"，打通中老、中缅、中越"三条国际通道"。2014 年昆河铁路客运正式开通，标志着中越国际铁路国内段全面贯通，云南成为整个东南亚的重要门户。2016 年 12 月 28 日，沪昆客专昆明南至贵阳北段、云桂铁路昆明南至百色段正式通车，标志着云南高铁从无到有，并入全国高铁路网，云南驶入高铁时代。2018 年 7 月 1 日，作为中缅国际通道和滇藏铁路的重要组成部分，昆楚大铁路顺利建成通车，大理正式接入全国高铁网。

机场建设蓬勃发展，数量跃居全国前列。昆明长水国际机场建设打破了长期以来制约民航发展的基础设施限制，实现了旅客吞吐总量翻番，迎来了宁蒗泸沽湖、沧源佤山、澜沧景迈三个民用支线机场的正式通航。截至 2018 年，已建成运营 15 个民航运输机场，建成了以昆明机场枢纽建设为中心，定位清晰、协同密切、互为补充的机场群。航线大幅度增加，覆盖全球主要国家和地区。截至 2018 年，云南机场集团航线数量达到 524 条，其中国内航线 441 条、国际航线 78 条、港澳台地区航线 5 条[③]，航线总数比 2012 年增加了 211 条，其中国内航线增加了

---

① 《"面向南亚东南亚辐射中心综合交通运输发展规划（2017—2030 年）等国家系列交通规划解读"新闻发布会》，云南省网上新闻发布厅，2017 年 4 月 18 日。

② 《5 条在建地铁线路施工顺利 新一轮地铁规划同步开展》，《云南日报》2018 年 7 月 31 日，第 6 版。

③ 《昆明长水机场南亚东南亚通航点达 34 个》，《云南日报》2019 年 1 月 22 日。

171 条，国际航线增加 40 条。① 云南省目前有通用航空企业 12 家，通用飞机 21 架。可以开展短途载客运输的有 3 家，分别为七彩通航、云南瑞峰和南亚通航。其余 9 家通航企业均只能开展一般通航业务。与全国相比，通航业务发展相对滞后，但云南独特的区位优势、旅游资源以及交通需求等决定了发展通用航空的显著优势。云南省机场建设取得了巨大成就，现已建成民用运输机场 15 个，"十三五"时期达到 18 个，通用机场建成 20 个②；2030 年以前，将规划建设 54 个通用机场，覆盖云南省大部分偏远县区。

2014 年 5 月 20 日，昆明地铁 1 号线、2 号线首期工程南段自晓东村站首列车运营，标志着地铁融入云南的城市生活。截至 2018 年 6 月，昆明地铁运营里程达 88.7 公里，昆明主城区"十"字交叉的轨道运行网络已初步形成。昆明地铁已开通 1 号线、2 号线首期工程及 1 号线支线，3 号线，6 号线一期。③ 云南加快以滇中城市经济圈为重点的城际轨道交通建设，玉溪、曲靖、个旧、开远、蒙自等城市采用轻轨、有轨电车等模式发展轨道交通。④ 2019 年 6 月云南省发改委发布《云南省 2019 年"四个一百"重点建设项目计划》，拟安排 1033 个项目，总投资 5.5 万亿元，年度计划投资 5125.8 亿元。其中，综合交通项目共 220 项，包括在建项目 79 项、新开工项目 30 项、重点前期工作项目 91 项、竣工投产项目 20 项。⑤

（三）城市供水和排污建设

大力提升人居环境和生活保障基础设施水平，城市供水水质、水

---

① 《云南省 2012 年国民经济和社会发展统计公报》，云南省人民政府网站，2015 年 11 月 29 日。

② 云南机场集团：《云南机场集团"十三五"战略规划》，2016。

③ 《2017 年昆明市轨道交通建设进展情况》，昆明轨道交通集团有限公司网站，2017 年 12 月 5 日。

④ 中共云南省委宣传部、中共云南省委党史研究室编《中国改革开放全景录·云南卷》，云南人民出版社，2018，第 102 页。

⑤ 云南省发改委：《云南省 2019 年"四个一百"重点建设项目计划》，2019 年 6 月 26 日。

量和保障水平大幅提高。"治污为本、截污为先、标本兼治",基本形成了覆盖全市的污水治理体系。2012 年,云南省城市供水设计能力达到 574.75 万立方米/日,实际日均供水能力达到 485.85 万立方米,平均日供水量 278.42 立方米,年供水量 101616.59 万立方米。城市供水管网总长达到 19083.42 公里。建成水厂 212 座,设市城市共有 72 家自来水厂,供水普及率 93%。人均综合用水量 187 升,平均日供水量 189.66 万立方米。昆明市年供水 30621.69 万立方米,占全省设市城市供水量的 44.20%。云南省第二大城市曲靖年供水量仅 3800 万立方米,仅为昆明市的 12.40%,由于地形和城市规模的影响,城市供水规模分布极不均衡。① 2016 年 6 月,水利部批复了《云南省供水安全保障网规划》,水利基础设施网络建设五年大会战拉开序幕,以滇中城市经济圈、州(市)所在地和重点县城、九大高原湖泊以及水资源紧缺、水生态脆弱、水环境恶化、水危机凸显地区为重点,加快水利设施建设。

安全水网服务能力持续增强。2019 年出台了《云南省水利厅关于云南省开展规划和建设项目节水评价工作的实施意见》(云水资源〔2019〕44 号)和《水资源"三条红线"控制指标红、黄、绿分区管理办法(试行)》,有序推进普洱、丽江、玉溪等 3 个国家水生态文明城市试点建设,曲靖、玉溪被水利部评为全国节水型社会示范区,昆明、玉溪、楚雄、曲靖及丽江等城市率先开展"水效领跑者"引领行动,实现了省级水功能区监测全覆盖。② 为构建云南供水安全保障网建设,昆明清水海引水、砚山县差黑海引蓄水、蒙自市杨柳河引水、双江县南等水库干渠、思茅大中河引水、保山西水东调等一批引调水项目相继建成,成功启动了滇中引水工程建设。输配水管网长度超过 4100 公里,为城市

---

① 卢林等:《云南省城镇供水行业市场化改革的适应性分析》,《水利经济》2015 年第 1 期。

② 中共云南省委宣传部编《谱写中国梦云南篇章——砥砺奋进的五年》,人民出版社、云南人民出版社,2017,第 11 页。

供水提供了保障①，城镇供水能力基本满足居民用水需求。② 2016 年，制定了《云南省进一步提升城乡人居环境五年行动计划（2016—2020年)》。在城市全面实施治乱、治脏、治污、治堵，改造旧住宅区、改造旧厂区、改造城中村，拆除违法违规建筑，增加绿化面积的"四治三改一拆一增"行动，2018 年末城市（县城）污水处理厂日处理能力达到 337.87 万立方米，比上年同期增加 1.1 万立方米，城市污水处理厂集中处理率达 93%。全省城市建成区绿地率达 35%。③ 2017 年，腾冲、楚雄、瑞丽和剑川沙溪成为第三批国家新型城镇化综合试点地区。④ 开展厕所革命，2017 年昆明市完成新建、改建城市公厕 2076 座，全市所有公厕已全部实现免费开放。⑤ 截至 2018 年，已经建成海绵城市 49.5平方公里、城市地下综合管廊 145 公里，开工建设海绵城市 55 平方公里、城市地下综合管廊 120 公里、污水配套管网 500 公里。启动实施城市暴雨内涝防治工程。

（四）城市能源及信息化建设

电网保障能力不断增强，进入特高压时代。电力主网网架不断完善，形成了 500kV 电网覆盖滇中城市经济圈，与滇西、滇东北、滇西南电源群连接，同时与越南、缅甸、老挝等境外电力部分联网，220kV 电网覆盖州（市）并延伸到主要县市区和重要工业园区。

随着管道建设和天然气市场培育，天然气覆盖面扩大至沿线州市。⑥

---

① 《2017 年水网建设新闻发布会》，云南省网上新闻发布厅，2017 年 12 月 4 日。

② 中共云南省委宣传部编《谱写中国梦云南篇章——砥砺奋进的五年》，人民出版社、云南人民出版社，2017 年，第 11 页。

③ 云南省统计局：《云南省 2018 年国民经济和社会发展统计公报》，《云南日报》2019年 6 月 5 日。

④ 《云南省人民政府关于深入推进新型城镇化建设的实施意见》（云政发〔2016〕63号），云南省人民政府门户网站，2016 年 8 月 10 日。

⑤ 《昆明市公厕全部实现免费对外开放》，《云南日报》2017 年 12 月 4 日。

⑥ 中共云南省委宣传部编《谱写中国梦云南篇章——砥砺奋进的五年》，人民出版社、云南人民出版社，2017，第 9 页。

2014 年，新增石油天然气干支管道 2200 公里，五个州（市）开始通气用气。2016 年，云南已建成天然气管道 1480 公里，建成安宁、嵩明、曲靖等 3 座压缩天然气母站。

2013 年，云南推动区域信息支撑中心、门户网站等平台建设，昆明区域性国际通信出入口初步建成，开通中老、中缅国际光缆。实施"宽带云南"工程，加快沿边、沿线、沿口岸通信网建设。积极引进以云计算为基础的大数据技术，建设面向东南亚、南亚的国际光缆中转基地。建设成为面向东南亚、南亚的国际通信枢纽和区域信息汇集中心。2014 年，4G 无线通信工程建设全面启动，网络信息安全不断加强。2015 年，智慧城市试点进展顺利，积极开展省级互联网直联点建设工作，宽带网络普及提速。2016 年，呈贡信息产业园等项目建设加快推进，保山市、大理市成为国家第二批促进信息消费试点城市。2019 年 1 月 23 日，云南移动率先在丽江大研古城开通了云南首个 5G 试验基站，标志着云南移动 5G 技术及业务应用探索进入新的阶段，开启 5G 时代。①

四 云南城市基础设施建设展望

云南未来的城市化发展重在做强做大昆明市、积极发展区域中心城市、大力推进城市群建设。大城市、城市群的核心标志是产业、就业和交通通信等基础设施建设。形成大中型城市经济的溢出效应，辐射和带动周边地区基础设施建设。主要城市规模越大，对于周边地区经济越具有决定性的影响力，才能形成以大城市为中心的新城市群。

（一）综合性网络化城市交通更加完善

交通和通信是大城市、城市群的必然产物。云南城市的大交通、大

---

① 《5G 丽江，快人一步——云南移动在丽江率先开通首个 5G 试验基站》，云南网，2019 年 1 月 23 日。

轨道时代才刚刚开始，还有很长的距离要走，不仅指距离上，还包括密度上、交通连接上。尤其是未来全国性的交通网络大幅展开后，云南将形成全国性的交通高速网络，以及城市群之间的高速网络。随着经济社会的快速发展、人口流动节奏的不断加快，以及城市群建设的需要，城市轨道交通将成为云南城市交通发展的主体。同时，积极推进传统交通模式的高速化和航空业的发展，形成立体交通网。

（二）智慧城市发展不断增强

云南已进入城镇化中（前）期阶段，社会信息化趋势进一步增强。与之相适应，城市现代化主要出现了以下三大发展趋向。一是，城市治理理念与手段的数据化、信息化水平提升。2015 年中央城市工作会议明确提出，要尊重城市发展规律。实现城市治理理念与手段现代化，就是城市发展的规律之一。随着现代科学技术的飞速发展，未来我们可以建立城市数据中心和城市信息模型，实现多部门信息共享和治理协同。二是，城市经济与基础设施的智能化、绿色化程度增强。城市现代化的一个重要发展趋向，是物流、人流、信息流等要素在流通和交互的过程中所表现出来的智能化。三是，城市发展与公共服务的人本化、个性化特色彰显。现代化的目标随着人的需求转变而变化。因此，城市现代化应坚持以人为本，实现以人为核心的现代化。[1] 信息化、智慧城市发展将是云南城市未来发展的核心领域。随着智慧城市建设模式的快速转变，应鼓励和引进更多的互联网企业主动积极地参与到智慧城市的建设中，以行业应用和云计算为切入点，通过开放的合作模式推动智慧城市的建设。随着未来 5G 的快速发展，在整合智慧城市平台建设中，云南将通过大数据发掘等方式实现智慧城市体验提升。

---

[1]　袁昕：《我国城市现代化主要发展趋向（未来走向）》，《人民日报》2016 年 2 月 21 日，第 5 版。

（三）城市基础设施建设一体化发展走向深入

云南城市的基础设施实现了一体化发展。城市群一体化发展，就是要破除行政壁垒，"一盘棋"思考，"一张图"作战。作为城市群一体化的先导与基础，以交通、通信为主的互联互通正全面有序推进。交通是基础，是先行官，2016～2019年，云南开通了昆明到大理、丽江和蒙自的动车，交通圈促进形成经济圈，使昆明至滇中、滇西、滇南主要城市1～3小时旅游交通圈形成，推动城市连通快速化。通过高速公路打赢"能通则通"攻坚战，州市政府所在地均实现高速公路连通。城市轨道交通快速推进，昆明到曲靖、玉溪、楚雄等地1.5小时经济交通圈形成，同时云南已建成15个民航运输机场，形成以昆明为中心的航空交通网。交通一体化建设不断提速，激活城市群发展活力。城际铁路"公交化"程度进一步提升实现了公交线路接驳，确保接驳率达到100%。城乡建设一体化发展取得阶段性成果。随着云南城市群发展的不断深入，未来除交通以外的城市基础设施一体化建设将进一步扩大和延伸，城市之间将实现水污染联防联治、大气污染联防联控。加快形成城市共铺排水污染联防联治重点项目，实现了水质监测数据共享、突发状况联动处理、交叉督促检查。统一区域大气污染物排放标准，统一重污染天气应急预案，共享环境空气监测数据及监测信息，建立全省统一的空气质量发布平台和重污染天气监测预警体系、环境空气质量预警预报系统等。有望把云南城镇群建设成为创新、协调、绿色、开放、共享城市群。

（执笔者：宣宜、徐丽华）

第六章
城市生态建设提升城市品质

城市作为人类文明的产物，其生态环境已经成为全球生态环境系统的一个重要组成部分。新中国成立以来，云南城镇化率从 1952 年的 4.90% 增加到 2017 年的 46.69%，城镇人口由 82 万增长到 2241 万[1]，城市（镇）已经成为近一半云南常住人口的生活家园。一段时期以来，城市的发展推动了云南经济的高速增长，但同时也带来了污染大、高耗能、生态破坏等一系列城市生态环境问题。随着云南城市化进程的不断加快，城市生态环境问题已经引发越来越多的关注，回顾云南城市生态建设 70 年的历史，梳理过程与成绩，展望未来发展之路，对于更好地推动云南城市绿色、健康发展大有益处。

一 起步之路：城市生态问题开始显现，工业"三废"治理逐渐起步（1950～1978 年）

新中国成立初期的云南百废待兴，城市发展的重点自然集中在城

---

[1] 云南省统计局：《云南统计年鉴（2018）》，中国统计出版社，2018。

镇住宅、城市基础设施维护和建设上，工业项目建设也首先在少数基础条件较好的城市（镇）展开，城市（镇）成为经济发展的重要阵地。1972年之前，城市发展和工业发展的起点较低，同时国家也没有明确的环境保护政策和法规，导致工业污染物大量直接排入大气、湖泊、河流之中，云南城市生态问题开始在局部表现。1972年之后，随着经济建设的展开，受粗放的工业发展理念影响，云南全省生态破坏和环境污染问题开始迅速恶化，同时国家环保体系开始建立，城市生态治理之路随之起步。

（一）生态问题开始显现（1950～1972年）

新中国成立前，云南全省137个县城已破败不堪，市场萧条。由于日本入侵，部分县城损毁严重，腾冲县城甚至被夷为平地。抗战结束后，昆明大量机关、学校、工厂回迁内地，城市发展处于停滞状态，城市生态问题还没有出现在人们关注的视野中。

新中国成立后，城市开始稳步发展，但工业污染的无限制排放和发展理念的简单粗放，特别是"工业三废"开始影响城市局部生态环境。1963年12月上旬，个旧湖水上涨，云锡公司冶炼厂含砷废水混入居民饮水中，导致个旧城区部分地区3000居民发生中毒。[1] 1965年以前，云锡公司排放的有害气体和废气分别通过三座烟囱进入大气，据公司卫生处1963年调查，下风侧距冶炼厂723米的鄢棚居民区大气中含砷日平均浓度超标4.7倍，铅的日平均浓度更超过最大允许浓度10.8倍。1971年11月，昆明钢铁公司发生483人煤气中毒的废气排放事故。[2]

随着工业规模的扩大，城市污染也在逐步加剧。昆明作为新中国成立后全省重点建设的地区，新建了大批工矿企业，"三废"污染随之加

[1] 云南省地方志编纂委员会纂《云南省志·环境保护志》，云南人民出版社，1994，第5页。

[2] 云南省地方志编纂委员会纂《云南省志·环境保护志》，云南人民出版社，1994，第27页。

重。滇池湖水在 1973 年已检测出砷、汞、酚、铬及硫化物，且全部超过卫生标准。昆明全市有工业窑炉及锅炉约 400 个，排放的烟尘中检出氰、氟、砷、酚、磷等有毒物质。

（二）工业"三废"治理逐渐起步（1972～1978 年）

随着污染问题的日益严重，云南环境问题开始引起中央和省委的关注。1972 年，周恩来总理视察云南时指示要治理"三废"和保护滇池，他特别提到"昆明海拔这么高，滇池是掌上明珠，你们一定要保护好。发展工业要注意保护环境，不然污染了滇池，就会影响昆明市的建设。"1973 年 2 月，云南省委第一书记周兴视察滇池污染状况，要求抓紧治理"三废"。

在中央和省委领导的重视下，云南城市生态环境治理工作逐渐起步。1972 年 6 月，云南省委发出"治理三废，净化滇池"的号召，决定成立省治理"三废"领导小组，负责领导"三废"污染防治工作，这是云南历史上的首个环境保护机构。1973 年 10 月，云南省首次召开环境保护会议，会议制定了 1974～1975 年云南省环境保护规划要点。1975 年 6 月，《云南省环境保护十年（1976—1985）规划设想（草案）》拟定完成。同时以排污费征收为突破口，先后颁布实施了一批政策法规，包括《云南省治理"三废"试行办法（草案）》《螳螂川水域环境保护暂行条例》《云南省排放污染环境物质管理条例（试行）》《云南省执行国务院征收排污费暂行办法实施细则》《滇池水域环境管理暂行条例》。1972～1979 年，以工业排放物治理为重点，完成了一批治理项目，如云南印染厂、昆湖针织厂的废水，云南冶炼厂的废气，昆明钢铁公司烧结厂的粉尘，个旧化肥厂的废渣等。[1] 这一时期的环境治理工作，一定程度上延缓了城市局部地区生态恶化和环境污染的势头，生态

---

[1] 云南省地方志编纂委员会纂《云南省志·环境保护志》，云南人民出版社，1994，第 2 页。

环保工作逐步得到各级政府和广大群众的重视，为进一步治理城市生态打下基础。

二 发展之路：城市环境质量总体稳定，但局部地区生态恶化蔓延（1978～1997年）

进入改革开放时期，城市建设步伐开始加速，城市人居环境得到大幅改善。1978年，中央召开第三次全国城市工作会议后，城市规划和建设在全省范围内逐步展开。据统计，1979～1988年全省共建住宅3104万平方米，接近前29年的总和；11个城市新建水厂4座，扩建水厂8座，日供水能力达到22.74万吨；昆明市的城市供水能力也快速提升，由1980年的5844万吨提高到1989年的超过1亿吨，增长接近翻倍。昆明、开远还率先建起了城市煤气工程。[①] 城镇人口也在同一时期大幅增加，由1978年的375.7万人增加到1983年的472万人，短短五年增加城镇人口近100万。虽然1978～1997年这一时期城市环境总体稳定，但城市人口的快速增长造成局部区域生态破坏和污染加剧，城市生态依然面临着巨大压力。

（一）城市环境质量总体稳定

进入20世纪80年代后，云南省在治理工业污染上不断加大力度，先后出台了多项治理污染的地方法规和管理办法，并持续开展了以限期治理、"三同时"、征收排污费、环境影响评价、奖励综合利用及环境宣传等为主要内容的环境治理工作，这些法规和措施有效遏制了"工业三废"污染加剧的势头。

1. 工业"三废"污染得到初步治理

"三废"排放总量有降有增，总体略有下降。1986～1997年期间，

---

① 云南省地方志编纂委员会纂《云南省志·城乡建设志》，云南人民出版社，1994，第3页。

全省工业废水排放量由 45490 万吨减少到 39547 万吨，下降了 13%。工业二氧化硫排放量由 29 万吨下降到 27.04 万吨，减少了 6.8%。工业固体废物排放量略有增加，由 1972 万吨增加到 2121 万吨，增幅为 7.6%。（见图 6-1）

污染物处置能力显著提升。1990~1995 年，全省共增加工业废水、废气、固体废物处理能力 98.7 万吨/日、860.4 万标立方米/小时和 479.3 万吨/年，工业废水、废气处理量和工业固体废物综合利用量年均递增 32.9%、8.5% 和 23.6%。全省工业固体废物综合利用率由 1990 年的 8.6% 上升到 1995 年的 23.2%。[1] 城市污水处理能力从无到有，五年建成城市污水处理能力 21.5 万吨/日，城市的污染治理能力得到显著提高。[2]

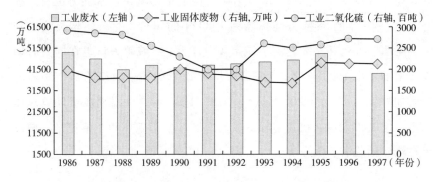

图 6-1　1986~1997 年云南省"三废"排放情况

2. 大气环境质量趋于改善

1995 年《云南省环境状况公报》统计显示，与 1990 年相比，在开展大气监测的全省市（镇）中[3]，达到一至三级大气质量标准的城市

---

① 国家统计局：《新中国六十年统计资料汇编（1949~2008）》，中国统计出版社，2010，第 911 页。

② 《云南省 1995 年环境状况公报》，云南省环保厅网站。

③ "八五"期间全省开展环境监测的主要城市（镇）包括：昆明市、东川市、曲靖市、昭通市、楚雄市、玉溪市、大理市、保山市、个旧市、思茅市、景洪市、文山县城、临沧县城、丽江县城、安宁县城、河口县城、开远市及开远市小龙潭镇。不同年份、不同环境项目监测的城市略有区别。

（镇）占比增加 20.5 个百分点，劣于三级大气质量标准的城市（镇）占比减少 20.5 个百分点，其中个旧市、临沧县城和丽江县城由劣于三级大气标准分别上升为符合三级和二级大气质量标准；思茅市由符合二级大气质量标准降为符合三级大气质量标准；楚雄市由符合三级大气质量标准下降到劣于三级大气质量标准；其余城镇的大气质量相对稳定。"八五"期间全省城市（镇）大气质量等级形成稳定为主、略为改善的变化趋势。

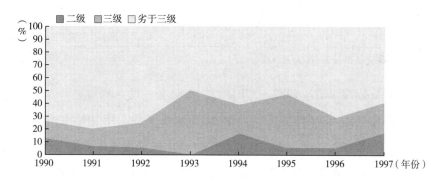

图 6－2　1990～1997 云南省监测城市大气质量等级占比变化

3. 城市（镇）噪声污染总体可控

"八五"期间，在 15 个监测城市（镇）中，各种功能区噪声平均等效声级值上升的占 50.8%，下降的占 45.8%，变化不大的占 3.4%。各城市（镇）的功能区噪声污染有所加重；区域环境噪声的平均等效声级值下降的占 66.7%、上升的占 33.3%，其中：上升的城市有昆明、大理等；下降的有开远等。交通噪声平均等效声级值上升和下降的城市（镇）各占 50%，下降的城市有昆明、大理等。

（二）局部生态趋于恶化

1. 城市地表水质量大幅下降

"七五"期间，城市地表水监测显示，近 80% 的城市河流水质趋于恶化，趋于好转的仅为 8.3%，大面积的城市地表水源发生恶化。城市附近河流中，以螳螂川、泸江开远段、南盘江曲靖段、西洱河、盘龙江等河流污染较为严重，其中昆明的盘龙江在市区中心监测断面的水质已呈劣五类。"八五"期间，全省主要河流监测显示，河流水体依然呈恶化态势，只是恶化势头有所缓解，趋于恶化的水体比例由"七五"期间的79.2%下降到44.8%。

表 6-1　全省河流水质变化情况

时　期	趋于好转	趋于恶化	趋于稳定	监测范围
"七五"期间	8.3%	79.2%	12.5%	城市附近河流 24 个代表断面
"八五"期间	12.1%	44.8%	43.1%	主要河流 116 个监测断面

资料来源：历年《云南省环境状况公报》。

从水质标准来看，1989～1997 年，大量Ⅰ～Ⅲ类城市地表水体发生恶化，而Ⅳ类水体和劣Ⅴ类水体数量大幅增加，增加幅度分别为9.1%和5.3%。"八五"期间城市（镇）饮用水源水质达标率也呈现下降趋势，在相同的19个监测水源中，符合集中式生活饮用水水源标准的水源比例下降达10个百分点。

表 6-2　全省城市地表水质量变化

单位：%

年　份	Ⅰ～Ⅲ类	Ⅳ类	Ⅴ类	劣Ⅴ类	主要污染物
1989	38	8	8	46	氨氮、挥发酚、砷、氟化物、石油类
1997	23.1	17.9	7.7	51.3	总磷、氟化物、生化需氧量、石油类、砷

资料来源：1989 年、1997 年《云南省环境状况公报》。

2. 城市近郊湖泊水质严重恶化

"七五"期间，十个主要湖泊水质趋于恶化的占到一半，为昆明滇池草海、通海杞麓湖、石屏异龙湖、个旧大屯海和蒙自长桥海。另外五个湖泊包括大理洱海、澄江抚仙湖、江川星云湖、宁蒗泸沽湖、永胜程海，水质大致保持稳定。据 1990 年的监测数据，滇池草海污染显著加重，水体呈劣 V 类。与 1985 年相比，草海各监测点的有机污染指数平均值上升 1.15 倍，毒物污染指数平均值上升 0.72 倍。滇池外海的水质虽为Ⅳ类，但湖泊北部、中部的部分水体监测水质已达 V 类，且有机污染呈增加趋势。1990~1997 年，全省主要湖泊中水质为 V 类、劣 V 类的湖泊占比由 26% 大幅增加至 44%，滇池草海、个旧湖、长桥海、异龙湖水质均呈劣五类，甚至无法用于农业灌溉。

表 6-3　云南省湖泊水质状况

单位：%

年　份	I～Ⅱ类	Ⅲ类	Ⅳ类	V 类、劣 V 类	监测湖泊
1990	32.8	19.7	21.3	26.2	全省 10 个主要湖泊
1995	31.3	6.2	25.0	37.5	全省 16 个湖泊（滇池分草海、外海）
1997	33.3	11.2	11.1	44.4	全省 18 个湖泊（滇池分草海、外海）

资料来源：历年《云南省环境状况公报》。

三　集约之路：工业"三废"得到有效治理，节能减排行动成为城市生态环境治理的重点（1997~2007 年）

进入 20 世纪 90 年代后期，城市人口快速增长，城镇生活废弃物的排放已经开始接近乃至超过工业废弃物，以废弃物总量控制为核心的节能减排行动逐渐成为这一阶段城市生态治理的手段和措施。2007 年 9 月，云南省政府以云政发〔1997〕155 号文发布《云南省实施污染物排放总量控制若干意见》，并下达了 2000 年云南省 12 种主要污染物总量控制指标，标志着云南城市生态治理的集约之路正式展开。

（一）工业"三废"得到有效治理

1997~2007 年十年，工业"三废"排放指标有升有降，但总体来看全省工业"三废"排放量呈明显下降趋势。工业废水排放量逐渐下降，由 39547 万吨下降到 35352 万吨，降幅为 10.6%。工业固体废物排放量更是大幅度减少，由超过 400 万吨的排放量减少到 83 万吨，工业固体废弃物处置率则由 9.5% 上升到 33%。工业二氧化硫排放量有所升高，由 27 万吨增加到 45 万吨，增幅为 66.7%。

虽然少数排放物总量指标有所增长，但同一时期全省工业总产值由 1440 亿元增加到 5137 亿元，增幅高达 2.6 倍，由此每万元工业产值的工业废弃物排放量则呈现更加明显的下降趋势。

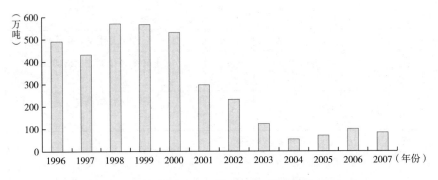

图 6-3　1996～2007 年工业固体废物排放量变化状况

表 6-4　1997～2007 年全省每万元工业总产值的工业"三废"排放量

单位：万吨/万元

"三废"	1997年	1998年	1999年	2000年	2001年	2002年	2003年	2004年	2005年	2006年	2007年
废水	27	29	24	22	20	18	16	15	10	8	7
废气	0.019	0.02	0.018	0.016	0.018	0.016	0.013	0.011	0.009	0.007	0.007
固废	1.47	1.92	2	2.01	1.87	1.86	1.57	1.63	1.43	1.45	1.38

注：表中废水为"全省工业废水排放量/全省工业总产值"；废气为"全省工业二氧化硫排放量/全省工业总产值"；固体废物为"全省工业固体废弃物/全省工业总产值"。

资料来源：历年《云南省环境状况公报》。

（二）城市环境状况总体改善

城市大气环境大幅改善。城市空气质量达到一、二级的比例由 1997 年的 18% 大幅增加到 2007 年的 96%，而同时期空气质量劣于三类的城市占比由 59% 下降到零，全省城市空气污染治理取得明显成效。

城市地表水质量有所改善。1998 年全省主要城市附近河流监测断面水质达到Ⅰ～Ⅲ类的仅占 22%，而劣Ⅴ类水体占比高达 54%，城市地表水污染较为严重。经过大力度的工业排放治理，到 2007 年，Ⅰ～Ⅲ类水体占比提高到 29%，而劣Ⅴ类水体占比下降到 42%，城市地表水质恶化势头得到明显遏制。全省主要城市（镇）集中式饮用水源水质也呈现持续改善，达到国家集中式饮用水源水质标准的城市（镇）水源地占比由 1997 年的 73% 上升到 2007 年的 88%，十年提高 15 个百分点。

城区环境噪声稳中有降。"九五"期间，全省交通噪声、区域噪声呈下降趋势，交通噪声等效声级值逐年下降，2000 年比 1996 年下降 2.3 分贝。2000 年 8 个城市区域环境噪声质量达标，达标率为 47.1%，区域环境噪声平均等效声级值范围在 51.5～72.2 分贝。"十五"期间，全省城市区域环境等效声级值总体呈下降趋势，但区域环境噪声达标率波动较大，部分区域声环境趋于恶化。2007 年共有 8 个城市的城市区域声环境质量达标，达标率为 57.1%。城市区域声环境平均等效声级值范围在 43.9～59.9 分贝。全省城市区域声环境的噪声源主要是生活噪声源及交通噪声源。

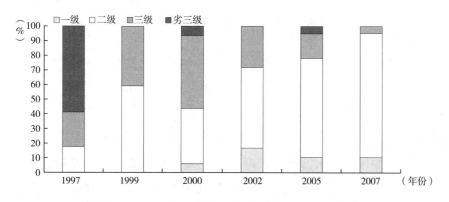

图 6-4 1997～2007 年云南省城市大气质量变化

表 6 - 5 1999 ~ 2007 年全省城市噪声状况

单位：分贝

项目	1999 年	2000 年	2002 年	2005 年	2007 年
区域	52.6 ~ 65.0	51.5 ~ 72.2	52.2 ~ 63.6	46.7 ~ 64.8	43.9 ~ 59.9
交通	66.0 ~ 76.3	64.5 ~ 75.4	55.9 ~ 75.6	63.4 ~ 72.4	51.9 ~ 71.3

注："区域"表示区域噪声平均等效声级值（分贝）；"交通"表示交通噪声平均等效声级值（分贝）。资料来源：历年云南环境状况公报。

（三）开展节能减排——城市发展与人口增加导致的治理逻辑

进入 20 世纪 90 年代后期，全省城市化程度不断提高，城市和建制镇的数量不断增加，云南的城市发展进入全面快速提升时期。2000 ~ 2007 年，全省城镇人口数量由 990.6 万增长到 1426.4 万，增长幅度达 44%。同一时期，全省城市面积扩大的速度更快，建成区面积由 338 平方公里扩大到 578 平方公里，7 年间扩大了 71%。

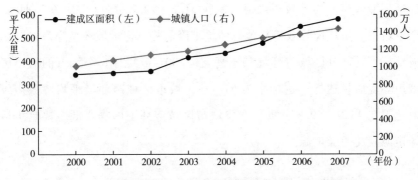

图 6 - 5 2000 ~ 2007 年云南城市建成区面积、人口增长状况

城区面积的迅速扩大和城镇人口的快速增加，导致城市生活污染过快增长，并在进入 2000 年后快速超越工业污染成为城市生态环境治理的首要内容。2000 年，全省生活污水占废水排放总量的比例已经达到 48%，与工业废水排放量相当接近。而同一时期，昆明市的生活污水占比更是远超工业废水占比。2000 年排入滇池的污水总量为 2.4 亿立方米，其中生活污水为 1.8 亿立方米，占污水总量比例高达 75%，生活污

水排放量是工业废水排放量的 3 倍。[①] 20 世纪 90 年代后期，城市（镇）生活污染逐渐成为城市生态环境的主要污染源。

城市污染源发生的变化导致了城市生态治理逻辑的转变。曾经很长一段时期，城市生态治理目标主要围绕降低工业排放物浓度展开，治理环节主要针对废弃物排放过程，治理方法以技术手段为主，再配合严格执法，短期内就可以对工业点源污染达到良好的治理效果。但随着城市生活污染、农业面源污染加剧，针对工业污染的点源治理模式就逐渐不适应城市生态发展的要求。由于城市生活污染源点多面广的特点，实施以污染物总量控制为重点的节能减排，成为城市生态环境治理的新模式。1997 年 9 月 17 日，省政府以云政发〔1997〕155 号文发布《云南省实施污染物排放总量控制若干意见》，文件下达了 2000 年云南省 12 种主要污染物总量控制指标，这是云南省首次提出的关于污染物总量控制的法规。随着治理的深入，污染物排放总量得到不同程度的控制，特别是工业固体废弃物排放量等污染指标明显下降。

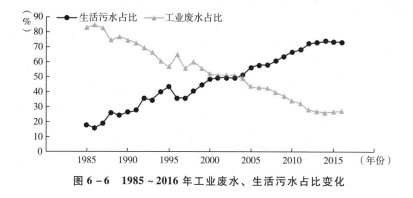

图 6 - 6　1985～2016 年工业废水、生活污水占比变化

四　绿色之路：城市生态文明的新阶段（2007～2019 年）

2007 年，党的十七大报告提出"建设生态文明，基本形成节约

---

① 白龙飞:《当代滇池流域生态环境变迁与昆明市城市发展研究》，云南大学博士学位论文，2011，第 127 页。

能源资源和保护生态环境的产业结构、增长方式、消费模式",由此标志着生态文明建设正式成为我国社会主义建设的重要战略。十八大以来,习近平总书记提出的"绿水青山就是金山银山"绿色发展理念,更是成为我国新时代发展进程中的重要指导思想。这一时期,云南也积极贯彻落实党中央的生态文明建设理念,创新推进生态文明建设实践,使得云南城市生态建设迈上了新的台阶。2007年2月,云南省启动七彩云南行动计划,标志着云南城市建设的绿色之路正式开启。

(一)城市人居环境大幅改善

园林绿化大幅改善。全省城市建成区绿化覆盖率从2007年的22.23%提升到2017年的36.96%,增幅达66%。城市园林景观得到持续提升,全省城市公园面积从2007年的4417公顷增加到2017年的8620公顷,增幅近一倍。公园个数从281个增加到775个,数量增幅达1.76倍。

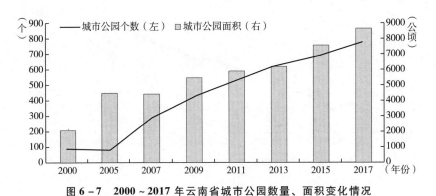

图6-7 2000～2017年云南省城市公园数量、面积变化情况

城市环境卫生状况不断改善。城市道路清扫保洁面积不断扩大,2017年全省城市道路清扫面积为2007年的3倍。2015～2017年,全省新建城市公厕2415座,改建提升二类以上公厕2560座,全省1124个乡镇(镇区)建成公厕4050座,实现了县级城市建成区达到4座/公里²、昆明市建成区达到7座/公里²、乡镇镇区建成2座/公里²以

上全覆盖的目标，全面提升了城乡人居环境，促进了城市卫生状况的改善。①

表6-6 2007~2017年云南城市道路清扫保洁面积增长情况

单位：平方公里

年份	2007	2009	2011	2013	2015	2017
城市清扫面积	5349	6956	12160	13713	16769	17237

资料来源：历年《中国城市建设统计年鉴》。

（二）污染物治理能力逐步加强

城市污水处理能力大幅提升，城市污水处理率由2007年的65.4%上升到2017年的92.3%。云南省城市生活垃圾清运量由2007年的257万吨增加到2016年的432万吨，同期城市垃圾处理率由86%提高到96%，城市生活垃圾处置能力得到较大提升。截至2018年底，全省已建成城镇污水处理厂156座，处理能力414.75万吨/日，管网10542公里，实现全省129个县（市、区）城镇污水全覆盖的目标，全省污水处理率达到91.5%。建成生活垃圾处理场128座（卫生填埋场112座、焚烧厂10个，低温碳化处理厂2个，综合利用处理厂4个），实现全省所有城镇生活垃圾处理设施全覆盖的目标。2018年，全省生活垃圾无害化处理能力达19517吨/日，城镇生活垃圾无害化处理率达到88%。

（三）城市生态环境持续好转

全省城市环境空气质量总体较好，16个城市年评价结果均符合《环境空气质量标准》（GB3095-2012），污染天气的天数比例明显下降。按年均值评价，16个城市均符合二级标准，二氧化硫、二氧化氮符合一级标准。全省平均优良天数比例为98.9%，较2015年上升1.6个百分点。全省出现轻度及以上污染累计63天，较2017年减少44天，

① 《解读〈云南省"厕所革命"三年行动计划（2018—2020年）〉》，云南省政府网。

其中轻度污染 62 天，中度污染 1 天。

九大高原湖泊生态状况不断好转，其中泸沽湖、抚仙湖继续保持Ⅰ类水质，滇池外海、草海的水质好转最为明显，由 2008 年的劣Ⅴ类下降到Ⅳ类。

表 6 - 7　2007 ~ 2018 年滇池外海、草海营养状态指数变化

区域	2007 年	2010 年	2012 年	2014 年	2016 年	2018 年
滇池外海	67.6	69.7	68.4	64.7	61.2	57.5
滇池草海	80.2	71	69.8	72.6	63.8	58.2

资料来源：历年《云南环境状况公报》。

城市集中式饮用水源达标率持续稳定在较好水平。按《地表水环境质量标准》（GB3838 - 2002）、《地下水质量标准》（GB/T 14848 - 2017）等国家标准进行的监测评价显示，2018 年州市级城市集中式饮用水源达标率为 100%，与上年持平，水质持续稳定在较好范围。同期全省县级城镇集中式饮用水源达标率达 98.9%，比上年提高 1.2 个百分点，水质持续好转。

（四）资源使用效率明显提升

资源使用效率迅速提高，与全国平均水平的差距明显缩小。1997年，全省万元工业总产值耗能为 2.77 吨标准煤，超过同期全国均值73%。而到 2011 年，该指标大幅下降到 0.87 吨标准煤，超过同期全国均值 47%，与全国能耗均值差距大幅缩小。从图 6 - 8 中可以明显看到，2006 年以后全省万元 GDP 耗能曲线变得更加陡峭，显示资源节约型城市转型开始发力。

（五）生态文明理念不断进步——从环境保护到绿色发展

2007 年至今是云南生态文明理念发展的重要时期，云南在经过了以生态环境破坏为代价的经济发展后，逐渐意识到人与自然和谐共生、良性发展的重要性，形成了从生态环境保护到全面绿色发展的跨越。

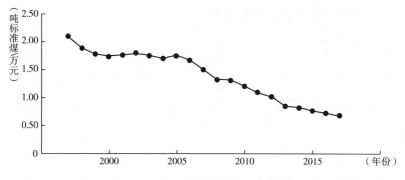

图 6 - 8 　1997~2017 年云南万元生产总值耗能

2006 年 11 月召开的云南省第八次党代会提出"生态立省、环境优先"的理念，要求全省各级领导干部在经济社会发展实践中，把生态立省和环境优先的思想贯穿于经济社会发展的全过程，在重大决策、区域开发、项目建设、评优树先等方面实行环保一票否决制度，坚决服从环境保护的要求。这一时期生态环境保护受到了前所未有的重视，时任省政府主要领导甚至多次表示"宁可牺牲一点发展速度也要保护好生态环境"。

2015 年 1 月习近平总书记考察云南洱海时指出："经济发展不能以破坏生态环境为代价，生态环境保护是长期任务，要久久为功""在生态环境保护上一定要算大账、算长远账、算整体账、算综合账，不能因小失大、顾此失彼、寅吃卯粮、急功近利"。此后，云南开始确立生态环境保护"算大账、长远账、整体账、综合账"的绿色发展理念，形成了生态文明理念由短期向长期、局部向整体、片面向综合的深刻转变，"保护生态环境就是保护生产力""保护中开发，开发中保护""生态惠民、生态扶贫""绿色财富、绿色银行"等绿色发展新理念和新方式也应运而生，绿色发展理念由此成为引领云南生态文明建设的重要战略。①

――――――――――――

① 　周琼：《云南绿色发展新理念确立初探》，《昆明学院学报》2018 年第 2 期。

（六）城市生态魅力逐步显现

进入 20 世纪 90 年代，国家先后开展了与城市生态文明相关的评选活动，如国家住建部于 1992 年开始评选的"国家园林城市"，属于国内较早开始的城市评选活动，评选标准中的指标基本都涉及城市生态环境问题，已成为国内城市的重要名片，安宁市成为云南省第一个获评该称号的城市。中央文明委于 2005 年开始组织"全国文明城市"评选，至今已成为国内所有城市品牌中创建难度最大、含金量最高的一个，该项评选也把城市生态文明建设作为评选的重要指标，腾冲市、安宁市于 2017 年获此殊荣。此外，近年来云南省城市还在"国家森林城市""国家生态文明建设示范市、县""国家卫生城市"等称号评选中频频上榜，截至 2018 年全省已有 8 个州市、15 个市（县）获评上述称号，云南城市的生态魅力开始逐步展现。

表 6-8　2007 年以来云南省城市获评国家生态文明类称号情况

生态文明类城市称号	云南省获评城市	获评年份（年）
国家园林城市	安宁市	2005
	昆明市、玉溪市、景洪市、弥勒县、石林县	2009
	丽江市	2011
	普洱市、开远市、芒市、晋宁县、嵩明县、禄劝县、罗平县、华宁县、易门县	2013
	曲靖市、大理市、腾冲市	2015
国家森林城市	昆明市	2013
	普洱市	2015
	临沧市	2017
	楚雄市	2018
全国文明城市	腾冲市、安宁市	2017
国家生态文明建设示范市、县	西双版纳州、石林县	2017
	保山市、华宁县	2018

生态文明类城市称号	云南省获评城市	获评时间（年）
国家卫生城市	昆明市、玉溪市、安宁市、芒市、个旧市、蒙自市、开远市、普洱市、丽江市、曲靖市、腾冲市、弥勒市、保山市	2019①
"绿水青山就是金山银山"实践创新基地	腾冲市	2018
国家可持续发展议程创新示范区	临沧市	2019

说明："国家卫生城市"称号由国家卫计委于2019年3月复审后重新确认，2019年非初评时间。

五 未来之路：中国最美丽省份之云南城市篇章

2019年，中共云南省委办公厅、云南省人民政府办公厅印发了《关于努力将云南建设成为中国最美丽省份的指导意见》，意见提出立足于努力成为全国生态文明建设排头兵的战略定位，围绕生态美、环境美、城市美、乡村美、山水美的目标，落实最高标准、最严制度、最硬执法、最实举措、最佳环境的要求，着力实施空间规划大管控、城乡环境大提升、国土山川大绿化、污染防治大攻坚、生产生活方式大转变等五大行动，谱写好美丽中国建设云南篇章。

（一）城市生态根本好转

坚持"绿水青山就是金山银山"，坚定不移走生产发展、生活富裕、生态良好的文明发展道路。到2020年，地级城市空气质量优良天数比例保持在98.9%以上，九大高原湖泊和六大水系水质稳定提升，被纳入国家考核的地表水优良水体（达到或优于Ⅲ类）比例达到80%以上，绿色清洁能源开发利用走在全国前列，非化石能源占能源消费总量比重不低于42%，城乡"两违"建筑治理率达到100%。到2025年，地级城市空气质量优良天数比例、非化石能源占能源消费总量比重居全国第 1 位，被纳入国家考核的地表水优良水体（达到或优于Ⅲ类）比例居全国前列。到 2025 年，全省生态保护红线面积占比、森林覆盖率、森林蓄积量等指标居全国前列，湿地保护率达到全国中上水平，滇池流域、抚仙湖流域、洱海流域全面完成"五采区"生态修复。

（二）城市污染有效治理

打好污染防治攻坚战。打赢蓝天保卫战，打好九大高原湖泊保护治理攻坚战、以长江为重点的六大水系保护修复攻坚战、水源地保护攻坚战、城市黑臭水体治理攻坚战、农业农村污染治理攻坚战、生态保护修复攻坚战、固体废物污染治理攻坚战、柴油货车污染治理攻坚战。强化土壤污染管控和修复，加快重点行业企业用地土壤污染状况调查，加强受污染农用地、建设用地分类管理和准入管理，有序开展土壤污染治理与修复。

打好监管执法"组合拳"。强化源头防控，2019 年完成生态保护红线、环境质量底线、资源利用上线和环境准入负面清单编制工作，建立健全战略环评、规划环评和项目环评联动机制。强化过程严管，建立省、州（市）、县（市、区）、乡镇（街道）、村（社区）五级网格化环境监管体系。强化后果严惩，推进联合执法、区域执法、交叉执法，严惩重罚生态环境违法犯罪行为。

（三）人居环境全面改善

更加注重城市宜居和历史文脉传承，改善城镇生态，塑造城镇形态，优化城镇品质，创建文明城市，着力提升具有时代特征、民族特色、云南特点的绿色城镇之美。2019 年，全面消除所有城镇建成区和 A 级以上景区旱厕，实现重点旅游城市 A 级厕所全覆盖，全面完成全省学校厕所标准化建设工作。到 2020 年，城镇建成区绿化覆盖率不低于 38%，城镇人均公园绿地面积不低于 11 平方米，国家园林城市达到 13

个，国家卫生城市达到 14 个；城镇新建小区车位达到 2 个/100 米²；城镇生活污水集中处理率达到 95% 以上、城镇生活垃圾无害化处理率达到 90% 以上；地级城市建成区黑臭水体消除比例达到 95% 以上，昆明市全面消除黑臭水体。到 2025 年，城镇建成区绿化覆盖率、城镇人均公园绿地面积达到全国中上水平，国家园林城市达到 20 个，国家卫生城市达到 20 个；城镇生活污水集中处理率、城镇生活垃圾无害化处理率居全国前列。

大规模开展沿集镇绿化。千方百计增加集镇区绿化，在集镇主次干道、重要节点、空置土地统筹开展规划建绿、拆违增绿、破硬增绿、见缝插绿、留白增绿，对现有绿化进行加高、加密、加彩、加花。全力打造街旁绿地、防护绿地、道路绿地、居住绿地、公共建筑绿地、小游园等，不断提高绿地覆盖率。加强集镇区原生植被、自然景观、古树名木、小微湿地保护，积极推进荒山荒坡造林和露天矿山植被恢复。

坚决整治"两违"建筑。以坝区、交通干线沿线、风景名胜区、历史文化名城（镇、村、街）、全国重点镇、传统村落，以及旧住宅区、旧厂房和城中村为重点，深入开展城乡违法违规建筑集中治理行动，彻底整治未批先建、批后加建、私搭乱建以及侵占道路、河道、绿地、广场等违法违规建筑，彻底消除建筑乱象。进一步完善防控制度体系，做到城乡违法违规建筑增量得到坚决遏制、存量得到全面整治、长效机制稳固建立。

狠抓"厕所革命"。掀起一场消灭旱厕的专项行动，新建、改建和提升一批城乡公厕、旅游厕所、卫生户厕，在全省主要旅游城镇、游客聚集公共区域等新建、改建一批 A 级以上旅游厕所。全面提高农村无害化卫生户厕普及率。探索建立市场化、多元化建设运营模式，提高公厕精细化管理水平。

（四）倡导绿色生活方式

加快产业绿色转型升级。贯彻高质量跨越式发展要求，持续推动产业结构向"两型三化"转型发展，突出抓好八大重点产业，全力打造世界一流的绿色能源、绿色食品、健康生活目的地"三张牌"。全面推进"旅游革命"，加快全域旅游发展，全面提升"吃、住、行、游、购、娱"品质，打造世界独一无二的旅游胜地。加大产业结构调整力度，继续化解过剩产能，依法淘汰落后产能。培育节能环保产业、清洁生产产业，在重点行业全面推进清洁生产或清洁化改造。加快构建绿色信贷、绿色金融政策体系。

引导公众绿色生活。倡导简约适度、绿色低碳、生态环保的生活方式，促进绿色消费，反对奢侈浪费和不合理消费。推广绿色居住，营造良好的绿色出行环境，鼓励低碳出行。开展创建美丽城市、美丽县城、美丽小镇、美丽乡村、美丽社区、美丽景区和美丽道路等活动，使广袤城乡成为生态宜居的美丽家园。培育乡风文明，全面提升文明素质。

（执笔者：秦伟、徐丽华）

第七章
城市发展展望： 把握机遇铸就更大辉煌

在云南城市建设 70 年间，全省城市经济社会呈现跨越发展的总趋势。这期间，城市化进程快速推进，城市发展布局和结构日趋合理，城市经济在国民经济中的重要作用日益显著，城市居民生活质量和生活环境得到了极大改善。70 年城市发展的巨大成就，为城市可持续发展奠定了坚实基础。展望新时代，在以习近平同志为核心的党中央坚强领导下，全省城市建设将抢抓历史发展机遇，再创城市发展与建设的新辉煌。

一 新时代云南城市发展面临前所未有的重大机遇

世界正处于百年未有之大变局中，世界多极化、经济全球化、社会信息化、文化多样化深入发展，全球治理体系和国际秩序变革加速推进，尽管国际竞争加剧、针对新兴大国的疑虑与打压增多，给我国带来诸多严峻挑战，但总体来看，和平与发展仍然是时代主题，我国发展仍处于重要战略机遇期，这为云南城市实现高质量跨越式发展创造了条件。

（一）"一带一路"为云南城市发展带来了重大发展机遇

2013 年习近平总书记提出"一带一路"倡议，五年来，"一带一路"建设从无到有、由点扩面，从愿景到现实，由倡议到建设，取得了举世瞩目的成就，赢得国际社会广泛响应。当前，"一带一路"倡议已得到 140 多个国家和地区的积极响应，一批有影响力的标志性项目逐步落地，并在推动跨越"数字鸿沟"、教育减贫、普惠金融、改善生态、发展特色旅游、加强文化交流、开展医疗合作、更多民众分享经济全球化一体化"蛋糕"等方面持续释放积极红利，使许多过去"被全球化遗忘的角落"获得重大发展机遇。主动服务和融入"一带一路"倡议，云南建设我国面向南亚东南亚辐射中心，积极打造综合交通枢纽、能源枢纽、通信信息枢纽、现代物流枢纽和昆明区域性国际中心城市，着力建设区域性国际经济贸易中心、着力打造区域性科技创新中心、着力打造区域性金融服务中心、着力打造区域性人文交流中心，不仅将为南亚东南亚国家经济发展、民生改善和就业增长做出更加巨大的贡献，也将为云南城市建设发展开辟新的天地。

（二）云南自由贸易试验区建设为云南城市发展提供了历史性合作机遇

云南是中国面向湄公河国家开放的关键枢纽，随着湄公河国家在中国周边外交中的地位更为重要，云南凸显举足轻重的战略地位。中国经济持续向好，南亚东南亚国家日益把期待的目光投向中国，希望加强与我国的合作，对推进与中国合作有更多期待，为云南深入推进面向南亚东南亚辐射中心建设奠定了良好基础。特别是，中国（云南）自由贸易试验区建设良好，昆明片区加强与空港经济区联动发展，重点发展高端制造、航空物流、数字经济、总部经济等产业，建设面向南亚东南亚的互联互通枢纽、信息物流中心和文化教育中心；红河片区加强与红河综合保税区、蒙自经济技术开发区联动发展，重点发展加工及贸易、大健康服务、跨境旅游、跨境电商等产业，全力打造面向东盟的加工制造基地、商贸物流中心和中越经济走廊创新合作示范区；德宏片区重点发展跨境电商、跨境产能合作、跨境金融等产业，打造沿边开放先行区、中缅经济走廊的门户枢纽。云南具有独特区位和开放优势，抓住新机遇，深入开展合作，完全可以为城市经济实现高质量跨越式发展提供持久活力。

（三）新时代西部大开发为云南城市发展带来了政策机遇

中央实施推进新一轮西部大开发的重大决策，着重突出"大保护""大开放""高质量"三个重点。一是更加注重抓好大保护，从中华民族长远利益考虑，把生态环境保护放到重要位置，坚持走生态优先、绿色发展的新路子。二是更加注重抓好大开放，发挥共建"一带一路"的引领带动作用，加快建设内外通道和区域性枢纽，完善基础设施网络，提高对外开放和外向型经济发展水平。三是更加注重推动高质量发展，贯彻落实新发展理念，深化供给侧结构性改革，支持西部地区加强科技创新，拓展发展新空间，加快新旧动能转换，促进西部地区经济社会发展与人口、资源、环境相协调，云南实现高质量跨越式发展将获得更多"政策红利"。抓住这些政策红利，将有利于加快推动云南城市经济实现高质量跨越式发展。

（四）长江经济带战略实施为云南城市发展带来了重大机遇

长江经济带是中国资源富集、经济集聚、城市密集的区域，人口规模和产业规模巨大，是经济开发和对外开放重要的市场腹地，具有非常强大的辐射能力和连锁推进能力。这是沿海开放之后，经济发展重点由沿海沿边向长江流域扩展的重大战略转移。从生产力布局来看，长江经济带是我国宏观区域开发的一级轴带和东西经济大"动脉"，横跨东、中、西三区，上、中、下游的经济实力在所属三大区域带中，都具有不可替代的地位。因此它从整体上具有举足轻重的战略影响力。从要素禀赋来看，长江经济带各类资源优势所形成的发展条件和发展潜能，是国内任何经济带都无法比拟的。经济带的建设将带来沿长江的陆路、水路交通干线大范围的生产要素流动与交换，进而推动产业转移、深化产业分工，形成经济互动新格局。从区位看，长江经济带具有与沿海经济带不同的区位功能。沿海经济带以外向为主，内向辐射不足。而长江经济带两个作用都具优势，并且以内向辐射最优。它将会在区域协调、产业协调等方面，对中国经济发展起到巨大的平衡作用。同时还要看到，东中西部的经济存在着梯度发展，也可能出现反梯度的跳跃式发展，长江经济带所经区域将可能首先出现发展的跳跃，成为未来中国经济最大的驱动力，也必将成为云南城市经济发展最大的驱动力。

（五）知识经济为云南城市发展带来了重大发展机遇

以信息技术为龙头的高新技术及其产业的崛起将推动云南城市的大发展。在迄今为止的人类历史上，没有一种技术像信息技术这样能够引起如此广泛、深刻、全面的社会变革。可以肯定的是，在未来的世界里，信息技术将是社会经济发展最重要的技术驱动力。城市是信息和高科技的载体，高科技的发展，特别是信息技术的发展大大缩小了世界各地的距离，使世界成了真正的"地球村"，它要求各种生产要素（人才、资金、劳动力、信息等资源）的集聚，并加速了生产、贸易、金融等各类企业的联合与兼并，使城市化水平迅速提高，并出现一批作为金融中心、贸易中心、信息中心、技术中心、交通枢纽，以及综合性的经济中心的大城市或特大城市。云南建设我国面向南亚东南亚辐射中心，建设滇中新区，建设中国（云南）自由贸易试验区，必然要求和推动云南大城市或特大城市建设。

（六）消费结构升级为云南城市发展带来了重大发展机遇

随着我国居民的收入水平不断提高，恩格尔系数不断下降，消费结构必将逐步从温饱型向富裕型、发展型、享受型转变。现在，住房、汽车等耐用品消费仍将撑起消费市场的半边天，住房消费虽然即将度过消费最高峰，但是改善性需求、休闲性需求等仍将持续挖掘住房消费市场的深度。汽车消费虽然在短期内由于多种因素影响会有一定波动，但从中长期来看，我国居民的汽车消费需求仍会较为旺盛，最终进入稳定发展的阶段。从更长远来看，信息、文化、娱乐、教育、医疗等消费将逐步成为消费市场增长的主力军，人们对于休闲娱乐和自我发展的需求会不断旺盛，发展出小康之后更为富裕生活阶段的消费需求。消费结构升级不断创造新的增长点。这些消费增长点将成为拉动云南城市经济社会发展的强大动力。

二 新时代为云南城市发展提出新的更高要求

党的十九大指出：在"强起来"的历史新时代，应以"两步走"完成社会主义现代化强国奋斗目标：于 2035 年基本建成社会主义现代化，于 21 世纪中叶全面建成富强民主文明和谐美丽的社会主义现代化强国，实现中华民族的伟大复兴，以现代化强国之姿展现于世界民族之林。党的十九大形成了从全面建成小康社会到基本实现现代化、再到全面建成社会主义现代化强国的战略安排，发出了实现中华民族伟大复兴中国梦的最强音。省委全面对标对表十九大擘画的壮美蓝图，绘制了新时代云南跨越式发展的新画卷。到 2035 年，云南将呈现发展质量效益更高、民主法治更加健全、生态环境更加优美、人民群众更加富裕、社会更加文明和谐的美好图景，全面实现跨越式发展，成为我国民族团结进步示范区、生态文明建设排头兵、面向南亚东南亚辐射中心，与全国同步基本实现社会主义现代化。到 21 世纪中叶，云南的物质文明、政治文明、精神文明、社会文明、生态文明水平将得到全面提升，成为与富强民主文明和谐美丽的社会主义现代化强国相适应的现代化强省。

面向未来，中国特色社会主义犹如一面神圣旗帜，引领中国安之若素、行稳致远、继往开来。地处祖国西南边睡的云南省，既是民族地区、边疆地区、贫困山区，又是革命老区、资源型地区，在过去70年中，虽发展的步伐始终慢于中东部地区，但仍取得了举世瞩目的成绩，经济快速发展，政治环境良好，文化事业大力发展、社会繁荣稳定、生态文明建设取得丰硕成果。面向未来，全省只有坚定不移地与全国同步建成全面小康社会、坚定不移地与全国同步基本建成现代化、坚定不移地与全国同步全面建成现代化，才能在守正出新中大放异彩，才能在不断奋斗中谱写好中华民族伟大复兴中国梦的云南篇章。

（一）面向未来的十大坚定

面向未来，围绕上述目标，全省要进一步坚定高举中国特色社会主义旗帜，无论起跑冲刺，始终不忘举旗定向；坚定以人民为中心的思想，不断促进全省人民全面发展、共同富裕；坚定维护党中央权威和集中统一领导，自觉在思想上政治上行动上同党中央保持高度一致；坚定全面贯彻国家"五位一体"总体布局和"四个全面"战略布局；坚定道路自信、理论自信、制度自信、文化自信；坚定政治意识、大局意识、核心意识、看齐意识，全面贯彻党中央、国务院方针；坚定把发展作为第一要务，加快破解新时代社会主要矛盾；坚定加大力度扩大开放，服务国家，发展自己；坚定解放和发展社会生产力，激发全社会创造力和发展活力；坚定全面推动新型工业化、信息化、城镇化、农业现代化以及社会治理体系和治理能力的现代化。

（二）面向未来的十四个坚持

面向未来，全省要坚持立足实际、创新思路，以重塑河山的气魄统领全局、破解难题、促进发展；坚持循本开弘、以简驭繁，在不断奋斗中收获硕果；坚持结构调整、果断取舍，以打破罐罐的勇气甩掉包袱、轻装上阵、披荆斩棘；坚持面向世界、抢抓机遇，以瞄准一流的决心建设一流队伍、创造一流业绩、树立一流形象；坚持内外合作、特色发展，以特色取胜的信心直面挑战、勇于突破、敢于竞争；坚持民族团结、共同发展建成全国民族团结进步示范区，向全世界展示云南民族团结进步的"云南现象""云南经验""云南奇迹"；坚持生态优先、绿色发展，建成全国生态文明建设排头兵，筑牢国家西南生态安全屏障；坚持扩大开放、服务国家，将云南的区位、资源、开放优势转化为现实生产力优势，以重点突破的办法推动孟中印缅经济走廊、中国中南半岛经济走廊成为"一带一路"的旗舰项目，打造世界上最大的陆上自由贸易区，建成全国面向南亚东南亚辐射中心，引领中国陆上沿边开放；坚持科技创新、系统集成，科技创新达到世界一流水平，建成科技创新强省；坚持融合发展、示范带动，全面推动滇中及各大城市群、城乡、三产的深度融合，全省经济社会更加平衡、更加充分、更加持续、更加和谐；坚持产业带动、转型升级，形成开放型、创新型和绿色化、信息化、高端化的"两型三化"现代化产业体系；坚持依法治省、合法合规，推进科学立法、严格执法、公正司法、全民守法，把经济社会发展、治理纳入法治轨道；坚持从严治党、风清气正，全面贯彻从严治党要求，保持党的先进性和纯洁性，提高领导水平和执政水平；坚持多谋民生之利、多解民生之忧，在发展中保障和改善民生，在发展中补齐民生短板、促进社会公平正义。

面向未来，云南城市建设发展必须以上述十大坚定和十四个坚持为基本方略，只争朝夕，久久为功，相信云南城市发展定然前路光明、愈行愈远。

三 新时代云南城市发展将铸就更多的新辉煌

党的十九大明确提出，中国特色社会主义进入新时代，推动高质量发展，加快供给侧结构性改革，建设现代化经济体系，是跨越关口的迫切要求和我国发展的战略目标，这也成为云南省当前和未来经济发展的根本遵循和行动指南。全省必须紧紧围绕人民日益增长的美好生活需要，加快供给侧结构性改革和新旧动能转化，扩大对外开放，特别是在基础设施建设、新型产业和特色城市发展方面，要把创新作为第一动力、协调作为内生特点、绿色作为普遍形态、开放作为必由之路、共享作为根本目的，加快建设具有云南特点的社会主义现代化城市经济体系。

（一）构建现代化的城市基础设施体系

现代化的城市基础设施是建设现代化经济体系最关键的支撑。未来，现代化的基础设施不仅包括交通、水利、能源、管道、网络及物流等设施，还包括基础材料、基础平台、基础体制、信用体系、营商环境等。就云南而言，必须持续不断狠抓基础设施，"一步一个脚印，一年一个台阶"，久久为功，全面打造无缝链接的交通网、覆盖全省的信息网、功能配套的能源网、智能高效的水利网、安全便利的物流网为最基本的设施，充分运用现代化技术手段，软硬并重、配套联动，对标国际先进水平，构建无缝链接的交通网、5G覆盖全省的信息网、功能配套的能源网、智能高效的水利网、安全便利的物流网，推动现代化的城市基础设施建设不断迈向新的高度。

（二）构建现代化的城市新型产业体系

现代化的城市新型产业是构建现代化经济体系最核心的要素，只有产业发展得好，经济才能实现最稳定的增长。面向未来，云南城市发展应着力在推动经济发展质量变革、效率变革、动力变革中，加快构建"传统产业＋支柱产业＋新兴产业"迭代产业体系，引领产业和经济社会发展。以高新技术提升改造传统产业，让传统产业焕发新活力；以旅游文化产业、烟草业和绿色能源业为支柱，支撑云南经济发展；以生物大健康、节能环保业为特色产业，促进云南城市经济高质量发展。

（三）构建区域协调的城镇发展体系

强而特的特色城市体系是构建现代化经济体系最重要的支柱，城市经济是生产要素高度聚集，规模经济、聚集效应和扩散效应十分突出的经济增长极，是云南省未来发展的重点。面向未来，要明确各类城市发展的特色方向以及主导产业，提出各类城市发展目标、产业发展的路径和技术支撑，以产业发展促进城市快速发展。通过挖掘城市发展的文化脉络，塑造现代化城市精神，打造人性化、便捷化、舒适化的人文环境，吸引更多的人流、物流、信息流集聚，促进城市经济快速发展。

滇中城市群一体化基本实现。遵照国家战略部署，把滇中城市群建成"一带一路"建设的重要支点，建成长江经济带绿色发展的新兴增长极，建成我国面向南亚东南亚辐射中心核心区。逐步争取建立滇中市，并将其逐步升级为直辖市，以此推动滇中地区基础设施一体化布局，全力提升滇中市对内对外公路网、铁路网、航空网、水网、能源网、通信网等区域性基础设施的共用共建共享共管；推动产业发展一体化构建，形成"昆明——大健康产业、曲靖——先进制造业、玉溪——科技文化创新产业、楚雄——生物医药产业、红河——绿色生态农业"的产业发展格局；推动城乡建设一体化统筹，昆明、曲靖、玉溪、楚雄和红河依据城市功能塑造多极化的次中心城市，重构城市空间资源分配机制，要素资源实现多中心网络化配置；公共服务一体化，加快提升资源共享、制度对接、待遇互认、要素趋同、流转顺畅、差距缩小、城乡统一、指挥协调等八个路径逐步推进公共服务一体化提升；改革开放一体化推进；在政治互信、贸易往来、人文交流等方面全面开展宽领域、多层次、广渠道、全方位的务实合作；生态文明一体化建设，以滇中"三江六湖"为生态主线，加快构建国家生态文明制度建设的"四梁八柱"，一体化布局"山、水、田、园、林、城"，一体化推进"生态空间、生态经济、生态环境、生态生活、生态制度、生态文化"建设。

围绕16个重点城市不断强健城市功能。要加快昆明市、曲靖麒麟区、玉溪红塔区、昭通昭阳区、丽江古城区、普洱思茅区、保山隆阳区、临沧临翔区、楚雄市、红河蒙自市、迪庆香格里拉县、文山市、西双版纳景洪市、大理市、德宏芒市、怒江泸水市等 16 个州市政府驻地城市的生产功能、服务功能、管理功能、协调功能、集散功能、创新功能等发展，特别是要促使其金融、贸易、服务、文化、娱乐等功能得到迅速发展，从而增强其集聚能力。一是着力完善重点城市的道路、桥梁、地下管网、路灯、园林绿化等城市基础设施，提高基础设施的系统性、安全性和可靠性，不断拓展城市规模，拉大城市框架，提升市政设施供给能力和城市承载力。二是全力提升城市宜居水平，加快建立多主体供给、多渠道保障、租购并举的住房制度，尽量满足人民群众的多样化住房需求，促进建筑业和房地产业健康发展。三是逐步探索建立城市管理长效机制，着力改善城市人居环境，为广大人民群众营造良好的生态、生活、生产空间，打造贸易型、服务型和消费型城市。四是健全与实际需求相符合的教育、体育、文化、卫生等公益设施，进一步提升城市功能和品位。通过以上四个方面的努力，逐步形成布局合理、特色鲜明、功能强健、相得益彰的兼具整体性、结构性、层次性、开放性的重点城市发展格局。

（四）构建新型的城市消费经济体系

云南是全国城市化程度较低的省份，2018 年，全省城镇化率 47.81%[①]，与全国城镇化率 59.58% 的平均水平相比低 11.77 个百分点[②]，与发达国家 80% 的城镇化水平还相距甚远。城市化率低、城市化速度不快一直是制约云南发展的痼疾。面向未来，加快云南城市化进程，就是要加速培养消费者，加快消费拉动经济增长的动力。首先要加快滇中城市群发展，通过人口聚集推进生产力集聚，把滇中城市群打造

---

① 云南省统计局、国家统计局云南调查总队：《云南省 2018 年国民经济和社会发展统计公报》，《云南日报》2019 年 6 月 14 日。

② 国家统计局：《城镇化水平不断提升 城市发展阔步前进——新中国成立 70 周年经济社会发展成就系列报告之十七》，2019 年 8 月 16 日。

成为"两型三化"的示范地和世界一流绿色牌的展示地，打造成为休闲旅游、健康养生、教育培训、高端商业的消费中心和云南消费热点、消费产业和消费经济的高地。其次是以州市为核心、以县（市、区）为支撑，完善城市功能，加快融合发展，形成城乡一体、产城互动、生态宜居、和谐发展的新型城市。最后是各个城市立足自身特色，充分挖掘、提升消费产品，逐步形成全国各地甚至世界各地的人民群众，"去全世界赚钱，到云南花钱"的消费理念，最终将云南打造成为中国和世界的消费天堂。

（五）构建新时代城市科技创新体系

面向未来，在国家建设社会主义现代化的征程中，云南必须树立"科技兴省、科技强省"的目标，抓住机遇，推动科技创新主体、人才不断聚集，建立健全科技创新机制体制，创造一流创新环境，完善科技创新体系，紧扣经济社会发展所需、人民美好生活所需，创造丰硕的科技成果，大踏步前进，在未来的竞争中争得一席之地。遵循未来科技创新活动日益社会化的趋势，积极打造数量更多、功能更强的创新生活实验室、制造实验室、众筹、众包、众智等新型创新平台，不断推动科研机构、企业、个人等成为新时代的科技创新主体，并聚集起来，形成合力。建成若干世界一流的科学研究中心和具有国际竞争力的企业技术研发中心；建成国家一流的高级科研人才培养基地，造就一支精干高效的科研创新队伍，聚集一批站在国际前沿、国家需求、云南需要的战略科学家、学术领军人物；建立"开放、流动、竞争、协作"的科研运行机制和评估体系，建设科研与市场对接的科技创新平台，形成以政府为主导、充分发挥市场配置资源的基础性作用、各类创新主体紧密联系、有效互动和层次清晰的科技创新体系。牢固树立科学人才观，深入实施科技人才优先发展战略，解放和增强科技人才活力，补齐人才短板，以人才提升促进发展转型，以人才驱动引领创新驱动，推动形成人才辈出、人尽其才、才尽其用的人才创新发展体系。

（六）打造富有特色的城市精神

云南有 129 个县级城市，特别是云南 78 个民族自治地方，每个城市都有不同的历史传承、区域文化、特色资源等。面向未来，必须从自身实际出发，结合时代要求，在推动城市经济发展的同时，打造富有特色、属于自己的城市精神，以此吸引和汇聚更多的生产要素。打造城市精神，要深刻地体现出真、善、美的城市精神，处理好城市精神与城市文化、市民实际需求的两大关系。一是要体现"真"，即把握城市发展的客观规律，体现城市发展之"道"；"善"，即确立城市生活的行为准则，引导人们的价值取向；"美"，即体现人性之美、自然之美、艺术之美、生活之美，以美净化人的心灵、愉悦人的心情、升华人的精神境界。二是要全面把握城市精神所蕴含的核心要素，既要体现城市文化的先进性，又要反映市民在价值观念上的最大公约数，要把城市精神纳入城市文化的范畴，真正体现现代化城市的历史脉络、品位与追求。三是要明确"人们来到城市，是为了生活；人们居住在城市，是为了生活得更美好"的理念，要逐步使市民对城市精神由感性认识上升为理性认识，产生认同城市精神的主观意愿；使市民将城市精神内化为共同的自觉意识和行为准则；使市民将城市精神付诸行动，逐渐养成行为习惯，共建、共享现代化城市经济。

（执笔者：胡庆忠）

专题篇

第八章
滇中城市群的布局与发展

　　城市群是城市化发展的高级阶段，是在特定的地域范围内拥有一定数量不同性质、类型和等级规模的城市，以一个或两个大城市为龙头或中心，若干中小城市和小城镇间隔分布，通过高效便捷基础设施网络相连接的一种城市空间形态。作为促进城市合理分工和拓展功能的有效形式，城市群是对外参与全球经济竞争、对内引领区域发展的核心区域，表现出明显的规模效益，生产和服务成本大幅降低，投资效率和运行效率明显提高，对促进经济增长和推动城镇化进程发挥着不可或缺的重要作用。云南滇中城市群建设起始于1995年，是国家重点培育的19个城市群之一，是全国"两横三纵"城镇化战略格局的重要组成部分，是西部大开发的重点地带，是我国长江经济带的重要增长极。随着我国"一带一路"倡议的实施，滇中城市群面向南亚东南亚开放的区位优势进一步凸显，迎来了快速发展的战略机遇期。推进滇中城市群加快发展，有利于加速人口和产业集聚，加快工业化和城镇化进程；有利于培育壮大经济增长极，提升云南整体发展能力、激发市场潜力；有利于充分发挥滇中地区的辐射带动作用，推动云南城乡、区域协调发展。

一 滇中城市群发展基础条件

滇中城市群包括昆明市、曲靖市、玉溪市、楚雄州及红河州北部 7 个县市，面积 11.46 万平方公里，占云南省土地面积的 29%，是云南省发展基础条件最好、发展潜力最大的地区，在国家现代化建设大局和全方位开放格局中的战略地位举足轻重。

（一）资源禀赋

土地资源。云南省地形地貌特点是山多平地少，山地面积占全省总面积的 93.7%，坝区面积占全省总面积的 6.3%。滇中区域是云南省平坝相对较多、坝区面积最大的地区，集中了全省 2/3 的平地，是云南土地相对平坦和土地资源相对丰富的地区。

气候资源。滇中地区属温带气候，四季如春，既能消暑又可避寒。年平均气温在 15℃~21℃，最热月平均气温一般在 20℃~25℃，最冷月平均气温多在 13℃~17℃。滇中地区的气候极有利于人的身心健康，特别适宜人类居住。

矿产资源。滇中地区矿产资源储量大、经济价值高，资源极其丰富，集中了云南绝大多数磷、铜、铁、铅、煤等矿产。其中，磷矿保有资源储量 38 亿吨，居全国第一位。

文化旅游资源。滇中地区人文资源丰富，是东方人类的发祥地和铜鼓文化、古滇文化、爨文化的发源地，拥有世界重要寒武纪古生物遗址和侏罗纪恐龙化石遗址。昆明是首批国家级历史文化名城之一，楚雄州是我国仅有的两个彝族自治州之一。拥有石林、滇池、九乡等多个国家级重点风景名胜区，抚仙湖、阳宗海、罗平等一批旅游胜地具有较强吸引力，是我国面向南亚、东南亚的重要旅游休闲度假胜地。

生物资源。滇中地区生物资源种类繁多，是云南粮食、烤烟、蔬菜、花卉、畜牧等主要农牧作物的主产区。昆明斗南花卉占据全国花卉市场的 60%，具有"亚洲花都"的美誉；曲靖、玉溪烤烟生产占据了全省一半以上的份额，在全国具有重要地位；楚雄的药材、菌类生产全省闻名。

生态环境。滇中地区生态环境总体水平保持良好，区域内省级自然保护区数量居云南省第一位，森林覆盖率超过 50%，良好的气候条件有利于动植物生长和生态环境恢复，是全省生态环境承载力较强的区域。

（二）基础设施状况

滇中城市群交通设施较完善，区域内连接大部分市县的公路实现了高等级化，以昆明为中心的现代化公路交通网络初步成型，公路交通对区域协调发展的瓶颈约束已基本缓解。随着昆明－曲靖、昆明－楚雄、昆明－玉溪－蒙自城际列车的开通，以及昆明地铁 1 号线、2 号线、3 号线、6 号线投入运营，区域内铁路运输极为便捷。昆明长水国际机场已跻身国家门户枢纽机场行列，是国内利用率最高和起降最繁忙的国际航空港之一。日益完善的现代化综合交通运输体系，成为区域内城市化和一体化发展的"加速器"。

近年来，滇中城市群能源保障水平显著提高，电源开发有序推进，电力主网网架不断完善，可转供电能力大大加强，电网安全稳定水平、供电可靠性和经济指标明显提升；油气管网建设取得突破，中缅油气管道建成投产，油气管网沿线州市实现通气用气，辐射滇西、滇东、滇南的省内成品油输送管网已经建成，天然气支线建设正在加紧实施。

滇中城市群互联网基础设施保障能力持续提升，互联网网络结构基本形成。建成城市群无线宽带城域网，实现有线、无线相结合的宽带网和有线电视双向接入网的全覆盖，"三网融合"在昆明取得突破，实现昆明、曲靖、玉溪、楚雄区域通信一体化升位并网。

滇中地区水资源开发利用率低，水网配套设施不完善，工程型缺水问题突出，供水矛盾突出成为制约滇中城市群经济社会发展的瓶颈。

（三）产业经济发展现状

滇中城市群是云南发展最快的地区，国家实施西部大开发战略以来，产业经济发展取得显著成就，进入历史上最好的发展时期。滇中城市群是云南重要的工业基地，拥有世界上规模最大的锡产业和亚洲最大的烟草产业基地，滇中钛产业基地是全国钛资源开发三大基地之一，炼油及配套产业项目建成投产。形成了以烟草、钢铁、有色、化工、建材、能源、生物医药、绿色食品加工、装备制造为主体的现代工业体系，培育了一批特色突出、竞争力强的企业，随着一批产业的集群发展，产业发展基础增强，产业聚集成效初显。

滇中城市群产业发展存在的问题，使各州市经济发展水平和产业结构差距较大，各个城市之间的经济缺乏互促性，产业经济发展难以齐头并进。滇中城市群内各州市主导产业趋同，工业行业中的烟草制品业、金属冶炼及压延加工业、化学原料及化学制品制造业都是滇中各州市的支柱产业，产业趋同化促使各城市之间更多体现出竞争关系，区域产业协调发展存在一定难度。

（四）人口与城镇化发展状况

2018 年，滇中城市群总人口为 2126.71 万，占云南省总人口的 44%，其中昆明市 685 万，曲靖市 615.54 万，玉溪市 238.47 万，楚雄州 274.8 万，红河北部 7 县市 312.9 万。①

改革开放以来，滇中地区城镇化呈现平稳发展，2017 年城镇化率为 52.87%，城镇化水平高出云南省（46.69%）平均水平 6.18 个百分点。滇中城市群各州市城镇化水平存在显著差异，2017 年昆明市城镇化率达到 72.05%，曲靖市、玉溪市、楚雄州及红河州北部 7 县市城镇化率

---

① 云南省人民政府办公厅、云南省统计局、国家统计局云南调查总队：《2019 年云南领导干部手册》，云南人民出版社，2019。

分别为 47. 28%、50. 80%、45. 33%、48. 88%，均低于全国平均水平。[①]

二 滇中城市群发展规划

1995 年编制的《云南省国民经济和社会发展"九五"计划和 2010 年远景目标纲要》，提出了推进滇中城市群发展的战略构想，标志着滇中城市群建设的正式实施。1996 年编制了《昆楚玉曲城市群规划》，提出加快构建滇中城市群增长极。2007 年，省住房和城乡建设厅牵头编制了《滇中城市群规划修编（2009－2030）》，2011 年 5 月获省政府批复同意执行，与此同时，省国土资源厅牵头编制了《滇中经济区国土资源开发利用规划（2010－2020）》；2009 年，省发展和改革委员会牵头编制了《云南省滇中城市经济圈区域协调发展规划（2011－2020 年）》，2012 年 10 月，省委、省政府召开滇中城市经济圈建设规划汇报会，2014 年 9 月正式印发实施。与此同时，《云南省城镇体系规划》提出，构建以昆明为核心，以曲靖、玉溪和楚雄中心城市为支撑，以主要交通轴线为纽带的滇中经济区一体化发展格局。省级相关部门在制定"十二五"发展规划时，对推动滇中城市群发展也进行了专门规划。

（一）《滇中城市群规划修编（2009－2030）》核心内容

1. 滇中城市群发展目标和发展规模

发展目标。把滇中城市群建设成带动云南省全面发展的核心增长区域，中国西部地区具有较强竞争力的特色城市群，我国西南地区重要的产业密集区和经济增长极，以及中国、东南亚、南亚结合地带的区域中心。

发展规模。合理控制人口规模，优化人口结构，提高人口素质。2015 年末滇中城市群人口规模约为 1800 万，2030 年末约为 2300 万。

---

① 《云南年鉴》编辑委员会编《云南年鉴（2018）》，云南年鉴社，2019。

基础设施建设规模在预测规模基础上放大 20% ~ 25%，近期总人口按
2000 万预留、远期按 2800 万预留。城镇化水平 2015 年末为 48%，2030
年末为 70%。

2. 滇中城市群总体发展战略

整合区域产业、人口和环境资源，建设强大的区域基础设施体系和
社会公共服务系统，优化城镇空间布局，全方位拓展与东南亚地区、
"泛珠三角"的交流合作，通过率先发展，协调发展，提升城市功能。
保护性利用区域资源，优化人居环境，增强滇中城市群整体活力、竞争
力、辐射力，为滇中区域经济、社会发展提供具有高度适应性和开放性
的空间载体，支持实现区域经济、社会、环境发展目标。具体分为四个
战略，即区域协同布局，强化整体竞争力；外延环境保护，确保可持续
发展；设施共建共享，城乡一体化发展；融汇民族传统特色，弘扬云南
地域特质。

3. 滇中城市群发展布局

滇中城市群发展布局。一是提出了"一核三极两环两轴"的空间
结构体系。二是提出了昆明玉溪高原湖泊保护区、掌鸠河水源涵养生态
功能区、元江干热河谷水土保持与林业生态功能区等 19 个生态功能区
以及生态保护和建设指引。三是提出了主要产业聚集区，指出了重点培
育的产业群和产业集群，以及优化农业生产力，发展"环滇""曲沾
马""红塔区—江川—通海""南华—楚雄""宣威—富源""陆良—
师宗—罗平"和"峨山—新平—元江"等 8 个产业密集区。四是提出
了提升中心城市高端职能，拓展空间，联动南部，强化东部，培育西
部，构筑外层联络圈，紧密区域联系，促进区域发展的城镇空间发展战
略。五是制定了交通设施规划，包括滇中城市群综合交通体系分圈层战
略规划、"一核心、二圈层、三联通、八轴线"的交通发展战略重点、
交通体系规划布局、滇中客运交通系统规划、现代物流系统规划。六是
制定了给排水设施规划。主要包括城市给排水设施布局、区域协调及空
间布局重点等。七是制定了电力设施规划。包括电源、电网、高压电力

线路走廊（通道）规划和区域协调及空间布局重点。八是制定了通信设施规划。提出了网络基础设施建设重点和统一的滇中城市群通信网络，逐步实现滇中城市群统一区号、电话号码等，促进城市之间的协调及一体化发展。九是制定了垃圾处理设施规划。提出了城镇生活垃圾清运与处理工程规划、医疗废物和危险废物处理处置工程等建设重点。十是提出了教育科研事业、文化设施及产业发展、体育事业、医疗卫生事业和社会福利事业发展重点。十一是提出了滇中城市群的空间管制规划。

4. 滇中城市群次区域和重点空间规划

重点规划了五湖次区域发展指引（主导产业的选择和布局、城市发展布局、重大基础设施工程规划和五湖区域生态系统规划），都市区发展指引（昆明都市区、曲靖都市区、玉溪都市区、楚雄都市区），城市间协调与互动，跨行政区重点协调发展指引，历史文化名城、名镇、名村发展指引以及景观资源空间发展规划等。

5. 明确近期建设计划

《滇中城市群规划修编（2009－2030）》的建设计划。提出"一核三极一环一轴"的空间结构建设目标，近期重点加强昆明核心区的综合服务能力，培育以玉溪、曲靖、楚雄为主体的外围三个次中心，连接滇中外环高速公路和发展壮大"中国—东盟"发展轴。构筑"环昆明—滇池区域"滇中城市群核心圈层，初步实现"东进、南下"的城市群发展战略构想。提出搭建交通一体化格局，以交通一体化为目标，建立高效的滇中交通枢纽；加强核心与外围联系，建立内环加放射的滇中交通格局。提出构筑"一个物流核心圈、六大物流枢纽、六大物流基地"的现代物流体系。

（二）《滇中经济区国土资源开发利用规划（2010－2020）》核心内容

1. 滇中经济区国土资源开发利用的优劣势

《滇中经济区国土资源开发利用规划（2010－2020）》，明确了所涉及的优劣势。从开发利用优势看，云南滇中地区的自然环境相对优越、土地资源相对丰富、综合开发潜力大。从发展劣势分析，滇中地区国土开发利用受自然条件的影响大和制约强，国土开发利用的供求矛盾突出，国土开发利用结构和布局不尽合理。从面临挑战看，滇中地区的建设用地供需矛盾突出，农用地保护形势严峻，土地利用空间布局亟待调整，土地开发难度大，统筹区域土地利用难度大，各州市经济社会发展不平衡。

2. 国土资源开发利用的战略定位

《滇中经济区国土资源开发利用规划（2010－2020）》，提出"科学保护土地资源，切实保障率先发展，全面提升集约水平，统筹协调生态建设"的国土资源开发利用战略。实施最严格的耕地保护制度，维护粮食安全；认真落实土地节约集约利用的各项政策，推广各种土地节约集约利用模式，提高土地节约集约利用水平，保障经济社会发展的必要用地；明确差别化的土地利用政策，统筹区域土地利用；协调土地利用与生态建设的关系，促进生态建设的良性发展，构建高效、和谐、有序、永续的土地利用体系。

3. 对经济社会发展和国土资源开发利用进行了预测

《滇中经济区国土资源开发利用规划（2010－2020）》提出，到2015年、2020年和2030年，地区生产总值分别达到6532.9亿元、11365.5亿元和34399.61亿元；总人口分别为1935.88万人、2106.26万人和2461.48万；城镇人口分别达到915.67万、1096.73万和1493.94万；城镇化水平分别达到47.3%、50.27%和60.7%。到2015年，耕地需求量和建设用地总规模分别达到143.9万公顷和52.9万公顷；到2020年，分别达到167.4万公顷和58.67万公顷。

4. 土地利用结构调整的指导思想与原则

指导思想。以科学发展观为统领，依法保护耕地尤其是基本农田；保障区域经济社会发展对建设用地的合理需求；努力提高节约和集约利用土地的水平，实现土地利用方式的根本转变；统筹安排各业用地，努力促进土地资源的优化配置，不断提高土地利用率和综合效益，为保障区域经济社会持续、快速、健康发展服务。

基本原则。严格保护耕地特别是基本农田；科学合理配置土地利用；严格控制建设用地总量；大力推进节约和集约利用土地；坚持占用耕地与开发复垦整理补充耕地相平衡。

5. 土地利用结构布局优化方案

《滇中经济区国土资源开发利用规划（2010－2020）》明确，在区域土地总量固定约束下，集中对农用地和建设用地总量进行有保有压调控，对其内部结构合理优化调整，调减农用地（耕地和林地等），增加园地和建设用地（居民点及独立工矿和交通、水利等）。

6. 耕地和基本农田保护总体要求

《滇中经济区国土资源开发利用规划（2010－2020）》提出，要有效协调耕地和基本农田保护与滇中经济区经济社会发展，在保证耕地和基本农田数量不减少、质量不降低、布局更优化的前提下，有效保障滇中经济区合理的建设用地需求，缓解耕地和基本农田保护与建设发展的矛盾。明确了滇中经济区9个耕地和基本农田保护重点区域。

（三）《云南省滇中城市经济圈区域协调发展规划（2011－2020年）》核心内容

1. 滇中城市经济圈区域协调功能定位、基本原则和发展战略

功能定位。立足西部，接轨国际，面向西南开放桥头堡的重要枢纽；空间优化，分工有序，实力雄厚的强势增长极；人地和谐，城乡一体，富裕文明的现代城市群。

基本原则。以人为本，科学发展；政府引导，市场运作；集约开发，空间管治；重点突破，全面推进；优势补充，良性互动；保护环境，协调发展。

发展战略。以中国面向西南开放为主要内容的区域国际化战略；以强化区域优势为目的的经济协同化战略；以空间集聚为导向的城市群战

略；以内外联动、互利共赢为重点的开放合作战略；以可持续发展为目标的高原生态屏障战略。

2. 滇中城市经济圈"一核、两轴、三圈、四极、五通道"的空间结构

一核。形成现代新昆明都市核心区，范围包括昆明主城区、呈贡新城、机场新区、海口、晋宁、安宁、嵩明、富民。

两轴。发展以连接曲靖—昆明—楚雄的高速公路和铁路等交通设施为依托，连接黔桂、珠三角地区和拓展缅印巴的滇中东西发展轴；以连接武定（禄劝）—昆明—玉溪高速公路和铁路等交通设施为依托，向川渝腹地、长三角地区发展和向越老泰柬辐射的南北发展轴。

三圈。依托昆明铁路枢纽环线和昆明绕城高速公路，构筑极核圈层。规划范围包括现代新昆明和距昆明市中心城区约 50 公里范围内的部分市、县（区）、镇和相关区域。依托连接曲靖市、玉溪市、楚雄州、武定（禄劝）环状城际轨道交通和高速公路圈，构筑带动圈层。规划范围包括极核圈外围、距核心城市中心约 150 公里范围内的城市和区域。依托连接宣威、富源、罗平、石林、弥勒、通海、峨山、新平（腰街）、双柏、南华、姚安、大姚、永仁、元谋、武定（禄劝）、倘甸、寻甸、东川、会泽、宣威的环状高速公路圈，构筑辐射圈层。规划范围包括带动圈外围、距核心城市中心约 200 公里范围内的市县（镇）和区域。

四极。依托滇中城市经济圈东部（曲靖）、南部（玉溪）、西部（楚雄）、北部（武定、禄劝）城市节点，打造四个经济增长极。

五通道。以昆明为核心，呈放射状发挥滇东北通道、滇西北通道、滇西南国际通道、滇南国际通道、滇东南通道等五大通道优势，通过铁路、公路网连接内陆，连接东南亚、南亚。

3. 滇中城市经济圈支撑体系建设

《云南省滇中城市经济圈区域协调发展规划（2011－2020 年）》明确，要按照统筹规划、合理布局、适度超前、安全可靠的原则，实现区域内交通、能源、水利、信息等基础支撑体系的共建共享、互联互通能力的巩固和提升，以综合交通运输体系为核心，构建交通、生态环保、城镇化、高新技术、能源和公共服务等六大体系，支撑滇中城市经济圈协调发展。

（四）其他省级相关规划

云南省工业和信息化委员会在"十二五"规划中提出，把地处滇中城市群的昆明高新区、昆明经开区、安宁工业园、红塔工业园培育成为主营业务收入超 1000 亿元的园区，培育杨林工业园、研和工业园、禄丰工业园、曲靖西城工业园等超 500 亿元的园区，曲靖煤化工工业园、寻甸工业园、宣威工业园等 20 个超 100 亿元的工业园区，形成园区发展的梯次结构和工业聚集发展的主要平台。

云南省农业厅在《云南省农业和农村经济发展"十二五"规划（2011－2015 年）》中提出，在滇中地区加强优质小麦、优质粳稻、优质啤饲大麦等种植业以及马铃薯等特色种植业生产基地建设，重点发展以生猪、肉羊、肉牛、奶源、家禽为重点的畜牧业。在昆明、玉溪、曲靖发展观赏鱼，在曲靖发展鳟鱼和鲟鱼等优质水产品养殖业。提出了以昆明、曲靖、玉溪、楚雄为农产品加工业核心区的发展构想。在昆明建设面向东南亚、南亚，集科学实验、技术成果展示、技术交流和人才培训于一体的中国西南现代农业科技服务中心，以昆明、玉溪为核心的国际农产品物流中心。在昆明建设集科技研发、技术培训、农产品精深加工为一体的大型加工园区。在滇中城市群建设一批面向南亚、东南亚，集展览展示、技术培训、仓储维修、产品交易于一体的农机交易服务中心。

云南省环境保护厅在《云南省环境保护"十二五"规划》中提出，到 2015 年，昆明、曲靖、玉溪和楚雄等州市的环境监察支队达到西部二级标准；昆明、曲靖、玉溪的城市环境监测站具备达到饮用水水质全分析能力；按照地市级二级标准建设昆明、曲靖、玉溪等市的环境突发事件应急管理中心；按照《全国辐射环境监测与监察机构建设标准》甲级标准建设昆明、曲靖、玉溪等市的辐射环境监测机构。

云南省科学技术厅在《云南省"十二五"科学和技术发展规划》中提出：以昆明为核心，打造滇中科技创新区。充分发挥滇中区域内高校、科研院所、高新技术企业密集的优势，优化科技资源配置，建立创新产业基地，提升现有高新技术开发区、经济技术开发区和其他各类创新园区的科技创新能力，大力发展以战略性新兴产业为主的高新技术产业、高附加值产业和现代服务业，打造生物、光电子、高端装备制造、节能环保、新材料、新能源及新能源汽车等产业科技创新核心区。力争使滇中科技创新区的创新能力及科技进步水平达到国内大中城市中上水平，成为集合国内外资本、信息、技术、知识和人才的核心区域，以及面向全省其他区域的辐射中心。

三　滇中城市群发展的战略举措

（一）抓实滇中城市群发展基础工作

1. 确立滇中城市群发展思路

《云南省国民经济和社会发展"九五"计划》提出构想滇中城市群的发展战略后，为促进滇中城市群发展规划的编制，省发展和改革委员会开展了《滇中城市经济圈区域协调发展战略研究》，省政府研究室开展了《构建一小时环昆经济圈研究》，省级多个部门也分别牵头开展多项相关研究，省政府召开了"环昆经济圈发展论坛"，提出以现代新昆明为依托，加快构建环昆经济圈，形成辐射作用大的城市群，培育新的经济增长极，有利于带动全省经济社会实现又好又快发展。要构建"强心、壮点、建轴、活圈"，形成一心多点，心点联动，以点带轴，以轴促圈，圈轴并进，心、点、轴、圈联动发展的环昆经济圈格局，为编制《云南省滇中城市经济圈区域协调发展规划（2011－2020 年）》，以及

《滇中城市群规划修编（2009－2030）》和《滇中经济区国土资源开发利用规划（2010－2020）》确立了思想基础。2016年12月，云南省政府邀请住房和城乡建设部领导及国内外多位著名规划专家召开"滇中城市群规划国际研讨会"，共同探索滇中城市群发展新途径。顺应时代发展潮流，高起点、高标准实施滇中城市群规划修编，进一步提升国际化、现代化水平，突出面向南亚东南亚开放的区位优势。

2. 打造滇中城市群合作发展良好环境

1996年，云南省政府印发《昆楚玉曲城市群规划》后，省委、省政府连续多年，分别在滇中四州市召开现场会，明确滇中四州市发展定位，部署推进滇中城市群发展工作。2006年、2008年，滇中四州市政府共同举办"滇中城市经济圈经济合作与发展论坛"，探索滇中城市经济圈经济合作与发展的思路和途径，联合开展多项工作，共同推动滇中城市群建设。2011年，省政协举办以"在实施西部大开发和桥头堡战略中加快推进滇中经济区建设"为主题的云南省企业家论坛恳谈会，专题研究滇中城市群发展策略，为推进滇中城市群建设建言献策。同年，"滇中四州市合作机制会议"在昆明召开，共话合作、共谋发展，昆明市与曲靖、玉溪、楚雄、红河等4个州市分别签署了相互一体化发展的合作框架协议，从发展规划、交通设施、产业发展等方面谋求"功能互补、区域联动、一体发展"的一体化合作模式，并明确了合作的宗旨、原则、内容和机制。为此，滇中城市群各州市在统筹区域协调发展、加强分工合作、促进互利共赢、提高整体竞争力等方面取得广泛共识，形成了共建共享的合作愿望与内在动力，合作机制初步建立。

3. 积极融入长江流域城市群发展

2014年9月，国务院印发《依托黄金水道推动长江经济带发展的指导意见》，提出实施长江经济带战略，并将其与"一带一路"和京津冀协同发展作为三大国家发展战略。为抓住、用好国家实施"一带一路"和构建长江经济带战略的机遇，加快滇中城市群发展，云南省积极促进滇中城市群主动对接、积极融入长江经济带，进一步拓宽区域发展空间、强化区域合作、增强区域竞争力，推动形成我国东中西部良性互动、沿海内陆沿边齐头并进的完整开放格局。省政府发展研究中心开展了《长江流域城市群发展与中国经济新支撑带研究——基于滇中城市群发展的研究》，基于新形势，提出滇中城市群发展的新定位：我国连接东南亚、南亚的陆路交通枢纽和面向南亚、东南亚的主辐射中心，全国新型城镇化发展格局中特色鲜明的高原生态宜居城市群；长江上游的重要经济增长极，长江经济带连接南亚、东南亚地区的桥梁和辐射中心；云南最具竞争优势和发展活力的经济高地，支撑云南与全国同步全面建成小康社会的发展核心区。

（二）有序推动滇中城市群建设

1. 高位谋划滇中城市群建设

2012 年，为贯彻落实国家和云南省关于打造滇中城市经济圈的战略部署与总体要求，稳步推进滇中城市群建设，云南省委、省政府召开滇中城市经济圈规划汇报会，明确了"加快滇中经济区建设工作方案"，提出"按照一年一主题、年年有重点、五年大突破的思路，既谋划长远，又立足当前，以一体化发展为重点，以规划为龙头，以机制创新为抓手，确保年年有重点、年年有抓手、年年见成效，全力推进滇中经济区基础设施、产业布局、市场体系、公共服务和社会管理、城乡建设以及生态环保六个一体化"。省委、省政府成立了城市经济圈发展协调领导小组，以及滇中产业新区、昆曲绿色经济示范带、昆玉旅游文化产业经济带、滇中同城化建设等领导小组。编制印发《滇中经济区一体化发展总体规划（2012 - 2020 年）》，并将红河哈尼族彝族自治州的蒙自、个旧、建水、开远、弥勒、泸西、石屏等 7 个县市划入滇中城市群规划范围。

2. 全面启动滇中城市群建设

2010 年，随着新一轮西部大开发的推进，党中央提出要加快培育滇中经济区，形成对周边地区具有辐射和带动作用的战略新高地，并将推动滇中城市经济区加快发展纳入国家《国民经济和社会发展第十二个五年规划纲要》。2011年国务院印发《关于支持云南省加快建设面向西南开放重要桥头堡的意见》指出，要充分发挥滇中经济区的辐射带动作用。2014年12月，面对新形势、新任务和新要求，云南省委、省政府召开滇中城市经济圈一体化发展现场推进会，制定下发了《关于加快滇中城市经济圈一体化发展的意见》，提出把滇中城市经济圈培育成为我国面向西南开放重要桥头堡的核心区域、西部区域性经济中心、支撑全国经济的重要增长极，并明确了滇中地区发展的目标任务和工作措施，掀起了加快滇中城市群发展建设热潮。

3. 强力推进滇中城市群建设

2014年，国务院印发《国家新型城镇化发展规划（2014－2020年）》提出，按照统筹规划、合理布局、分工协作、以大带小的原则，发展集聚效率高、辐射作用大、城镇体系优、功能互补强的城市群。云南省委印发《中共云南省委、云南省人民政府关于推进云南特色新型城镇化发展的意见》（云发〔2014〕7号）提出，加快建设滇中城市聚集区、沿边开放城镇带、五个区域性城镇群和七条对内对外开放经济走廊城镇带。省委、省政府召开滇中城市经济圈一体化发展现场推进会，印发《关于加快滇中城市经济圈一体化发展的意见》，进一步明确滇中城市群发展目标任务和工作措施，提出了《滇中城市经济圈2014年新开工和取得突破性进展重大工程项目表》，开工实施基础设施建设、产业发展、市场体系建设、城乡一体化建设、生态建设和环境保护等49项重大项目，项目总投资1500多亿元。2016年以来，云南省以路网、航空网、能源保障网、水网、互联网为一体的五大基础设施网络为重点，持续推进滇中城市群建设。并于2016年、2017年两次召开"全省'五网'建设暨滇中城市经济圈一体化发展推进会"，统筹部署、协调解决滇中城市群发展问题。

四 滇中城市群发展现状

按照云南省内各项规划的统一部署，经过 20 多年建设，滇中城市群有了长足发展，经济社会发展取得显著成就，工业化、城镇化顺利推进，生产要素和产业聚集效应日益强化，发展成为云南经济最发达、设施最先进、开发前景最好的地区。自 1995 年云南省提出推进滇中城市群建设以来，滇中地区安宁县、蒙自县、弥勒县实现撤县设市，呈贡县、晋宁县、沾益县、马龙县、江川县实现撤县设区。

2012 年，红河州蒙自、个旧、建水、开远、弥勒、泸西、石屏等 7 个县市被划入滇中城市群规划范围，滇中城市群经济社会实现平稳较快发展，经济规模稳步提升，地区生产总值、地方公共财政预算收入、社会消费品零售总额和工业增加值，分别由 2012 年的 6758.93 亿元、670.35 亿元、2392.1 亿元、2851.49 亿元，增加到 2018 年的 11046.64 亿元、1057.09 亿元、4558.19 亿元、3266.74 亿元，分别增长 63.44%、57.70%、90.55%、14.56%，滇中城市群成为云南经济规模最大的地区。经济结构持续改善，第一产业增加值、第二产业增加值、第三产业增加值分别由 2012 年的 764.51 亿元、3434.35 亿元、2560.02 亿元，增加到 2018 年的 1088.77 亿元、4650.1 亿元、5315.77 亿元。三大产业结构比由 2012 年的 11.31：50.81：37.88，调整为 2018 年的 9.78：42.1：48.12[①]。产业经济结构和增长动力发生重大变化，经济由工业主导型向第三产业主导型转变。城市化发展驶入快车道，2012～2018 年滇中城市群总人口增长到 2126.71 万，城市人口、城市人口比重、城市化率大幅度提高，持续上升的城市化水平已成为拉动滇中城市群消费、投资增长的重要引擎，是滇中城市群未来经济增长的重要推动力。

---

① 云南省人民政府办公厅、云南省统计局、国家统计局云南调查总队：《2013 年云南领导干部手册》《2019 年云南领导干部手册》，云南人民出版社，2013、2019。

2018 年，滇中城市群以全省 44% 的人口和 24% 的国土面积，实现了全省 61.78% 的生产总值、53% 的地方财政一般预算收入、66.37% 的社会消费品零售总额和 72.85% 的工业增加值，人均生产总值 45485 元，高于全省平均值 8349 元。已发展成为全国"两横三纵"城市化战略格局的重要组成部分、西部大开发的重点地带、我国面向南亚东南亚辐射中心的核心区域，科学发展、和谐发展、跨越发展的机遇已经到来，时机已经成熟。

（一）基础设施持续改善

近年来，滇中城市群集路网、航空网、能源保障网、水网、互联网为一体的五大基础设施网络建设日益加快，为滇中城市群的健康稳定发展创造了基本条件。

1. 路网不断完善

滇中城市群区域内实现县县通高速公路。以昆明为中心的沪昆、京昆、广昆、渝昆等省际高铁网陆续铺设扩展，省内昆玉、昆广、广大等高铁线路相继建成。目前，滇中地区已经成为 5 条国际公路的起点，未来即将成为 4 条国际铁路的起点，将与东南亚、南亚 8 个国家通过陆上交通网络直接连接起来。2018 年，滇中城市群以昆明为中心逐步开展面向东南亚、南亚交通、能源的区域性国际综合枢纽建设。泛亚铁路中线 800 多公里的泰国段将于 2022 年建成通车。除了途经老挝、泰国的泛亚铁路中线昆曼高铁之外，从滇中城市群经越南、柬埔寨到泰国的东线国内段已经建成通车，经缅甸到泰国的西线国内段正在建设中，这三条铁路将共同构成泛亚铁路大框架。

2. 水网建设取得突破

2017 年 8 月，滇中城市群重大建设项目"滇中引水工程"正式开工，线路全长 661.06 公里，工程动态总投资 780.48 亿元。工程共涉及沿线六个州（市）35 个县（市、区），受益国土面积 3.69 万平方公里，工程竣工后将直接惠及人口 1112 万。其滇中地区各州（市）分配水量分别为楚雄 3.75 亿立方米、昆明 16.70 亿立方米、玉溪 5.03 亿立方米、红河 4.92 亿立方米；同时，将改善灌溉面积 63.6 万亩，向滇中地区的滇池、杞麓湖、异龙湖补充生态环境用水量分别为 5.62 亿立方米、0.7 亿立方米、0.4 亿立方米，创造直接就业机会约 340 万个，创造地区生产总值约 3300 亿元。

3. 能源网驶入快车道

目前，滇中城市群已投入的能源网建设超过 2000 亿元，能源网建设主要涉及电源、电网、油气管线三类工程项目，合计规划项目超过 500 个。此外，在大力推进区域内能源网建设的同时，滇中城市群加快绿色能源建设，逐步形成对外发展的绿色能源网，主动融入国家绿色发展战略。2018 年，云南省电力市场清洁能源交易电量占比达 96%，居全国首位，滇中城市群集聚了其总数的 60% 以上。同时，被誉为世界"一最三首"①工程的"昆柳龙直流工程"，以昆明北换流站为起点，借滇中城市群区位优势将云南的清洁水电直接输送到广东、广西的负荷中心，以满足"十四五"规划发展期以及后续南方区域经济协调发展和粤港澳大湾区经济发展用电需求，每年可减少粤港澳大湾区煤炭消耗 920 万吨、二氧化碳排放 2450 万吨，有效促进节能减排和大气污染防治。

4. 信息网崭露头角

滇中城市群信息网建设投入超过 400 亿元，固定宽带家庭普及率达 55%，城镇家庭用户宽带平均接入能力达到 50M。在云南省五大基础设施网络重点建设项目——互联网（2016－2020 年）的规划中，滇中区域内即将实现大突破。昆明晋宁中国移动国际数据中心，将在昆明晋宁通信信息服务基地的基础上，建设云南移动国际数据中心，打造数据存

---

① "一最三首"工程：即世界上容量最大的特高压多端直流输电工程，世界上首个特高压多端混合直流工程、世界上首个特高压柔性直流换流站工程、世界上首个具备架空线路直流故障自清除能力的柔性直流输电工程。

储和数据流通中心，提供信息技术应用服务。为互联网内容提供商（ICP）、企业、媒体和各类网站提供大规模、高质量、安全可靠的专业化服务器托管、空间租用、网络带宽批发以及 ASP、EC 等业务。昆明区域性国际通信业务拓展出入口业务扩展项目，新增与印度、斯里兰卡、孟加拉国间的国际语音业务，开展我国国内与大湄公河次区域五国（越南、老挝、缅甸、泰国、柬埔寨）及印度、斯里兰卡、孟加拉国间的数据专线业务，在昆明区域性国际通信业务出入口设置国际互联网转接点。

（二）发展潜力逐步凸显

滇中城市群五州市深化各领域务实合作，在开放中融合，在融合中发展，系牢经济联系纽带，抓住创新发展机遇，实现滇中城市群的共同发展。

产业发展逐步实现优势互补。经过多年发展，滇中城市群五州市产业发展各显优势，昆明市聚集了全省最多的人口和经济、交通、金融、科技、教育、信息、物流等要素资源；曲靖市资源丰富，工业基础雄厚，是云南省加快推进工业化和城市化基础条件较好的地区；玉溪市依托良好的生态环境和科技资源，将旅游业、文化产业、新兴科技产业等打造为新的经济增长点；楚雄州大力发展生物资源和特色农产品加工等新兴产业；红河州北部七县市加快发展高原特色农业和生态文化大健康产业和旅游业。滇中城市群五州市在一二三产上各有优势，交流合作和资源整合愿望强烈，按照"统一布局、分工协作、突出特色、错位发展"的思路，经过多年来的产业一体化布局，滇中城市产业发展逐步实现优势互补。

产业资源不断集聚。2018 年，滇中城市群引进省外到位资金 4808.69 亿元，占云南省的 47.23%。云南省八大国家级工业园区，七个聚集在滇中城市群，成为推动滇中城市群经济提质增速的发动机。2018 年，昆明高新技术开发区、昆明经济开发区完成主营业务收入、规模以上工业增加值增速，均居全省各类开发区前两位，并且成为云南省收入千亿元以上的两个园区；其中，昆明经济开发区在 219 个国家级经济技术开发区考核评选中，排名第 34 位。近年来，玉溪高新技术开发区实现快速发展，生产总值、规模以上工业总产值增长速度均位列全省各类开发区前茅；嵩明杨林经济开发区与曲靖经济开发区生产总值均超过 130 亿元；2017 年，楚雄高新技术开发区升级为国家级高新技术开发区。

（三）人文交流日益密切

滇中城市群依托一脉相承的滇中文化，以人文交流为依托，打造了滇中文化的金字招牌。

1. 文化产业魅力渐显

依托滇中地区多彩灿烂的历史文化资源聚合发力，滇中文化正成为云南面向国内外传播中华文化和云南民族文化的"金字招牌"。2013 年"滇中文化保护与研究中心"在玉溪落地，为滇中文化的保护提供了科学的研究平台；2018 年 8 月云南文化产业博览会在昆明举行，吸引了国内外 1200 余家文产企业参展，滇中城市群以建水紫陶、个旧锡器、开远根雕等为主的民族民间工艺品产值均在 10 亿元以上；2018 年 9 月国家新闻出版广电总局重点产业建设项目——滇中文化创意园落户楚雄，投资 1.2 亿元，充分彰显滇中城市群文化产业融合发展的丰硕成果和潜力。

2. 中外交流群英荟萃

滇中历史上地处南方丝绸之路的西南"咽喉"，是南亚、东南亚、西亚文明与中华文明的交融点。滇中城市群高校与 50 多个国家、地区和教育组织建立教育合作关系，2018 年仅昆明市高校外国留学生人数就逾万人。近年来，滇中城市群连续组织 6 届"汉语桥"世界中学生中文比赛；承办了第十一届全球孔子学院大会；2017 年第 5 届南博会、第六届中国—南亚东南亚智库论坛、跨境旅游合作论坛东盟华商会、云南建设中国面向南亚东南亚人文交流中心学术研讨会等在昆明成功召开，滇中城市群逐步成为中国与南亚、东南亚人文交流的重要平台。

（四）公共服务体系持续完善

近年来，滇中城市群大力加快公共服务体系建设，为滇中人民共绘美好生活蓝图打下了坚实基础。

科技资源日渐增长。滇中城市群作为云南省科技发展创新中心，围绕"创新驱动、转型发展"发展思路，在整合集聚科技创新资源、优化资源配置、推动科技资源共享等方面取得重大成效。

教育资源基本完善。2018 年，滇中城市群区域内有高等教育学校61 所，占云南省总数的 79.22%；中职学校 256 所，占全省总数的64.48%；区域内共有 2 个世界高水平学科、2 个中国顶尖学科、1 个世界知名学科、6 个中国一流学科和 46 个中国高水平学科。近年来，滇中城市群各州市不断拓宽公共教育、高等教育、职业教育的合作交流渠道，推动优质教育资源共享，促进滇中城市群教育均衡发展。2016 年，红河州农业学校与玉溪农业职业技术学院签订了五年制联合办学协议；2017 年，玉溪市与昆明高校云南大学、昆明理工大学签署合作框架协议，开启"市校合作"新模式。

公共文体事业快速发展。近年来，滇中城市群文体公共服务蓬勃发展，文体公共服务能力不断提升。2018 年滇中城市群内共有博物馆 59个、公共图书馆 61 个、文化馆 60 个、文化站 558 个、文化艺术表演团队 2930 个，其中知名专业艺术表演团队 21 个。多年来，滇中城市群五州市不断加大公共体育设施建设，极大提升了公共体育设施覆盖面。2018 年昆明市普遍建成乡镇级文化体育活动广场、农民体育健身工程点、健身路径，体育设施基本覆盖率达到 90%；红河州争取国家、省级和州级项目资金 3.46 亿元，实施县级体育项目 31 个，乡镇项目 99个，村级项目 1531 个，建成州县等级公共体育场馆设施 25 个、乡镇体育设施 132 个、村（社区）体育设施 5030 个，安装健身路径 894 套，体育设施覆盖率达到 85% 以上；曲靖市争取到 2017 年中央预算内投资公共体育服务设施项目 14 个，获批中央资金 3890 万元，推动了曲靖国际高原体育城的建设。

公共卫生服务日益完善。2017 年以来，滇中城市群医疗卫生服务体系不断完善，基本公共卫生服务均等化水平稳步提高，公共卫生服务整体实力迈上一大台阶。积极推进基本公共服务资源与要素的共享和相互开放，实现了滇中城市群区域内同级医疗机构检验结果互认，并将进一步落实完善医疗保险异地持卡就医结算制度，研究出台滇中城市群人才交流的资金补贴、落户、住房保障。根据 2015 年出台的《滇中城市经济圈公共服务和社会管理一体化规划（2014－2020 年)》，滇中城市群在 2020 年可实现公共服务"一卡通"。

（执笔者：简光华、徐丽华）

第九章
特色小镇建设的实践与业绩

　　小城镇是城镇体系的重要组成部分,是连接城乡的桥梁和纽带,是吸纳农业转移人口的重要蓄水池,是带动农村发展的区域性中心,是县域经济社会发展的重要支撑。推进小城镇健康发展,有利于促进人口和生产要素科学合理布局,有利于引导各类企业依托小城镇集群发展,有利于促进商贸服务业以及资金、技术集聚发展,有利于统筹城乡规划和基础建设,促进城乡一体化发展。云南特色小镇建设起始于 2005 年。2005 年以来,以特色小镇为引领,全省小城镇建设取得长足发展,促进了生产要素集聚、人口集中、信息交流和农村经济社会发展,特色小镇成为支撑特色产业发展的良好平台,在统筹城乡发展、提高区域经济发展水平方面发挥了重要作用。云南省特色小镇的发展,经历了积极探索旅游小镇开发建设、全方位开展特色小镇建设、推进新一轮特色小镇发展等三个阶段。

一　积极探索旅游小镇开发建设(2005－2010 年)

(一)发展背景

　　党的十五届三中全会《关于农业和农村工作的若干重大问题的决

定》指出："发展小城镇，是带动农村经济和社会发展的一个大战略。"
中共中央国务院《关于促进小城镇健康发展的若干意见》（中发
〔2000〕11 号）提出，发展小城镇战略意义重大，要充分运用市场机制
搞好小城镇建设，积极培育小城镇繁荣发展的经济基础。国务院《关于
深入推进新型城镇化建设的若干意见》（国发〔2016〕8 号）提出，
"发展具有特色优势的休闲旅游、商贸物流、信息产业、民俗文化传
承、科技教育等魅力小镇，带动农业现代化和农民就近城镇化"。为
此，云南省十分重视小城镇建设，重视小城镇与产业的融合发展，不
断将旅游业与小城镇相结合进行发展，并作为支柱产业进行培育，为
全省从旅游资源大省转向旅游经济大省做出了贡献。围绕旅游二次创
业的发展部署，云南不断推动旅游业转型升级与提质增效，2005 年出
台《云南省人民政府关于加快旅游小镇开发建设的指导意见》（云政
发〔2005〕151 号），从省内选择 60 个旅游小镇，面向全省展开分类
开发建设。在云南城镇化率低于全国平均水平 10 个百分点①（仅为
29.5%），城镇化发展水平低已制约全省二三产业发展、限制农业转
移人口市民化转移的背景下，发展旅游小镇，有效推进旅游业发展和
小城镇建设，既形成高品质的旅游产品、丰富云南旅游内涵、培育壮
大旅游经济，又以旅游业支撑小城镇建设，助推一系列特色城镇的多
元化发展。

（二）主要做法

1. 分类建设，重点发展

云南在全省选择 60 个旅游资源较好的小镇，将其划分为三种类
型，按照"全面动员、分类指导、分步实施"的方式进行建设。其
中，将已经进行开发并形成一定规模的 11 个小镇确定为保护提升型，

---

① 云南省人民政府办公厅、云南省统计局、国家统计局云南调查总队：《2006 年云南领
导干部手册》，云南人民出版社，2006。

搞好环境整治，完善基础设施和服务设施配套建设，丰富文化内涵，强化资源保护，进一步做精、做优、做强。将已经具备开发条件的22个小镇确定为开发建设型，加快开发建设，使其成为云南旅游业发展和小城镇建设的新亮点。将旅游文化资源丰富、发展潜力较大的27个小镇确定为规划准备型，超前编制建设规划，完善基础设施，稳步推进建设。

2. 政府推动，社会参与

省政府提出旅游小镇建设坚持"政府引导、企业参与、市场运作、群众受益"的方针，明确划分政府与企业在旅游小镇建设中的职能作用，政府部门编制好建设规划、加大招商引资力度、强化自然文化资源保护、加强基础设施建设、引导特色旅游商品开发、搞好环境治理。鼓励支持社会投资主体，通过市场运作方式参与旅游小镇建设。省政府成立旅游小镇建设指导协调小组，组织指导、统筹协调、督促检查旅游小镇建设。省级财政连续三年每年投入1000万元专项资金，支持旅游小镇编制建设规划和保护方案，投入1000万元用于开发建设企业的贴息补助，并要求各州市加大对旅游小镇建设支持力度。

（三）主要特点

1. 准确定位

省政府要求各地在实施旅游小镇开发建设中必须准确定位，从本地实际出发，因地制宜地寻求各自的发展途径，确定其面向农村、面向市场、面向产业的发展导向，突出特色，凸显自然、人文、服务的多元性。要求各地围绕民族文化建设型、历史遗存保护型、生态环境营造型、特色经济培育型、复合型等多种定位开发建设旅游小镇，使旅游小镇建设有的放矢，把经济效益、社会效益、生态效益结合起来，确立其在地方经济社会发展中的地位和作用。

2. 市场运作

为了化解多年来云南小城镇建设仅靠政府资金投入，无群众基础、

无产业支撑，投入渠道单一，建设资金严重不足的问题，省政府明确了
"以镇建镇""以镇养镇""以镇兴镇"的旅游小镇开发建设模式。充分
发挥企业在旅游小镇建设中的主体作用，企业不仅可以参与制定旅游小
镇发展规划，也可以全面参与旅游小镇建设运营；不仅可以承担部分项
目的开发建设，也可以全部承揽旅游小镇的建设运营。同时，在严格规
划管控的前提下，允许社会零散资金以多种方式参与建设，形成政府补
助、企业与镇区居民共同投入的多元化投资格局。

3. 群众受益

强调旅游小镇建设既要有利于加快地方经济发展，又要有利于提高
群众的生活水平，让尽可能多的群众有参与的岗位、参与的机会、参与
的能力和参与的动力，分享旅游小镇发展成果。要求各地积极引导、吸
纳广大群众参与旅游小镇建设，围绕旅游小镇建设发展容量大、门槛低
的特色产品，并大力发展农村种植、养殖和特色农产品加工、特色旅游
纪念品开发，扩大农民依托旅游小镇实现多渠道的就业机会，促进农村
劳动力就近就业，农业转移人口就近城镇化。

4. 突出特色

在建设旅游小镇过程中，注重处理好保护与开发的关系，立足于保
护利用云南丰富多样的民族、历史、生态、文化元素，不断继承发展和
创新，通过民族文化传承、历史遗存保护、优美环境营造促进旅游小镇
开发建设，较好地保护和发展了云南的生态文化、农耕文化、民族文化
和茶马古道文化等特色文化，为旅游小镇注入了鲜活的灵魂。

（四）取得的成效

经过持续几年的推动，云南旅游小镇建设取得了显著成效。云南柏
联集团、昆明鼎业集团等省内一批具有较强实力的企业积极参与旅游小
镇开发建设，共有45家企业投入建设资金80多亿元，加快了旅游小镇
基础设施建设，有效改善了镇区面貌，带动了民间资金参与小镇建设，
使一批历史文化遗迹得到有效保护并重新焕发风姿活力，有力地促进了

文化旅游业发展，建成了一批在国内外具有较强影响力的旅游名镇。丽江市大研镇通过建设旅游小镇，对保护大研镇"世界文化遗产"和纳西东巴文字"世界记忆遗产"发挥了积极作用。丽江市束河镇通过两年建设，建成国家4A级旅游景区，2007年旅游人数达到200万人次，实现旅游产业收入2.4亿元。云南柏联集团通过出资修缮文物、设立文化遗存档案和建立滇缅抗战博物馆，促使腾冲市和顺镇成功申报为国家级历史文化名镇。2007年，省政府向社会公布了第一批"云南旅游名镇"名单，丽江市大研镇、大理市大理镇、丽江市束河镇、腾冲市和顺镇、建水县临安镇、景洪市勐罕镇、剑川县沙溪镇、香格里拉市建塘镇、鹤庆县草海镇、昆明市官渡镇等10个小镇被命名为"云南旅游名镇"。2010年省政府向社会公布了第二批"云南旅游名镇"名单，昆明市双龙乡、巍山县南诏镇、腾冲市腾越镇、禄丰县黑井镇、大理市喜洲镇、盐津县豆沙镇等6个小镇被命名为"云南旅游名镇"。这16个旅游名镇资源特色突出、知名度高、基础设施完善、接待服务水平高，保护与开发成效显著。在2006年中央电视台评选出的十大中国魅力名镇中，云南省获得了三个席位，其中，腾冲市和顺镇被评为中国最佳魅力名镇、丽江市束河镇被评为中国生态名镇、香格里拉市建塘镇被评为中国民俗文化名镇。

2006年，原国家建设部、国家旅游局在云南召开现场经验交流会，向全国推广云南省旅游小镇开发建设成功经验。云南省推进旅游小镇建设的经验，一是科学实施规划，推动有序发展。在旅游小镇建设中与保护利用历史文化遗迹资源、自然资源相结合，突出重点，突出民俗。二是坚持政府引导，加大政策扶持。省政府和各级政府均安排了特色小镇建设专项扶持资金，出台相关税收、户籍等保障措施，充分发挥基础设施和公共服务的导向作用。三是发挥市场机制，鼓励社会参与。鼓励社会各类投资主体参与旅游小镇的投资、建设和经营，一些有远见、有实力的企业成为推进旅游小镇协调发展的重要力量。四是群众增收致富，实现就地城镇化。鼓励村民以出租房屋、合作经营方式参与特色产品经营。五是严格保护合理开发，传承历史文化。高度重视历史文化遗迹保护，实现了人与自然美妙融合。

二　全方位开展特色小镇建设（2011－2014年）

（一）发展背景

在旅游小镇的示范带动下，云南各地广泛开展特色小镇建设实践，形成一批类型各异、特色明显的特色小镇，成为县域经济发展的重要支撑，为全方位推进特色小镇建设奠定了基础。2008年末，云南省共有小城镇1307个，其中建制镇580个，占乡镇总数的44.4%。建制镇镇区人口532.7万，占全省城镇人口的35.5%[①]，为扩大云南特色小镇建设的溢出效应，省政府开始部署谋划更大范围的特色小镇建设。2011年，为了深入挖掘云南各地特色资源，充分发挥一批具有特色资源和良好发展潜力小城镇的优势，推进产业经济与小城镇融合发展，云南省政府正式印发《云南省人民政府关于加快推进特色小镇建设的意见》（云政发〔2011〕101号），召开"全省特色小镇开发建设座谈会"，在全省范围内选择了210个小镇全方位开展特色小镇建设。

（二）主要做法

云南省采取"因地制宜、分类建设，分批推进、重点扶持"的措施全方位推进特色小镇建设，依据各地资源条件、产业基础、地理环境和发展潜力，有序推进特色小镇建设。贯彻"政府引导、市场运作，发挥优势、突出特色，统筹城乡、群众受益"的方针，强化政府的引导和服务作用，调动企业参与建设的积极性，加快培育特色产业，促进生产要素聚集发展，协调推进特色小镇基础设施建设，改善人居环境，增强

---

① 云南省统计局编《云南统计年鉴（2019）》，中国统计出版社，2019。

特色小镇自我发展动能和辐射带动能力。确定在旅游小镇开发建设基础上，根据资源禀赋、产业基础、区位条件和发展潜力，按照现代农业小镇、工业小镇、旅游小镇、商贸小镇、边境口岸小镇和生态园林小镇等六种类型，分类推进特色小镇建设。

1. 现代农业小镇

选择78个农业基础好、产业化水平高、影响辐射面广的小镇，围绕区域特色农业，挖掘特色农产品资源优势，以市场为导向突出抓好龙头企业、生产基地、农民专业合作组织，积极发展农业产前、产中、产后配套服务，加快发展现代农业，建设区域性农产品加工中心、流通集散中心。

2. 工业小镇

选择32个资源富集、传统特色突出、工业基础较好的小镇，坚持走特色化、专业化、品牌化发展道路，引导企业聚集发展，强化与大中型企业的协作，积极发展专业特征突出、配套性强的加工业，着力提升产品科技含量、完善工艺制造水平、延长产业链条，建设产品特色鲜明、市场竞争能力强、辐射带动面广的小镇。

3. 旅游小镇

抓住云南省加快旅游"二次创业"的机遇，继续按照云南旅游小镇开发建设的目标，调整完善发展思路、创新开发建设模式，继续抓好60个旅游小镇建设，推动小城镇建设同旅游产业有机结合与协同发展，进一步建设一批在国内外具有较大知名度的旅游名镇，为云南旅游业发展提供新产品，为小城镇建设注入新动力。

4. 商贸小镇

选择地处交通要道和物流集散地的23个小镇，完善区域内交通基础设施，建设规模大、功能全、辐射面广的综合市场或专业市场，配套发展仓储、物流及运输业，并以市场为依托发展服务型产业和劳动密集型加工业，建设区域性商贸物资集散中心。

5. 边境口岸小镇

围绕云南省"桥头堡"建设和全方位对外开放战略的实施,选择边境沿线的 9 个国家级和省级口岸,依托"两种资源、两个市场",完善口岸服务功能,积极发展进出口贸易、加工贸易、边境旅游和民族传统手工业,繁荣边疆经济,树立良好国门形象。

6. 生态园林小镇

利用云南良好的自然生态优势,选择 8 个自然环境优美、空气清新的小镇,以生态、景观、人文名胜、休闲娱乐和人居为内容,按照环境生态学原理规划,建设生态园林社区,吸引有条件的人群进入居住和投资创业,发展绿色经济,形成聚集效应,打造区域经济增长极。

(三)主要特点

1. 加强政府指导

切实发挥政府的综合调控作用,明确每个小镇的特色、风格、发展思路和目标,除已经开展的旅游小镇建设外,进一步确定了现代农业型、工业型、商贸型、边境口岸型、生态园林型等五个类型,全方位开展特色小镇建设。开发企业在政府指导下,根据特色小镇发展思路和目标,制定具体的开发利用规划和建设方案,因地制宜建设各具特色、内涵丰富的特色小镇,逐步形成云南的特色小镇体系。

2. 注重市场运作

总结吸收旅游小镇开发建设经验,坚持"政府引导,企业参与,市场运作,群众受益",按照市场经济规律开展特色小镇建设。政府采取对交通、市政基础设施等公共项目进行贴息的办法支持企业参与特色小镇建设,政府补助对象只针对项目而不面向具体企业。政府在土地、税收、户籍管理、资金扶持等方面制定政策,支持企业以多种形式参与特色小镇基础设施和公共服务设施建设以及经营管理,形成政府与企业的良性互动。

3. 统筹城乡发展

强调产业培育，注重形成带动面广、支撑力强的特色小镇体系。省政府在确定 210 个重点开发建设的特色小镇名单时，确保了全省每个县（市、区）都有 1 个非城关镇（街道）重点支持建设的特色小镇，依据各地的区位特征、资源禀赋和基础条件，有针对性地着力培育发展特色产业，壮大镇域经济规模，增强辐射带动能力，将其打造成为县域经济社会发展的副中心，使其与县城一道共同支撑并带动县域经济社会协调发展。

4. 坚持保护优先

要求各地在特色小镇开发建设中努力实现"保护优先、合理开发、永续利用"，使小镇历史文化、生态环境保护与经济发展协调统一起来。要认真搞好民族文化的挖掘和保护，强化各级政府对历史文化遗存管理和保护的责任，增强参与开发企业和其他社会组织的保护意识，把特色小镇建设成为弘扬和传承历史民族文化的窗口和基地。充分考虑资源和环境的承载能力，合理确定特色小镇发展规模，在特色小镇建设中贯彻紧凑社区、低开发成本、低环境成本、尊重自然生态、合理利用土地等原则。

（四）取得的成效

2011～2013 年，省财政共安排 4500 万元补助资金，用于除了已经实施开发建设的 60 个旅游小镇外的 150 个特色小镇的规划编制工作，确保全省 210 个特色小镇全部编制完成了开发建设总体规划和资源保护规划，并且全部通过省级规划审查。促使特色小镇建设有规可依，实现以规划招商、以规划引领建设，加大了特色小镇的建设力度，促进了特色小镇的产业发展，提高了一批特色小镇的知名度和影响带动力。2013 年，党中央召开城镇化工作会议全面部署新型城镇化发展。2014 年，国务院印发《国家新型城镇化规划（2014－2020 年）》，2016 年印发《国务院关于深入推进国家新型城镇化建设的若干意见》（国发〔2016〕

8号）。按照中央的统一部署，2014年云南省召开了全省新型城镇化工作会议，印发了《云南省新型城镇化规划（2014－2020年)》《中共云南省委 云南省人民政府关于推进云南特色新型城镇化发展的意见》（云发〔2014〕7号）。至此，云南城镇化工作重点转入全面推进新型城镇化发展上来，特色小镇建设随之进入新阶段。

三 推进新一轮特色小镇发展（2015～2019年）

（一）发展背景

2015年，习近平总书记和李克强总理分别对浙江省开展特色小镇建设的成功经验做出批示，强调推进特色小镇建设大有可为，对经济转型和新型城镇化建设具有重要意义。2016年2月，国务院印发《关于深入推进新型城镇化建设的若干意见》（国发〔2016〕8号），明确"加快培育中小城市和特色小城镇"，提出"发展具有特色优势的休闲旅游、商贸物流、信息产业、民俗文化传承、科技教育等魅力小镇，带动农业现代化和农民就近城镇化"。同年7月，住房和城乡建设部等三部委印发《关于开展特色小镇培育工作的通知》（建村〔2016〕147号），提出培育打造1000个左右特色小镇，引领带动全国小城镇建设，在全国掀起了推进特色小镇建设的热潮。

2017年，云南省召开"特色小镇发展启动大会"，公布了包含105个小镇的《云南省特色小镇创建名单》（云发改规划〔2017〕834号），先后制定出台了《云南省人民政府关于加快特色小镇发展的意见》（云政发〔2017〕20号）、《云南省人民政府关于加快推进全省特色小镇创建工作的指导意见》（云政发〔2018〕59号）、《云南省示范特色小镇评选办法（试行）》（云政办发〔2018〕97号）等一系列目标导向明确、标准要求严格、奖惩激励分明的政策文件，鼓励全省各地积极培育发展特色小镇，确保特色小镇创建工作高标准高质量推进。

（二）主要做法

1. 实行创建制

不按行政区划分配特色小镇名额，采取创建制方式推进特色小镇建设，以此激发各地推进特色小镇建设的积极性和主动性。省政府通过筛选公布特色小镇创建名单，对达到创建标准并通过验收的小镇，才正式命名为特色小镇，并给予相应的政策奖励。对特色小镇实行严格考核评价，对年度考核合格的兑现年度扶持政策，对考核不合格的停止扶持政策支持，退出创建名单，以此增强各地推进特色小镇建设发展的紧迫感和责任感。年度考核或者验收考核不合格的特色小镇，通过扣减小镇所在地政府一般性财政转移支付，收回相应阶段的省级财政支持资金。为了确保退出机制的有效实施，云南省特色小镇发展领导小组办公室印发了《督导稽查特色小镇创建工作方案》（云发改规划〔2018〕153号），成立了云南省特色小镇专家委员会，并设立了四个督导稽查组，加强对全省特色小镇创建情况的督促检查，实行全覆盖督导。

2. 实施规划引领

强调规划先行，以产业为支撑，以人为核心，统筹生产、生活、生态空间布局，确保特色小镇建设总体规划的科学性、前瞻性、操作性。没有编制规划或者规划没有通过省级审查的特色小镇，不享受相关支持政策，不审批建设项目，不安排项目资金。省发展改革委和省住房城乡建设厅分别制定了《云南省特色小镇发展总体规划编制导则》《云南省特色小镇规划建设技术导则》，强化特色小镇总体规划和修建性详细规划省级审查。邀请省内外知名专家，对特色小镇的总体规划和修建性详细规划进行严格评审，严把规划关。要求各地围绕特色小镇功能定位和发展目标，加强与城镇总体规划、县域村镇体系规划以及土地利用规划的衔接，积极组织编制特色小镇发展总体规划和修建性详细规划，确定特色小镇的产业发展及空间布局、建设用地规模、基础设施和公共服务设施配置等重要内容。

3. 抓实产业培育

云南省以特色产业的培育发展作为特色小镇创建的核心，把是否具有一定的产业基础、产业发展思路、项目支撑作为最重要指标。要求每个特色小镇要选择一个特色鲜明、能够引领带动产业转型升级的主导产业，培育在全国具有竞争力的特色产业和品牌，实现产业立镇、产业富镇、产业强镇。要求每个特色小镇原则上要引入世界500强、中国500强企业，或者是在某一产业领域内公认的领军型骨干企业，打造产业特色鲜明、人文底蕴浓厚、服务设施完善、生态环境优美的特色小镇。各地把产业作为推进特色小镇建设的核心，把是否具有一定的产业基础、产业发展思路、项目支撑作为特色小镇发展重要指标。

4. 加大政策支持力度

省政府明确，对被列入创建名单的特色小镇，省财政给予1000万元启动资金。创建国际水平的特色城镇和全国一流的特色小镇，可以获得2亿元财政资金支持；创建全省一流的特色小镇，可以获得2000万元财政资金支持。省发展改革委每年从省重点项目投资基金中筹集不低于300亿元作为资本金专项支持特色小镇建设。省财政厅从2018年开始至2020年，每年评选出15个创建成效显著的特色小镇，给予每个特色小镇1.5亿元以奖代补资金支持，2018年省级财政对15个特色小镇下拨资金22.5亿元。省自然资源厅对不触碰生态红线和不占用永久基本农田的特色小镇，给予建设用地和林地指标的倾斜支持。

5. 以市场为主体建设特色小镇

坚持"政府引导、企业主体、群众参与、市场化运作"，积极引入有情怀、有实力的国内外投资主体，避免政府大包大揽，鼓励多元化投资主体参与特色小镇建设，吸引社会资本和当地群众参与特色小镇建设。省发展改革委和省招商局共同印发《云南省招商引资工作委员会办公室 云南省特色小镇发展领导小组办公室关于印发云南省推进特色小镇建设招商引资工作实施方案的通知》（云招商委办发〔2017〕13号），支持特色小镇投资主体通过发行企业债券方式筹集建设资金。省发展改革委和国开行云南省分行共同制定《云南省发展和改革委员会 国家开发银行云南省分行关于推进开发性金融支持特色小镇建设的指导意见》（云发改规划〔2017〕1576 号），明确开发性金融支持云南特色小镇建设的政策和操作办法，为全省特色小镇建设提供有力的资金保障。省级相关厅局和 16 个州市共同邀请近百家世界 500 强、国内 500 强和行业内旗舰型企业，召开云南省特色小镇招商推介大会，促成一批特色小镇签约。各州市县积极谋划和实施一系列的特色小镇推介活动，加大对特色小镇建设的宣传力度，采取多种渠道招商引资。

（三）主要特点

1. 实施高位推动

与云南省前两轮探索建设特色小镇不同，新一轮特色小镇发展，是在党中央明确的发展方针和一系列政策文件指导下推进的。云南省第十次党代会、省委十届二次全会、省十二届人大五次会议、省政府十二届九次全会，都对特色小镇发展做出了重要部署。云南省启动特色小镇建设以来，省委省政府对全省特色小镇建设提出了突出规划引领、明确产业定位、推动大众创业万众创新、充分彰显历史文化风貌特点、促进人口集聚、以企业为主体等六个方面的工作重点，并制定了一系列关于建设用地、财税支持、融资政策、项目支持方面的优惠政策。成立了以省政府主要领导为组长、省级部门为成员的领导小组，省级各有关部门按照职责和任务分工，齐心协力，通力合作，全力抓好规划编撰、项目组织、资金统筹、招商引资等工作。省政府加强特色小镇建设的督促指导和检查，建立每月一次工作进展情况的通报机制、每季度至少督促检查一次的督查机制、针对特色小镇突出问题的会商机制、"宽进严定、动态管理"的考核机制。

2. 注重打造发展平台

国家发展改革委等四部委印发的《关于规范推进特色小镇和特色小城镇建设的若干意见》（发改规划〔2017〕2084 号），对特色小镇和特色小城镇进行了区分，并特别提出"特色小镇是在几平方公里土地上集聚特色产业、生产生活生态空间相融合、不同于行政建制镇和产业园区的创新创业平台"。云南省以创建特色小镇作为推进经济转型升级和新型城镇化的新抓手，实践高质量发展的新平台，省政府印发的《云南省人民政府关于加快特色小镇发展的意见》（云政发〔2017〕20 号）提出："特色小镇是聚焦特色产业和新兴产业，具有鲜明的产业特色、浓厚的人文底蕴、完善的服务设施、优美的生态环境，集产业链、投资链、人才链和服务链于一体，产业、城镇、人口、文化等功能有机融合的空间发展载体和平台。"省政府公布的 105 个特色小镇创建名单，包含了很多非行政建制镇的产业发展载体和平台。云南各地依据其区位特征、资源禀赋和基础条件，积极规划建设"市中镇""市郊镇""镇中镇"等不同类型的非建制镇产业发展载体和平台，希望通过特色小镇扩大招商引资，带动当地固定资产投资和经济增长，充分体现出打造产业发展平台的意图。

3. 坚持高标准建设

云南省政府提出，通过 3 年努力，创建 5 个国际水平特色城镇、20 个全国一流特色小镇、80 个全省一流特色小镇。省政府要求，创建国际水平特色城镇和全国一流的特色小镇，原则上要引入世界 500 强、中国 500 强或者在某一产业领域公认的领军型、旗舰型企业。2017～2019 年，创建国际水平的特色城镇和全国一流的特色小镇，累计新增投资完成 30 亿元以上；创建全省一流的特色小镇，累计新增投资完成 10 亿元以上。创建全国一流旅游休闲类的特色小镇，必须按照国家 4A 级及以上旅游景区标准建设；创建全省一流旅游休闲类的特色小镇，必须按照国家 3A 级及以上旅游景区标准建设。创建国际水平的特色城镇和全国一流的特色小镇，每个小镇的企业主营业务收入年平均增长 25% 以上，税收年平均增长 15% 以上，就业人数年平均增长 15% 以上；创建全省一流的特色小镇，每个小镇的企业主营业务收入年平均增长 20% 以上，税收年平均增长 10% 以上，就业人数年平均增长 10% 以上。

4. 守住"四条底线"

云南省在推进特色小镇创建中，始终坚持守住"不触碰生态红线、不占用永久基本农田、不通过政府违规举债来建设、不搞变相房地产开发"四条底线。实行一票否决制，凡是与各级各类自然保护区、风景名胜区、森林公园、地质公园、水源保护地、自然文化遗产等生态管控红线和管控要求相冲突的，占用永久基本农田的，违规举债的，以特色小镇之名行房地产开发之实的，坚决予以淘汰，确保特色小镇高质量推进。2018 年淘汰了触碰生态红线、创建进度缓慢、概念混淆的 6 个特色小镇。

5. 聚焦"七大要素"

特色显现方面，结合云南实际，打造田园牧歌、民族风情、历史文化、特色产业、绝妙景观等不同类型的特色小镇，打造独一无二的、不可复制的独特魅力，避免盲目模仿、千镇一面。

产业发展方面，聚焦云南省八大重点产业和打造世界一流的"绿色能源""绿色食品""健康生活目的地"三张牌，瞄准产业发展新前沿，顺应消费升级新变化，细分产业领域，培育产业的新模式、新业态，促进产业转型升级，坚持产镇融合发展，带动当地社会经济发展，人民群众增收致富。

生态建设方面，在特色小镇创建工作中，牢固树立"绿水青山就是金山银山"的理念，注重生态环境打造，营造天蓝、山绿、水清的人居环境，实现镇在山中、房在林中、人在景中。

交通易达方面，加快交通基础设施建设，提高特色小镇对外交通联系通达性和便捷性，确保对外交通便捷，内部交通顺畅，方便游客和产品进出。

人居改善方面，坚持以人民为中心的发展思想，配套完善供排水、污水垃圾处理等公共基础设施和教育、卫生、文化体育等公共服务设施，打造良好的居住环境，满足当地居民和游客的宜居需求，增强人民群众获得感、幸福感、安全感。

智慧建设方面，通过云南省大力构建的"一部手机游云南"平台，提供智能化管理服务，建设集宣传、导游导览、诚信、购物、投诉处理等于一体的智慧小镇。

成网建设方面，坚持错位竞争、差异发展，避免产业趋同、同质化竞争，构建与周边特色小镇、周边城镇村庄、周边景区景点形成有机联系、功能互补、联动发展的格局。

（四）取得的阶段性成效

目前，通过云南全省上下的共同努力，一批特色鲜明、环境优美、发展后劲十足、带动效应明显的特色小镇正逐步显现，特色小镇的溢出效应和带动作用也日趋明显。

1. 部分特色小镇面貌焕然一新

特色小镇创建带动了一批基础设施项目建设，在有限的空间内融合了产业功能、旅游功能、文化功能，一批特色小镇的形象已经树立起来，为全省小城镇发展做出了示范。红河州元阳哈尼梯田特色小镇通过对传统村落的保护改造，大理州剑川县沙溪古镇通过对寺登村街巷的提升改造和河道治理，大理州大理市喜洲古镇通过对 8 个自然村市政基础设施的提升改造，文山州丘北县普者黑水乡通过对沿湖自然村环保设施配套和基础设施提升改造，保山市腾冲市和顺古镇通过对大盈江的环境整治等，极大地提升了特色小镇的宜居宜游水平。红河州建水县西庄紫陶小镇依托西庄"世界纪念性建筑遗产"，推进生产、生活、生态"三生"融合发展，在充分保留古镇碗窑古村、恢复原貌原址的同时，投资 2.5 亿元，种植了 4.7 万株树木、建成 10 个人工湖泊，使昔日的荒山荒坡初步呈现出"望得见山、看得见水、记得住乡愁"的风情景象。

2. 一批特色小镇夯实了发展基础

云南各地在推进特色小镇建设过程中，坚持质量第一，夯实特色小镇发展基础。2017 年云南省启动新一轮特色小镇建设，当年全省 105 个特色小镇共落实到位资金 410 亿元，累计完成投资 366 亿元。其中，

94 个特色小镇实现开工建设，86 个特色小镇被列入云南省 2018 年"四个一百"在建项目，33 个特色小镇项目建设进展顺利，2018 年省级财政奖补支持的 15 个特色小镇累计完成投资 236 亿元。红河州弥勒市通过创建特色小镇，助推弥勒市新型城镇化发展水平迈上了一个新台阶。2018 年，弥勒市的城镇化率达到 57.1%，比 2016 年提高了 3 个百分点，高出全省平均水平近 10 个百分点。

3. 强化了特色小镇发展内生动力

云南各地始终把产业培育作为特色小镇建设发展的核心，把是否具有一定的产业基础、产业发展思路、项目支撑作为重要指标。通过创建特色小镇，红河州建水紫陶的知名度得到了大幅度提高，建水县西庄紫陶小镇组团参加"第十一届中国陶瓷艺术大展"，24 件作品获国家级大奖。紫陶销售收入年均增长 50%，2018 年达到 17 亿元，产品远销美、法、日、韩等国家和全国各地，紫陶生产制作从业人员达 2.78 万人，从事紫陶生产销售的企业和个体户达 1266 户。大理州剑川县木雕艺术小镇，引进桂林万城旅游文化置业投资有限公司，投入 5.09 亿元打造集市场、加工制造、技艺传承、文化创意、民俗旅游为一体的 5A 级高品质木雕旅游小镇，极大增强了剑川县木雕艺术产业的发展后劲。

4. 带动了群众致富增收

2017 年，特色小镇实现新增就业 6.5 万人，新增税收 8.6 亿元，新入驻企业 2576 家，聚集国家级大师和国家级非遗传承人 53 人，共接待游客 1.8 亿人次，实现旅游收入 1052 亿元。红河州弥勒市可邑村，彝族支系阿细族占 99.6%，是以彝族阿细族为主的中国传统村落。在实施可邑特色小镇创建中，坚持保护优先、适度开发理念，以挖掘和传承彝族阿细文化为重点，通过改造提升古村落，建设完善旅游配套设施和基本公共服务设施，打造原汁原味的彝族生态文化体验地，促进了农民增收和村容村貌的提升改善。创建特色小镇前，可邑村受地理地貌、村民习惯观念和发展基础薄弱的制约，贫困面大，户均收入不到 3000 元，是远近闻名的贫困村。创建特色小镇后，实现新增就业 300 余人，新增税收 241 万元，2018 年接待游客人数 107.8 万人次，实现旅游收入 1861.77 万元，户均收入达到 10 万元，农村人均可支配收入达到 2 万元，辐射带动 72 户 225 人贫困人口拓宽了增收致富渠道，把原来单一从事农耕的贫困村落，发展成为实现乡村振兴和脱贫攻坚的成功典范。

5. 探索了"政府引导、企业主体、市场运作"的小城镇建设发展模式

云南各地努力按政府制定规划政策和搭建发展平台、企业参与建设和运营打造特色小镇的发展思路，推进了特色小镇生产、生活、生态"三生"融合发展。经过两年时间的创建，一批特色小镇已成为云南旅游的新热点地区，成为云南特色产业发展的新平台。红河州弥勒市同步推进 4 个特色小镇建设，投资总额近 115 亿元，采取多渠道筹资、多元化融资方式，综合使用财政资金吸引和撬动民间投资，有效弥补了建设资金缺口。随着创建工作的推进，弥勒市特色小镇的吸引力正逐步显现，成为推进项目建设、拉动有效投资的新引擎。保山市结合该市重点产业发展方向，积极引导企业紧密培育打造以温泉康养、生态旅游、红色经典文化传承以及科技创新孵化等为重点产业支撑的特色小镇。腾冲市启迪冰雪双创小镇，坚持"产业为重"发展战略。一方面，积极响应国家"北雪南展、北冰南移"战略，以体育文创为切入点，融入室内滑冰、滑雪等休闲娱乐项目，让游客能在蓝天白云下开启一段从北到南的"冰雪奇缘"之旅，让"冰雪"与"热海"碰撞激起人们无限想象。另一方面，通过"以商招商、以商招智"，集合清华大学及启迪资源，引入清华互联网产业研究院、中央美术学院、清华文创院等 30 余家科研院所及创新企业入驻。以滇西珠宝、非物质文化遗产等企业孵化，产业创新为核心，以孵化器、产业园中园、区域次总部基地为企业入驻平台，打造精品特色小镇。

（执笔者：简光华、徐丽华）

第十章
边境城市发展的特色与贡献

在云南省 4060 公里的边境线上，分布着 8 个州市，其中市建制的城市有 13 个，分别为保山市、临沧市、普洱市 3 个地级市和泸水市、腾冲市、瑞丽市、芒市、景洪市、蒙自市、个旧市、开远市、弥勒市、文山市 10 个县级市。在这 13 个城市中蒙自市、个旧市、开远市、弥勒市、文山市 5 个县级市虽未直接与境外国家接壤，但隶属省内沿边境的 2 个民族自治州，其发展条件及环境与那些和境外国家接壤的城市大致相似，因此同作为边境城市进行论述。在新中国成立的 70 年发展建设中，云南边境城市经历了从少到多、由弱到强的发展历程，为全省经济社会发展做出了应有贡献。

一　云南边境城市基本情况

（一）边境城市发展现状简述

在新中国成立的 70 年发展中，云南边境城市发展主要经历了三个时期，即：1949～1978 年的发展初期、1978～2012 年的开放发展期和 2012～2019 年的深化改革加速发展期。自国家实行改革开放 40 余年，云南边境城市步入主要发展建设时期，13 个边境城市的经济社会实现了跨越式发展。

表 10－1　1978 年云南边境城市主要经济指标

区域/城市	工农业总值（万元）	总人口（万人）	人均工农业产值（元/人）	人均消费品额（元/人）
云南省	1124713	3091.5	364	109
保山市	48562	182.9	266	92
临沧市	36122	161.7	223	83
普洱市	43183	188.7	229	84
沿边州市小计	358504	1248.0	287	98
泸水市	2118	8.8	241	118
腾冲市	12639	45.1	280	98
瑞丽市	2590	6.2	418	211
芒市	7253	22.4	324	146
景洪市	14504	27.4	529	49
蒙自市	9195	23.6	390	179
个旧市	37669	30.7	1227	243
开远市	22711	19.4	1171	222
弥勒市	12059	37.7	320	116
文山市	7647	29.1	263	100
边境城市小计	243613	739.0	330	103

资料来源：《云南省统计年鉴（1989）》。

1978 年，13 个边境城市生产总值 24.36 亿元①，占沿边 8 个州市生产总值的 67.9%，占全省生产总值 112.47 亿元的 21.7%；8 个州市的人均工农业产值、人均消费品额低于边境城市平均水平和云南省平均水平。

---

① 腾冲市统计数据已计入保山市进行核算。

表 10 - 2　2012 年云南边境城市主要经济指标

区域/城市	生产总值（亿元）	产业比重	总人口（万人）	人均产值（元/人）	人均消费品额（元/人）	规模以上工业企业资产总计（亿元）
云南省	10309.47	16：43：41	4659.00	22128	7602	13076.97
保山市	389.96	29：34：37	254.00	15353	4712	431.64
临沧市	352.98	30：43：27	246.30	14331	4140	569.95
普洱市	366.85	31：36：33	257.50	14247	3968	541.47
沿边州市小计	3001.82	—	1861.60	16125	4921	3900.05
泸水市	26.15	14：36：50	18.60	14059	5134	37.74
腾冲县	105.05	24：35：41	65.34	16077	4045	58.75
瑞丽市	39.64	19：20：61	18.60	21312	11871	9.03
芒市	63.80	27：32：41	39.50	16152	6701	87.85
景洪市	124.91	23：33：44	52.72	23693	8441	151.59
蒙自市	102.85	17：52：31	42.26	24337	6862	198.28
个旧市	167.53	6：68：26	46.44	36075	9397	477.03
开远市	124.41	11：51：38	32.67	38081	8626	200.64
弥勒县	201.05	10：76：14	54.68	36768	4395	235.92
文山市	140.64	10：50：40	48.92	28749	13293	184.67
边境城市小计	2100.77	—	1112.19	18889	5541	3125.81

资料来源：《云南省统计年鉴（2013）》。

表10-3 2017年云南边境城市主要经济指标

区域/城市	生产总值（亿元）	产业比重	总人口（万人）	人均产值（元/人）	人均消费品额（元/人）	规模以上工业企业资产总计（亿元）
云南省	16376.34	14：38：48	4800.50	34114	13380	20241.46
保山市	678.95	24：36：40	261.40	25974	8604	650.32
临沧市	604.06	27：34：39	252.60	23914	7731	713.57
普洱市	624.59	25：36：39	262.70	23776	6961	1196.83
沿边州市小计	5087.59	—	1915.20	26564	8791	5730.83
泸水市	51.95	14：33：53	18.92	27458	8964	90.28
腾冲市	176.83	20：37：43	67.00	26393	6576	62.07
瑞丽市	103.57	10：22：68	20.86	49650	18763	62.28
芒市	104.48	23：21：56	42.10	24812	11753	97.77
景洪市	208.28	18：28：54	54.05	38535	15206	231.76
蒙自市	190.96	13：52：35	45.20	42248	12438	267.48
个旧市	243.48	6：53：41	47.10	51694	17331	535.58
开远市	185.89	10：36：54	33.62	55291	15509	197.85
弥勒市	287.65	10：63：27	56.35	51047	7959	414.28
文山市	228.59	8：45：47	50.10	45627	21683	278.02
边境城市小计	3512.45	—	1145.00	30676	9906	4736.02

资料来源：《云南省统计年鉴（2018）》。

2012 年，边境城市生产总值 2100 亿元，为沿边 8 个州市生产总值的 70.0%，占全省生产总值 1.03 万亿元的 20.4%；人均产值、人均消费品额高于沿边 8 个州市平均水平，但与云南省平均水平差距逐渐加大。1978～2012 年，边境城市经济发展的年平均增速达到 14.0%，与同期全省经济发展速度 14.2% 相近。

2017 年，边境城市生产总值 3512.45 亿元，占沿边 8 个州市生产总值的 69.0%，占全省生产总值 1.64 万亿元的 21.4%；人均产值 30676 元，是沿边 8 个州市人均产值的 115.5%，达到全省人均产值的 89.9%。

2012～2017 年，边境城市经济的年均增长速度达到 10.8%，高于全省 9.7% 的年均增长速度。在新时代全方位开放格局构架和国家"一带一路"倡议下，云南省沿边地区和边境城市的发展速度明显加快，但经济发展对人民生活水平的带动速度相比 2012 年不明显，沿边地区经济发展最为集中繁荣的边境城市逐渐接近云南省平均水平，但边境城市以外剩余的边境城镇和广大乡村地区还处于云南省下游水平。

1978～2017 年，边境城市经济总量占全省的比重，一直保持在 21% 左右，可见边境城市经济整体上与全省保持着同步的发展。但人均产值、人均消费品额的增速逐渐落后于云南省平均水平，边境城市的人口增长速度高于经济增长速度，经济发展对人民生活的带动落后于省内其他地区。

从边境城市的经济数据分析，云南边境城市发展极不平衡。县级市人均社会经济情况明显好于地级市。相比县级市，地级市包含了广大的乡村社区，拉低了整体水平。而 10 个县级市中，位于孟中印缅经济走廊、中南半岛经济走廊、中越经济走廊这三大对外经济走廊上的门户和节点城市瑞丽市、景洪市、个旧市、开远市、文山市的发展好于其他区域的边境城市，也好于云南省平均水平，这 5 个城市无论是人均生产总值还是人均消费品额都高于云南省平均水平。个旧市、弥勒市的第二产业比重高于 50%，同时规模以上企业资产数远高于其他边境县级市，表明这两个城市发展已步入工业化中期；瑞丽市作为云南省第一个国家级开发开放试验区、中缅经济通道门户，依靠边境贸易的开放和发展，第三产业比重达到68%，但是第一、第二产业相对薄弱，不能完全说明瑞丽的发展快于个旧市和弥勒市。

（二）云南及沿边地区对外贸易简述

对外贸易在边境城市的发展中起着重要作用。云南省的对外进出口贸易在新中国成立初期主要由国营专业外贸进出口公司经营，后随社会主义改造完成，进出口业务完全由国家统制。改革开放前，绝大部分商品调往上海、广东等口岸出口，1950年由云南省调拨出口总值为2448.56万元。1950年至1978年的28年，调拨出口总值超过1亿元的年份有1957、1958、1969、1971、1977年共5年。1978年调拨出口总值3582.98万元。改革开放后，云南省开始自营部分商品进出口业务。20世纪80年代中期后，随着改革开放的深入，进出口商品完全由云南省自营，90年代以后外贸经营权逐步放开，进出口贸易不断发展。[①] 随着中国加入WTO，对外贸易爆发式增长。2012年，云南省对外贸易进出口总额达到210.05亿美元，其中与临近的缅甸、孟加拉国、印度、老挝、泰国、越南的贸易进出口总额为48.95亿美元；沿边地区的8个州市进出口总额为52.73亿美元，占云南省进出口总额的四成[②]。2017年，云南省对外贸易进出口总额达到233.94亿美元，其中与临近的缅甸、孟加拉国、印度、老挝、泰国、越南的贸易进出口总额为124.37亿美元；沿边地区的8个州市进出口总额为116.94亿美元，占云南省进出口总额的五成。迈入新时代，云南省对外贸易增长速度年均2.2%，与周边六国贸易增长速度年均20.5%，沿边地区进出口增长速

[①] 云南省地方志编纂委员会编《云南省志·对外经济贸易志》，云南人民出版社，1995。

[②] 云南省统计局编《云南省统计年鉴（2013）》，中国统计出版社，2013。

度年均 17.3%。可见，在沿边加速开放的趋势和"一带一路"倡议引领下，周边的东南亚、南亚国家与云南的经济交往日益密切，沿边地区在这些经济交往中扮演着越来越重要的角色。沿边 8 个州市的外贸增速是经济发展速度的 1.5 倍以上，对外贸易在沿边地区和边境城市的发展中起着重要作用。①

二 云南十三个边境城市发展成就

（一）边境地级市持续向好发展

在 13 个边境城市中，有 3 个为地级市，分别是保山市、临沧市和普洱市。新中国成立以来，3 个城市在发展过程中都经历了建制变更，在"撤地设市"后各市均呈现持续向好发展的局面，并逐步成为云南省重要的对外开放窗口。

保山市社会经济持续加速发展。2000 年经国务院批准撤地设市后②，城市经济、区域交通、文化教育、基础设施得到迅速发展，成为滇西主要的边境城市。1978～2012 年，全市生产总值由 48562 万元增加到 389.96 亿元，增长约 80 倍③。保山市先后与 20 多个国家和地区建立了经贸联系，初步形成全方位、多层次的对外开放格局。与此同时，文化科技得到高度重视，建成多个标志性文化设施工程，塑造了"腾越文化""滇西抗战"纪念活动等一系列文化品牌和文化活动，文化产业逐渐成为新的经济增长点；全市基本普及了九年义务教育，各类学校办学条件持续改善。医疗系统得到进一步完善，基本形成公共卫生服务、医疗救治服务、疾病预防控制、卫生和食品药品监督四大体系，以市人民

---

① 云南省统计局编《云南省统计年鉴（2018）》，中国统计出版社，2018。

② 云南省情编委会编《云南省情》，云南人民出版社，2009。

③ 云南省统计局编《云南省统计年鉴（1989）》《云南省统计年鉴（2013）》，中国统计出版社，1989、2013。

医院为代表的卫生医疗基础设施建设得到加强，疾病预防控制成效明显，新型农村合作医疗从试点到全面推开。基础设施建设得到加强，城区道路体系得到完善，相继建成了保山机场、大保高速公路、保龙高速公路、保腾二级公路、云保公路、六东公路以及一批中小型水库和电站，大瑞铁路、保腾高速公路和腾冲驼峰机场顺利开工建设。2012～2017年，全市生产总值从389.96亿元增长到678.95亿元，年均增长约11.7%，人均产值从15397元增长到26058元，年均增长约11.1%，全市三次产业结构比从29∶34∶37变化为2017年的24∶36∶40，产业结构持续优化，进出口总额由1.46亿美元增长到3.2亿美元①。城市文化建设稳步推进，成功创建国家公共文化服务体系示范区，滇西抗战纪念馆、杨善洲精神教育基地、保山历史名人堂、永昌阁、腾冲文治光昌广场等一大批标志性文化设施建成并投入使用。全民健身基础设施不断完善，全民健身运动蓬勃开展。基础设施方面，交通、水利、能源、城建、通信等重点基础设施建设全面提速，现代综合交通运输体系初步形成，保腾、龙瑞高速公路和昌永、习昌、龙腾、施孟、腾泸、六曼、腾陇、大链8条二级公路相继建成通车，大瑞铁路大保段、保瑞段建设稳步推进，保山机场盖被工程投入使用。能源保障能力不断增强，槟榔江、龙川江等流域水电开发稳步推进，三岔河、苏家河口、松山河口、等壳水电站以及松子山风电场、木瓜山和大坡山光伏电站等一批项目建成投入运营；中缅油气管道及保山支线建成投运，保山中心城市在全省率先使用中缅管道天然气，龙陵、腾冲支线开工建设；水利建设投资加速，红岩、甘露寺、立觉河等一批重点水库建成投入使用。

临沧市区域通道作用逐渐凸显。临沧市西南与缅甸交界，2003年

---

① 云南省统计局编《云南统计年鉴（2013）》《云南省统计年鉴（2018）》，中国统计出版社，2013、2018。

经国务院批准撤销临沧地区设立临沧地级市[①]。1978～2012 年，全市生产总值由 36122 万元增加到 352.98 亿元，增长约 97 倍[②]。文化基础设施建设和文化活动组织有序开展，文物保护工作顺利进行，全市基本普及九年义务教育，初步形成门类齐全、结构合理的教育发展体系。医疗系统持续完善，基本形成覆盖县（区）、乡镇、村，集保健、预防、医疗、康复、健康教育为一体的医疗服务网络，各类传染病得到有效控制，全面推行新型农村合作医疗制度。基础设施建设以交通为重点，建成一批重大项目，全市基本形成以国道、省道、县道为骨架的"东联昆明、西向缅甸、北接楚大、南下湄公"的交通格局，临沧机场建成通航。2012～2017 年，全市生产总值从 352.98 亿元增长到 604.06 亿元，年均增长约 11.3%，人均产值从 14376 元增长到 23942 元，年均增长约 10.7%；全市三次产业结构从 30∶43∶27 变为 27∶34∶39，产业结构得到优化。这段时期边境经济合作区建设加快，通关能力稳步提升，对外开放新格局初步形成，对缅经济、文化、卫生、基础设施建设合作进一步加强，沿边金融综合试验区建设加快推进，进出口总额由 1.71 亿美元增长到 6.57 亿美元[③]。普通高中教育扩容提质，学前教育、职业教育、特殊教育、高等教育、成人教育、民办教育加快发展，劳动力平均受教育年限达到 10.3 年[④]。临沧至普洱、临沧至芒市铁路和临沧城市轨道交通前期工作有序推进，临沧机场高速公路建成通车，结束了临沧无高速公路的历史，云县至临翔、云县至凤庆高速公路控制性工程正在推进，链子桥至勐简高速公路开工建设，小黑江至勐省二级公路建成通车，凤庆机场、永德机场正在建设。水利项目数量、投资规模大幅增

---

① 云南省情编委会编《云南省情》，云南人民出版社，2009。

② 云南省统计局编《云南省统计年鉴（1989）》《云南省统计年鉴（2013）》，中国统计出版社，1989、2013。

③ 云南省统计局编《云南省统计年鉴（2013）》《云南省统计年鉴（2018）》，中国统计出版社，2013、2018。

④ 临沧市人民政府：《临沧市 2018 年政府工作报告》，临沧市人民政府门户网站，2018年 12 月 19 日发布。

加，水利水电固定资产投资突破 100 亿元①。对缅境外输电网建设加快推进，中缅天然气管道（临沧）支线项目签订特许经营协议，云县光伏电站、凤庆县农光互补项目投入运行，互联网等通信网络不断完善。

普洱市正逐步发展为集边贸口岸、能源基地、文化特色于一体的边境城市。自 2003 年经国务院批准设立思茅地级市、2007 年 2 月更名为普洱市②后，普洱市在基础设施、经济、文化、能源等方面快速发展。1978～2012 年，全市生产总值由 43183 万元增加到 366.85 亿元，增长约 84 倍③。对外开放水平逐步提高，建立了国家级口岸思茅港，设立了国家二类口岸孟连口岸，开通了通往缅甸、老挝、越南的 18 条进出口通道，与 25 个国家和地区有贸易往来，与 8 个国家有经济合作项目。文化建设成绩明显，打造了一批具有民族特色的品牌节日，认定通过历史文化名镇 1 个、中国民间（特色）艺术之乡 4 个，澜沧拉祜族叙事长诗《牡帕密帕》被列入首批"国家非物质文化遗产"名录④。全市基本普及了九年义务教育，民办教育初见成效，职业教育稳步发展。医疗卫生机构逐年增长，全面推行新型农村合作医疗制度。基础设施建设顺利推进，磨思高速公路建成通车，勐康、龙富边境公路完工，建成一批大中小型电站，使普洱成为"西电东送""云电外送"的重要基地。2012～2017 年，全市生产总值从 366.85 亿元增长到 624.59 亿元，年均增长约 11.2%，人均产值从 14286 元增长到 23821 元，年均增长约 10.8%，全市三次产业结构从 31∶36∶33 变化为 25∶36∶39，产业结构有所优化，进出口总额由 2.51 亿美元发展至 12.46 亿美元⑤。基

---

① 临沧市人民政府：《临沧市 2018 年政府工作报告》，临沧市人民政府门户网站，2018 年 12 月 19 日发布。
② 云南省省情编委会编《云南省情》，云南人民出版社，2009。
③ 云南省统计局《云南省统计年鉴（1989）》《云南省统计年鉴（2013）》，中国统计出版社，1989、2013。
④ 云南省省情编委会编《云南省情》，云南人民出版社，2009。
⑤ 云南省统计局编《云南省统计年鉴（2013）》《云南省统计年鉴（2018）》，中国统计出版社，2013、2018。

础设施建设提速，玉磨铁路全线开工，澜沧景迈机场建成运营；"西电东送、云电外送"的清洁能源基地基本建成，水利基础设施持续改善，新建水库30座，增加库容1.7亿立方米①，信息网络基础设施不断完善。

（二）边境县级市步入发展新阶段

县级市是云南边境城市的主要构成。1949~1978年，云南沿边地区共有县级市2个，分别为河口市和个旧市，其中河口市于1955改为河口县。1978年后随着社会经济的发展和城市的建设，开远、保山、畹町、景洪、芒市、文山、蒙自先后撤县设市，成为现在的县级市，畹町市于1992年撤销，并入瑞丽市。保山市于2001年由原保山地区撤销设立地级保山市，原县级保山市改为隆阳区。2012年后，受益于桥头堡战略和"一带一路"倡议，云南沿边地区发展加快，弥勒、腾冲、泸水相继撤县设市，至2018年底，云南省沿边地区县级市共计10个。

泸水市经"县改市"进入发展新阶段。自2016年经国务院批准设立泸水县级市后，城市经济与道路、供水、交通、环境改造等全面推进。在设市之前的1978~2012年，全市生产总值由2118万元增加到26.15亿元，增长约123倍②。义务教育水平和适龄儿童入学率显著提高，基本扫除青壮年文盲。医疗卫生事业水平大幅提高，基本建立了覆盖城、乡、村的预防、医疗、保健网络和预防、医疗、保健、卫生监督、公共卫生服务体系。在设市后的2017年，与2012年相比，全市生产总值从2012年的26.15亿元增长到2017年的51.95亿元，年均增长14.7%，人均产值从2012年的14076元增长到2017年的27531元，年

---

① 普洱市人民政府：《2018年普洱市人民政府工作报告》，知县网，2018年8月2日发布。
② 云南省统计局编《云南省统计年鉴（1989）》《云南省统计年鉴（2013）》，中国统计出版社，1989、2013。

均增长约 14.4%，三次产业结构从 2012 年的 14：36：50 调整到 2017 年的 14：33：53，产业结构得到不断优化①。对外开放力度不断加大，片马边境经济合作区建设不断升级。城市医疗卫生事业不断发展，泸水市第一人民医院搬迁建设工程建成并投入使用，新型农村合作医疗实现全覆盖。城市基础设施建设步伐加快，建设了一批二级公路、怒江大桥等交通设施，实现了与外部的有效连通；城市电力通信系统全面发展，城区电网不断升级、移动通信实现全覆盖。

腾冲市已成为云南面向孟中印缅方向开放的重要城市。腾冲市西面与缅甸相邻，在 2015 年经国务院批准撤县设市，并被列为云南省直管和保山市代管的县级市。在 1978～2012 年间，2012 年全市生产总值为 105.05 亿元，是 1978 年的 12639 万元的 83.1 倍②。基础设施建设全面升级，腾冲机场建成通航，槟榔江、龙川江流域水电开发建设投产，电网建设不断完善并实现城乡同网同价，此期间腾冲县被评为"国家首批绿色能源示范县"，并完成以各类水利工程为支撑的饮水安全保障体系，面向缅甸甘拜地口岸的对等开放、猴桥口岸迁建工程等对外发展成效显著。③ 在 2012～2017 年间，全市生产总值从 2012 年的 105.05 亿元增长到 2017 年的 176.83 亿元，年均增长约 11%，人均产值从 2012 年的 16124 元增长到 2017 年的 26439 元，年均增长约 10.4%，三次产业结构从 2012 年的 24：35：41 调整到 2017 年的 20：37：43，产业结构不断优化④。对外交流平台不断完善，开放活力逐渐增强，猴桥口岸新联检楼和查验货场建成运行，通关便利化水平持续提升，密班公路先

① 云南省统计局编《云南省统计年鉴（2013）》，《云南省统计年鉴（2018）》，中国统计出版社，2013、2018。

② 云南省统计局编《云南省统计年鉴（1989）》《云南省统计年鉴（2013）》，中国统计出版社，1989、2013。

③ 腾冲县人民政府：《2013 年腾冲县人民政府工作报告》，腾冲政府门户网站，2013 年 1 月 3 日发布。

④ 云南省统计局编《云南省统计年鉴（2013）》《云南省统计年鉴（2018）》，中国统计出版社，2013、2018。

期改建工程开工建设，密支那境外园区项目稳步推进，与缅甸的工贸合作不断推进并签订《密支那工业园区项目合作谅解备忘录》①。城市基础设施不断完善，保腾高速、腾龙路、腾陇路、腾泸路、新华路、樱花谷路、云峰路等建成通车，腾猴高速、腾陇高速腾冲段项目加快推进，腾冲机场二期改扩建和航空口岸建设项目顺利进行，三岔河水电站及大平田、桥街、腾龙桥等电站建成发电，中缅天然气管道腾冲支线运行输气，城市基础网络、宽带乡村、联网设施等配套建设不断健全。

瑞丽市是我国面向缅甸开发开放实验区之一。瑞丽市西北、西南、东南三面与缅甸相邻，1992 年经国务院批准撤县设市。在 1978～2012 年间，全市生产总值从 2590 万元增长到 39.64 亿元，增长 152 倍②；1992 年经国务院批准设立了瑞丽国家级边境经济合作区，1999 年经国务院批准撤销畹町市并将其行政区域并入瑞丽市设立畹町经济开发区，2000 年经国家计委批准在姐告设立实行"境内关外"特殊管理模式的边境经济贸易区，2009 年中央进一步确立瑞丽为国家重点开发开放试验区，在此期间瑞丽市经济飞速发展，外贸交易额连年增长，成为云南省最重要的口岸城市。同时区域交通设施逐步完善，杭瑞高速"大理－保山"路段于 2002 年建成通车，为瑞丽口岸的进一步发展提供了良好条件。在 2012～2017 年间，瑞丽市生产总值从 39.64 亿元增长到 103.57 亿元，年均增长约 21.2%，人均产值从 21367 元增长到 50034 元，年均增长约 18.6%，全市三次产业结构从 19∶20∶61 调整到 10∶22∶68，产业结构持续优化。③ 瑞丽市对外开放全面扩大，主动参与并

---

① 腾冲市人民政府：《2019 年腾冲市人民政府工作报告》，腾冲市政府门户网站，2019 年 2 月 25 日发布。

② 云南省统计局编《云南省统计年鉴（1989）》《云南省统计年鉴（2013）》，中国统计出版社，1989、2013。

③ 云南省统计局编《云南省统计年鉴（2013）》《云南省统计年鉴（2018）》，中国统计出版社，2013、2018。

融入孟中印缅经济走廊建设，积极促成"一带一路"国际合作高峰论坛上《中缅边境经济合作区谅解备忘录》的签署，完成瑞畹姐同城化改革，不断深化与缅甸木姐在基础设施、跨境农业、环境保护、医疗卫生和警务司法等领域的交流合作，与木姐市结为友好城市，成立全国首家民间联合禁毒中心和驻缅非政府组织——缅甸木姐妇女儿童发展中心，相融互促的银井"一寨两国"得到党中央的肯定。瑞丽市是全国首个人民币与缅币兑换业务的试点城市，特许兑换业务量连年居云南省之首，创造引领中缅货币兑换汇率的"瑞丽指数"。瑞丽、畹町是全国首批粮食进境指定口岸，畹町还是全省唯一非即食性冰鲜产品进口指定口岸，瑞丽被列为"云南电子口岸平台建设第一批试点"，完成瑞丽口岸、边民互市信息化改造，进出口贸易额屡创新高，持续占全省进出口贸易额 1/3 的份额。[①] 瑞丽口岸弄岛通道、畹町口岸国门、芒满通道、姐告滨江通道加速推进，国际贸易单一窗口基本建成，在全省率先启用边检自助通关系统。旅游文化产业加速发展，中缅自驾车纵深游正式启动，姐告国际旅游购物中心、畹町边关文化园、银井"一寨两国"、国家 AAA 级旅游景区喊沙旅游文化特色村相继成型，引入市场机制承办中缅胞波节，积极协助缅方筹办中缅边交会。交通大通道建设快速推进，龙瑞高速全线通车，芒满通道至缅甸木姐 105 码二级公路建成启用，中缅瑞丽至皎漂等跨境公路前期工作有序推进，芒市、陇川、缅甸木姐"环瑞丽 1 小时经济圈"初步形成[②]。大瑞铁路瑞丽段开工建设，启动瑞丽铁路国际枢纽口岸规划，木曼铁路正式提上中缅两国政府间重要议事日程，内外连通的综合立体通道建设全面提速。中缅油气管道全线建成，瑞丽变电站二期、滇弄输变电站投入使用，帕色河水库顺利竣工，能源保障跃上新台阶。

---

① 瑞丽市人民政府：《2017 年瑞丽市人民政府工作报告》，瑞丽市政府门户网站，2018 年 3 月 30 日发布。

② 瑞丽市人民政府：《2015 年瑞丽市人民政府工作报告》，瑞丽市政府门户网站，2016 年 4 月 2 日发布。

芒市作为德宏傣族景颇族自治州政府所在地，正发展成为集政治、经济、文化、口岸、国际通道于一体的区域性中心城市，为瑞丽等周边口岸城市快速发展提供了强有力的支撑。芒市原为潞西县，南部与缅甸交界，1996 年经国务院批准撤销潞西县、设潞西县级市，2010 年更名为芒市。在 1978～2012 年间，全市生产总值从 7253 万元增长到 63.8 亿元，增长 87 倍[①]。这期间芒市对外开放效果明显，带来外贸交易额的快速增长，"十一五"期间芒市实现对外贸易进出口总额 11 亿元，比"十五"期间年均增长 21.7%[②]。同时文化建设成果突出，《傣剧》《孔雀舞》《景颇族目瑙纵歌》《阿昌族户撒刀》《德昂族浇花节》等 10 个项目被列为国家级非物质文化遗产保护项目，多人被列为国家级非物质文化遗产项目传承人。基础设施建设力度加强，城区道路状况大幅改善，建立起完善的供水、污水处理、电力电信、垃圾处理等市政公用设施系统。对外交通建设步伐加快，建成了以 320 国道、潞盈公路（现芒市至盈江）、芒市至陇川二级路为干线，辐射全州和口岸的公路网。2012～2017 年，芒市生产总值从 63.80 亿元增长到 104.48 亿元，年均增长约 10.4%，人均产值从 16197 元增长到 24970 元，年均增长约 9%，全市三次产业结构从 27∶32∶41 调整到 23∶21∶56，服务业迅速发展为支柱产业[③]。城市开放水平不断提升，与韩国江陵市、缅甸曼德勒市缔结为友好交流城市，并引进韩国江陵市咖啡博物馆在芒市落地。截至 2017 年，芒市建成中缅输油气管道 84.9 公里，天然气利用项目输气管道 18.7 公里，中压管道 21.2 公里，帕底调压站和高达化工加气母站投产运行，芒赛门站及管线建

---

① 云南省统计局编《云南省统计年鉴（1989）》《云南省统计年鉴（2013）》，中国统计出版社，1989、2013。

② 《德宏州县域经济发展"十二五"规划（2011－2015）》，德宏州门户网站，2015 年 7 月 11 日发布。

③ 云南省统计局编《云南省统计年鉴（2013）》《云南省统计年鉴（2018）》，中国统计出版社，2013、2018。

设稳步推进①。完成芒市至缅甸曼德勒包机试飞工作，芒市机场成功获批口岸机场。"一关两检"配套基础设施建设完工，边防检查站顺利入驻，芒市机场改扩建（一期）工程投入使用，实现可起降波音737～800和空客 A320 等主力机型，日均起降航班42架次，全年旅客吞吐量181.4万人次，货物吞吐量8330.2吨，成为全省第四大机场。② 基础设施建设持续推进，龙瑞高速公路、芒瑞大道（一期）建成通车，遮放至芒海等重要国省干线改造升级工程顺利实施，芒梁高速、芒孟高速和大瑞铁路芒市段快速推进，芒市至腾冲猴桥、芒市至临沧铁路前期工作全面启动。③

景洪市现已发展成为湄公河国际区域内一座重要港口城市。1949～1978年，景洪市的城市经济、社会、基础设施的建设较为缓慢。经济方面，1978年景洪市总人口为27.4万，工农业生产总值为14504万元，社会消费品零售总额为1332万元。④ 在城市建设方面，1949年景洪仅有一条长不过百米的街道。改革开放以来，景洪市经济发展快速，综合实力明显增强。1983年，云南省政府批准了第一版的《允景洪镇总体规划》。⑤ 总体规划制定后，景洪市开始了基础设施的建设，主要包括城市道路、给水设施、排水设施等内容。1993年撤县设市后发展迅速，至2012年底，景洪市的经济城镇化率达到了76.5%⑥。其生产总值2012年达124.91亿元，产业结构为23∶33∶44，产业结构日趋合理。社会消费品总额达44.50亿元，社会消费水平逐年提高。规模以上工业

---

① 芒市人民政府：《2017年芒市人民政府工作报告》，芒市政府门户网站，2017年2月11日发布。

② 芒市人民政府：《2019年芒市人民政府工作报告》，芒市政府门户网站，2019年2月1日发布。

③ 芒市人民政府：《2019年芒市人民政府工作报告》，芒市政府门户网站，2019年2月1日发布。

④ 云南省统计局编《云南省统计年鉴（1989）》，中国统计出版社，1989。

⑤ 云南省地方志编撰委员会编《云南省志·城乡建设志》，云南人民出版社，1995。

⑥ 云南省统计局编《云南省统计年鉴（2013）》，中国统计出版社，2013。

企业资产 2012 年达到 151.59 亿元，工业发展日新月异。① 截至 2012 年底，城市基础设施逐步完善，居民基本生活得以保障：景洪市用水普及率达 100%，生活垃圾处理率达 100%，无害化处理量达 8.55 吨/日，燃气普及率达 98.21%。② 2012 年后，景洪经济飞速发展，国民经济和社会事业取得了巨大成就。到 2017 年末，景洪市总人口达 54.05 万，人均产值达 35664 元，职工平均工资由 2012 年的 3.66 万元上升至 2017 年的 7.40 万元。生产总值由 2012 年的 124.91 亿元增长至 2017 年的 208.28 亿元，三次产业比例从 2012 年的 23∶33∶44 调整至 2017 年的 18∶28∶54③，产业结构不断优化，第三产业对景洪经济的拉力明显增强。

文山市被誉为"中国三七之乡"，县域经济发展稳步快速。文山市于 2010 年 12 月撤县设市，并在 2018 年 12 月入选全国县域经济投资潜力 100 强。1949~1978 年，文山县住宅建筑发展缓慢，城内有 12 座新中国成立之后新建的桥梁，另有 5 座人行便桥，在这一时期中不甚重视城市绿化，三元洞寺庙及洞景毁于这一时期。2012 年，全市生产总值为 140.64 亿元，比 1978 年的 7647 万元增长 183 倍④。各项基础设施和经济稳步发展，房屋建设发展迅速，由 1981 年成立的房屋经营公司统一建设住宅、商业用房，于 1986 年在驻军的支持下修筑防洪工程，逐渐消除文山水患。2012 年后，文山市的发展较为全面，在 2012~2017 年，全市生产总值从 2012 年的 140.64 亿元增长到了 2017 年的 228.59 亿元，年均增长约 10.2%，人均产值从 2012 年的 28844 元增长到 2017 年的 45719 元，年均增长约 9.65%，三产结构从 2012 年的 10∶50∶40

---

① 云南省统计局编《云南省统计年鉴（2013）》，中国统计出版社，2013。

② 西双版纳傣族自治州统计局、国家统计局西双版纳调查队编印《西双版纳傣族自治州统计年鉴（2012）》（内部资料），2013 年编印。

③ 云南省统计局编《云南省统计年鉴（2013）》《云南省统计年鉴（2018）》，中国统计出版社，2013、2018。

④ 云南省统计局编《云南省统计年鉴（1989）》《云南省统计年鉴（2013）》，中国统计出版社，1989、2013。

调整到 2017 年的 8：45：47，产业结构不断优化①。乡村振兴战略稳步推进，种植三七为主的中药材 25.6 万亩，打造三七、重楼等名贵中药材基地 8 个，完成智慧农业项目建设，打造优质农产品供应基地 13 个、交易市场 4 个，打响 10 张乡镇"名片"。基础设施不断夯实，人民生活持续改善，推进城乡"五治三改一拆一增"行动，完成 23 千米污水管网建设，实施 14.8 千米地下综合管廊工程，推进盘龙河沿岸截污试验段、第一污水处理厂提标改造、日处理 40 吨污泥处置厂等项目前期工作。依法消除"两违"建筑 7.1 万平方米，新增临时停车泊位 1.65 万个，完成智慧交通一期建设任务②。

蒙自市作为云南第一个海关，正逐步成为滇东南中心城市核心区。2010 年 9 月，经国务院批准，蒙自撤县设市。1949～1978 年，蒙自市经济发展较快，先后建立起不少的小型及大中型工业。1978～2012 年，全市生产总值由 1978 年的 9195 万元，增加到 2012 年的 102.85 亿元，增长 111 倍③，蒙自市城市建设、地区经济等有了更加长远的发展。在 2012～2017 年，全市生产总值从 102.85 亿元增长到 190.96 亿元，年均增长约 13.17%，人均产值从 2012 年的 24407 元增长到 42435 元，年均增长约 11.70%，三次产业比例从 2012 年的 17：52：31 调整到 2017 年的 13：52：35，产业结构不断优化④。截至 2018 年，全年居民消费价格指数比上年有一定的增长，交通运输业稳步发展，年末全市公路通车里程达 1742.07 公里，高等级公路 208.41 公里。邮电业发展水平不断提升，科技实力有所增强，教育和文化事业健康发展，旅游业加快发展，全年共接待国内外游客 730.44 万人次，比上年增长 14.1%，医疗服务

---

① 云南省统计局编《云南省统计年鉴（2013）》，《云南省统计年鉴（2018）》，中国统计出版社，2013、2018。

② 文山市人民政府：《2019 年文山市人民政府工作报告》，知县网，2019 年 6 月 2 日发布。

③ 云南省统计局编《云南省统计年鉴（1989）》《云南省统计年鉴（2013）》，中国统计出版社，1989、2013。

④ 云南省统计局编《云南省统计年鉴（2013）》《云南省统计年鉴（2018）》，中国统计出版社，2013、2018。

水平持续提升，2018 年末全市有卫生机构 288 个，卫生机构床位数 2144 张，卫生技术人员 2774 人[①]，城乡居民收入稳步增加，社会保障体系建设不断完善，社会福利事业持续发展。

个旧市素有"锡都"之称，是国家重点转型发展地区之一。民国 2 年（1913）设个旧县，新中国成立后于 1951 年 1 月撤县设市，为省直辖。1949～1978 年，城市规划在个旧市有较为明显的体现，先后编制了多版城市规划，在房屋建设方面，随着矿山建设的发展，房屋建设较快，尤其是工人住宅建设。在市政建设方面，个旧市对城市的多条道路进行了改造和拓修，使城市的路网更加顺畅。1978～2012 年，全市生产总值由 37669 万元增加到 167.53 亿元，增长了 44 倍[②]。城市建设和城市经济都有了稳步发展，在房屋建设方面，居住、行政办公大楼、生活服务、文化卫生体育等建筑兴起，在市政建设方面，1988 年全市区道路总长达 34 公里，总面积达 27 万平方米，并新建了桥涵 18 座[③]。在 2012～2017 年间，全市生产总值从 2012 年的 167.53 亿元增长到 2017 年的 243.48 亿元、年均增长约 7.76%，人均产值从 2012 年的 36145 元增长到 2017 年的 51639 元，年均增长约 7.4%，三次产业结构从 2012 年的 6∶68∶26 调整到 2017 年的 6∶53∶41，产业结构不断优化[④]。新时代下，个旧市城市建设有序推进，个元高速、元蔓高速个旧段建设顺利推进，云南沿边铁路（普洱至蒙自段）、大红屯粮食物流园区铁路专用线前期工作有序推进，滇中引水等工程加快建设，群众生产生活用水安全得到有效保障，城乡电网改造完成，互联网建设加快实施，4G 网络和光纤通信基本实现全覆盖，移动网络流量资

---

① 蒙自市人民政府：《2018 年蒙自市国民经济和社会发展统计公报》，知县网，2019 年 5 月 31 日发布。

② 云南省统计局编《云南省统计年鉴（1989）》《云南省统计年鉴（2013）》，中国统计出版社，1989、2013。

③ 云南省地方志编撰委员会编《云南省志·城乡建设志》，云南人民出版社，1995。

④ 云南省统计局编《云南省统计年鉴（2013）》《云南省统计年鉴（2018）》，中国统计出版社，2013、2018。

费降幅达 30%。①

开远市是滇南物资集散中心，拥有云南最大的露天煤矿。1950 年 4 月 27 日，开远县人民政府成立，1981 年撤县设市。1949～1978 年，是城市建设和规划的初期。在房屋建设方面，新中国成立初城内的建筑多为清代所建，市政建设中陆续对县城的道路进行了路面加固、拓宽拓建，城市排水系统在这个时期起步。在 1978～2012 年间，全市生产总值由 22711 万元增加到 124.41 亿元，增长了 54 倍②。同期城市建设逐步完善，在城市房屋建设方面，1984 年成立了城市开发公司后，逐渐实行统一建设，城市的风貌得到统一，逐步增设了多条城市道路，并对旧城区的一些道路进行了优化拓修，城市路网功能得到进一步的完善。2012～2017 年，全市生产总值从 2012 年的 124.41 亿元增长到 2017 年的 185.89 亿元，年均增长约 8.36%，人均产值从 2012 年的 38198 元增长到 2017 年的 55456 元，年均增长约 7.74%，三次产业结构从 2012 年的 11∶51∶38 调整到 2017 年的 10∶36∶54，产业结构不断优化③。建筑业持续发展，建筑企业生产规模进一步扩大，2016 年末本地有资质的建筑企业达到 22 个。交通运输业平稳发展，2016 年，全市各种运输方式共完成货运量 3228.6 万吨，比上年增长 9%，教育事业长足发展，城乡教育均衡发展，群众文化蓬勃发展，举办第二届全民阅读月、"学党史 知党情 跟党走"纪念中国共产党成立九十五周年暨中国工农红军长征胜利八十周年邮展、中国梦主题书画展④。

弥勒市是红河州"北大门"，高原葡萄之乡，有中国著名葡萄酒品牌"云南红"。1953 年成立弥勒彝族自治县，2013 年 1 月撤县设市，由

---

① 个旧市人民政府：《2018 年个旧市人民政府工作报告（全文）》，个旧市政府网，2018 年 2 月 1 日发布。

② 云南省统计局编《云南省统计年鉴（1989）》《云南省统计年鉴（2013）》，中国统计出版社，1989、2013。

③ 云南省统计局编《云南省统计年鉴（2013）》《云南省统计年鉴（2018）》，中国统计出版社，2013、2018。

④ 开远市人民政府：《开远市 2016 年国民经济和社会发展统计公报》，知县网，2018 年 4 月 5 日发布。

云南省直管，红河州代管。1949～1978年，弥勒市经济发展较快，先后建立起不少的小型及大中型工业，城市各项基础设施有一定的发展。1978～2012年，全市生产总值由12059万元增加到201.05亿元，增长了166倍①。全市优化投资结构，推动一批重大项目开工建设，固定资产投资继续发挥着对城市经济增长的重要拉动作用，固定资产投资快速增长，2011年全社会固定资产完成投资75.2亿元，比上年增长21.2%②。2012年后，弥勒市城市发展稳步提升，全市生产总值从2012年的201.05亿元增长到2017年的287.65亿元，年均增长约7.43%，人均产值从2012年的36870元增长到2017年的51220元，年均增长约6.80%，三次产业结构从2012年的10∶76∶14调整到2017年的10∶63∶27，产业结构不断优化③。2017年全市加大工作力度，优化投资结构，推动了一大批重大建设项目开工建设，消费品市场稳中趋活，2017年全市货运周转量235259.3万吨公里，比上年增长14.7%，教育事业稳步发展，九年义务教育普及进一步巩固，文化事业继续发展，医疗卫生事业稳步推进。④

三 云南边境城镇发展展望

通过对云南边境城市从宏观整体到具体城市的探析，可以了解到边境城市和沿边地区的发展，不仅离不开对外的开放，也离不开内部的改革和滇中城市群乃至更广大祖国腹地的支撑。多样化这一特性在云南从自然气候到民俗人文、从边境开放到城市经济都得到了体现。因此边境

---

① 云南省统计局编《云南省统计年鉴（1989）》《云南省统计年鉴（2013）》，中国统计出版社，1989、2013。

② 红河州弥勒县统计局：《红河州弥勒县2011年国民经济和社会发展统计公报》，中国统计信息网，2012年8月19日发布。

③ 云南省统计局编《云南省统计年鉴（2013）》《云南省统计年鉴（2018）》，中国统计出版社，2013、2018。

④ 弥勒市人民政府：《弥勒市2017年国民经济和社会发展统计公报》，知县网，2018年12月2日发布。

城市未来的发展必然不会是单打独斗，也不会是不切实际地搞"一刀切"。按照云南省人民政府2017年批准实施的《云南省沿边城镇布局规划（2017－2030年）》，未来沿边地区将呈现"富边、美边、稳边、睦边"的美好景象，将是云南省省域发展总体格局中新的增长极、云南省重要的外向型优势产业基地；也是中国西南部的国家安全战略屏障、中国面向南亚东南亚开放合作的门户、中国西南部的能源与资源保障通道；还是中国沟通欧亚大陆的重要陆路桥梁。规划从沿边城镇未来发展的构架、空间布局、等级结构等方面提出了以下方案。[①]

（一）提出边境城镇未来六个维度的发展构架

1. 立足优势寻求产业突破战略

立足资源优势，实现向经济优势转换。积极开发利用符合市场需求的优势资源，提高资源转换的质量、水平和效益，努力将资源优势转化为经济优势、市场优势和竞争优势。依托地缘、口岸优势，形成外向型经济带动。充分发挥对外开放的地缘、口岸优势，以培育形成区域竞争新优势为目标，以中高端产业切入国际市场，积极发展进出口加工、国际贸易、出境（跨境）旅游等产业，提高开放质量，加快开放进程，形成外向型经济带动的发展格局。发挥生态优势，培育高原特色产业。发挥沿边地区地形多样化、气候多样化、生态环境优越等优势，通过加快农业产业化进程、改善农业基础条件、调优农业产业结构、完善现代农业服务体系等手段，培育和壮大高原特色农业等优势产业。

2. 层次分明、特色各异的城镇空间统筹战略

借力沿边地区拓展范围内的区域中心城市，使沿边城镇与其腹地共同形成云南省边缘地区的增长极点，并按不同发展重点进行差别化引导，形成功能各异的特色发展组团；重点依托国际大通道引导发展要素

---

① 云南省城乡规划设计研究院编《云南省沿边城镇布局规划（2017－2030年）》，云南省人民政府批准实施，2017年发布。

的集聚，打造对外开放支撑带；强化沿边城镇之间的互联互通，打造形成云南省以滇中为核心向外圈层空间扩散的发展格局。以"增长极点＋特色组团＋支撑轴带＋圈层扩散"的空间统筹手段，构筑开放型总体空间格局。

3. 适度超前、保障安全、支撑发展的基础设施建设战略

大力推进通江达海的路网、广覆盖的航空网、区域性国际化的能源保障网、安全可靠的水网、高效共享的互联网五大基础设施网络建设，构建有效支撑发展、更好服务国家战略的综合基础设施体系。

4. 保障生态安全格局的生态稳固战略

进行综合功能区划并明确各功能区的生态环境与经济社会功能，有序引导开发建设；科学防治土地石漠化，有目标地对石漠化危害严重的地区重点治理；保护动植物生存环境和栖息地，构建生态安全格局，守住生态底线。保护城乡环境，完善城乡环境基础设施体系，有效控制污染物排放，在保证生态环境的前提下合理开发利用自然资源。

5. 特色营造战略

利用沿边城镇特有的少数民族文化、精神风格，构建新时期沿边城镇发展的独特宣传形象，扩大其国内外的品牌影响力和认知程度。整合独特的民族风情、丰富壮观的自然景观、交融的历史文化遗产等特色资源，充分挖掘旅游价值，不断增强其对地方经济发展的带动作用。

6. 民生保障战略

优先实现医疗、教育、社保、养老等基本公共设施城乡服务水平均等化，根据城镇发展空间结构有序推进建设层次分明的公共服务体系，以进一步提高城乡居民生活水平。构建以社会基本保障、就业扶持、保障性安居房为重点的城乡一体化社会保障体系。

（二）提出边境城镇未来两个层次的空间布局

1. 重点培育三个主要增长极

落实国家向西开放战略，参与"中国—中南半岛经济走廊"和

"孟中印缅经济走廊"建设,着力培育"芒市—瑞丽""景洪—勐腊—磨憨""蒙自—河口"三个增长极,进行重点发展,发挥开放门户和引领作用,促进云南省域经济社会局面的边缘隆起。

"芒市—瑞丽"增长极为云南省参与"孟中印缅经济走廊"建设的重点区域。作为中国向西开放的重要窗口、中缅边境经济文化贸易中心,以芒市、瑞丽为重点,加快推进与陇川、盈江、龙陵的协同发展。加快推进大理—瑞丽铁路建设,落实泛亚西线大通道的国家战略,构建铁路、公路、航空全方位的区域综合交通体系。推进瑞丽江—伊洛瓦底江内河航运建设,打造水陆联运优势。以外向型为导向进行产业优化,建立全域统筹协调发展的产业布局体系。以瑞丽为重点,做强口岸功能、做特民族文化、做精城市品质,营造高标准生产生活环境,提升公共综合服务水平,培育利于跨国企业和人才发展的国际化城市。加快瑞丽国家级重点开发开放试验区、中缅瑞丽—木姐跨境经济合作区、瑞丽国际陆港等各类合作平台建设,发挥其国家特殊政策的创新优势,促进新兴功能和优惠政策外溢,带动城市转型发展。积极探索"境内关外"运作体制与机制,促进姐告、木姐"两国一城"联动发展。

"景洪—勐腊—磨憨"增长极为云南省参与"中国—中南半岛经济走廊"建设的重点区域。作为中国面向东南亚的重要窗口、中老边境经济文化贸易中心,以景洪为重点,联动勐腊(磨憨),依托泛亚中线、昆曼大通道及澜沧江—湄公河黄金水道,突出海陆转换优势。构建水陆空一体化的区域综合交通体系,重点增强景洪城市综合服务功能,完善综合交通枢纽能力,强化民族文化、旅游特色,打造国际化城市。勐腊县通过吸引服务型产业和提升公共服务能力,促进与口岸的联动发展。磨憨口岸在通道和商贸功能基础上,逐步发展外向型产业。加快建设勐腊(磨憨)重点开发开放试验区、中老磨憨—磨丁跨境经济合作区、景洪国际陆港,发挥其国家特殊政策的创新优势,促进新兴功能和优惠政策外溢,带动城市转型发展。积极探索"境内关外"运作体制与机制,促进磨憨、磨丁"两国一城"联动发展。

"蒙自—河口"增长极为云南省参与"中国—中南半岛经济走廊"建设的重点区域。作为中国面向东南亚开放的重要窗口、中越边境经济贸易中心，以河口为重点，联动蒙自、金平，依托泛亚东线、昆河国际通道、元江—红河水道，突出海陆转换优势。构建水陆一体化的区域综合交通体系，依托国际交通走廊建设，通过功能、产业等方面的分工和联动，发挥蒙自较强的公共服务综合能力，发挥河口的口岸优势和发展潜力，实现优势互补、共赢发展。河口应注重内涵式发展，合理控制城市规模，重点发展商贸、物流、旅游，重点关注城市功能、环境品质改善提升和城市的精细化管理。加快建设中越河口—老街跨境经济合作区、河口国际陆港，适时申报成立河口国家级开发开放实验区，加强跨境经济、经贸合作。积极探索"境内关外"运作体制与机制，促进河口、老街"两国一城"联动发展。

2. 协作形成五个特色发展组团

以区域中心城市为依托，根据自然地理与资源特征、主要合作对象、地缘政治影响等，引导自然地理环境相连、相近的县（市）紧密协作，突出差异化、特色化的引导，形成"腾冲—猴桥""临沧—耿马—孟定""普洱—澜沧—孟连—勐阿""文山—麻栗坡—天保""文山—富宁—剥隘"等五个特色发展组团。

"腾冲—猴桥"组团作为孟中印缅经济走廊上的边境经济贸易中心、中国面向南亚开放的重要窗口，以腾冲（腾越）、猴桥为重点，联动龙陵、盈江、泸水。加快建设芒市—腾冲—猴桥铁路、腾冲—密支那通道，构建铁路、公路、航空一体化的区域综合交通体系。以外向型为导向，优化产业结构，建立全域统筹协调发展的产业体系。突出腾冲城市公共服务综合能力，重点发展商贸、文化、旅游，有力支撑猴桥口岸的发展。依托腾冲—密支那国际通道，在中和—猴桥一线发展外向型加工业、物流、对外贸易。加快建设中缅猴桥—甘拜地跨境经济合作区，适时申报成立腾冲国家级开发开放实验区，加强跨境经济、经贸合作。

"临沧—耿马—孟定"组团作为昆孟国际大通道上的重要节点、中缅合作示范区，以耿马为重点，联动临沧、镇康、沧源。依托大理—临沧—孟定—缅甸腊戍通道，加快建设临沧—耿马—孟定铁路及高速公路，建立现代化的综合交通体系。发挥耿马的公共服务综合能力，发挥孟定的口岸优势，合理分工、联动发展，构建全域统筹协调发展的产业体系。加快中缅孟定—清水河跨境经济合作区建设，加强跨境经济、经贸合作。

"普洱—澜沧—孟连—勐阿"组团作为中缅边境的重要贸易节点、中缅合作示范区，以孟连（勐阿）为重点、联动澜沧。加快建设普洱—孟连—勐阿高速公路、临边干线公路，建立现代化的综合交通体系。发挥普洱、澜沧、孟连的公共服务综合能力，发挥勐阿的口岸优势，放大口岸效益，合理分工、联动发展，构建全域统筹协调发展的产业体系。推进中缅勐阿—邦康跨境经济合作区发展，加强跨境经济、经贸合作。

"文山—麻栗坡—天保"组团作为中越边境重要经济贸易节点、中国面向越南开放的重要窗口，以麻栗坡为重点，联动文山、马关。依托文山—麻栗坡—天保高速公路及铁路、临边干线公路，建立现代化的综合交通体系。发挥文山、麻栗坡的公共服务综合能力，发挥天保的口岸优势，合理分工、联动发展，构建全域统筹协调发展的产业体系。推动麻栗坡天保边境经济合作区加快发展，加强跨境经济、经贸合作。

"文山—富宁—剥隘"组团作为云南参与"一带一路"建设的重点区域、云南与珠三角区域联系的重要窗口，以富宁（剥隘）为重点，联动文山。加快云南—北部湾—珠三角通道建设、加快右江—珠江水运航道及富宁港建设，打造区域性的富宁水陆联运交通枢纽，构建现代化综合交通体系。加强与珠三角、北部湾的对内协作，发挥文山、富宁的公共服务综合能力，依托富宁港（剥隘镇）、田蓬口岸发展外向型加工业、商贸物流，构建全域统筹协调发展的产业体系。适时申报成立富宁国家级开发开放实验区，打造云南—珠三角、北部湾协作与共同对越开放平台，加强跨境经济、经贸合作。

（三）提出边境城镇未来发展的五级等级结构

1. 边境城镇发展的等级体系

到 2030 年，边境城镇将形成区域中心城市、州（市）域中心城市、县域中心城镇、省级重点镇、发展镇五级城镇体系。城镇体系等级结构优化以强化对外开放为主旨，提升重点口岸城镇的等级，明确区域开发开放重点，推进云南省域经济社会局面的边缘隆起。提升片马镇、猴桥镇、畹町市、孟定镇、勐阿镇、磨憨镇、天保镇、剥隘镇等级为县域中心城镇。

表 10 - 4　云南边境区域城镇等级结构规划一览

城镇等级	城镇个数	城镇名称
区域中心城市	2	瑞丽、景洪
州（市）域中心城市	5	泸水、腾冲、芒市、耿马、富宁
县域中心城镇	26	片马镇、猴桥镇、畹町市、章凤镇、南伞镇、孟定镇、勐董镇、娜允镇、勐朗镇、勐梭镇、勐腊镇、勐阿镇、磨憨镇、孟海镇、河口镇、金河镇、马白镇、麻栗镇、天保镇、剥隘镇、龙山镇、上帕镇、茨开镇、平原镇、勐烈镇、大兴镇
省级重点镇	30	泸水县：鲁掌镇 腾冲市：固东镇、曲石镇 龙陵县：勐糯镇 瑞丽市：勐卯镇、弄岛镇 芒　市：勐戛镇、遮放镇 盈江县：弄璋镇 陇川县：陇把镇 镇康县：勐捧镇 耿马县：勐撒镇 沧源县：勐省镇 江城县：整董镇 孟连县：勐马镇 澜沧县：上允镇 西盟县：勐卡镇 景洪市：勐龙镇、勐罕镇

城镇等级	城镇个数	城镇名称
省级重点镇	30	勐海县：打洛镇、勐混镇 勐腊县：勐捧镇、勐满镇、勐仑镇 金平县：金水河镇 河口县：南溪镇 麻栗坡县：董干镇 马关县：八寨镇、都龙镇 富宁县：田蓬镇
发展镇	182	其余乡镇

2. 边境城镇发展规模

到 2030 年，沿边 25 个县（市）总人口达到 920 万，城镇人口达到 570 万～600 万，城镇化水平处于 62%～65%。结合沿边区域整体开发开放要求，积极引导人口向八个城镇组群聚集，强化八个城镇组群一体化发展，培育整体竞争力，形成对外开放的合力。

表 10-5　2030 年云南边境城镇规模结构一览

城镇人口规模（万人）	城镇名称与人口规模（万人）	城镇个数
60≤P	芒市—瑞丽—陇川城镇组群（100）：芒市市区（30）、瑞丽市区（60）、陇川县城（5）、畹町镇区（5） 景洪—勐腊—磨憨城镇组群（117）：景洪市区（75）、勐腊县城（22）、磨憨镇区（20）	7
20≤P<60	腾冲—猴桥城镇组群（60）：腾冲市区（50）、猴桥镇区（4）、中和镇区（6） 耿马—孟定城镇组群（25）：耿马县城（10）、孟定县城（15） 澜沧—孟连—勐阿城镇组群（36）：芒信镇（1）、澜沧县城（20）、孟连县城（10）、勐阿镇区（1）、勐马镇区（4）、芒信镇区（1） 麻栗坡—马关城镇组群（30）：麻栗坡县城（10）、马关县城（13）、都龙镇区（2）、天保镇区（5） 富宁—剥隘城镇组群（21）：富宁县城（15）、田蓬镇区（2）、剥隘镇区（4）	17

城镇人口规模（万人）	城镇名称与人口规模（万人）	城镇个数
10≤P<20	河口—南溪城镇组群（12）：河口市区（10）、南溪镇区（2）泸水县城（16）、江城县城（10）、勐海县城（15）	5
5≤P<10	龙陵县城（8）、盈江县城（8）、镇康县城（8）、沧源县城（7）、西盟县城（5）、金平县城（6）、绿春县城（6）、打洛镇（5）	8
P<5	其余城镇	211

3. 在边境城镇中推动创新型城镇发展新途径

引导人口向城镇组群集聚。构建沿边八个城镇组群，重点引导人口向城镇组群集聚。结合户籍制度改革，合理放开落户制度，在人口发展上为云南省边缘隆起创造条件。

积极引导产镇融合发展。利用小城镇所处区域的自然资源、基础设施、市场条件及其自身优势，吸纳周边地区的技术、资金和人才，培育具有地方特色和竞争力的优势产业。以城镇近郊、交通干道沿线以及其他发展条件好的小城镇为重点推进"产镇融合"发展。

加强边境城镇基础设施建设。稳步提高边境城镇基础设施建设水平，推进城镇基础设施建设、维护和运营管理改革，加快形成功能完善、安全高效、适度超前的现代基础设施体系。

推进边境城镇环境整治。提升城镇规划建设和管理服务水平，促进社区化发展，增强服务城镇、带动农村、承接转移人口的功能，着力打造一批产业发展、环境优美、适宜居住的特色城镇。

培育城镇组群，打造对外开放整体竞争力。打造"三极五组"对接三个国家、多个境外经济体。对应培育八个城镇组群。考虑沿边境区域城镇综合实力较弱的实际，建立跨行政区域协调机制，推进八个城镇组群一体化发展，避免单打独斗，培育对外开放整体竞争力。

创新口岸城镇发展模式。建立国家协商、协调机制，以"瑞丽—木姐""磨憨—磨丁""河口—老街"为试点，探索两国毗邻城镇之间"路网、能源网、水网、互联网"的互联互通，创新打造"两国一城命运共同体"。2019 年 8 月 2 日，《国务院关于印发 6 个新设自由贸易试验区总体方案的通知》印发实施，由昆明片区、红河片区、德宏片区三个片区组成的中国（云南）自由贸易试验区，作为第三批国家自贸区正式设立。该自贸区中三个片区内有两个分布在沿边境地区，将全面推动河口、蒙自、瑞丽、芒市等边境城镇的创新型城镇加速发展。

（执笔者：李俊君、段碧涛、谢辉、李文君）

第十一章
资源枯竭型城市的解困与转型发展

伴随着资源型经济的发展，云南省资源枯竭型城市，在对全省经济社会发展做出巨大贡献后，完成了依托资源采掘由兴旺走向衰竭的全过程。按照国家对资源枯竭型城市的认定，云南省的红河州个旧市、昆明市东川区、玉溪市易门县三个城市，被分别列入国家第一批、第二批和第三批的资源枯竭型城市转型试点城市。在 70 年的城市发展历程中，这些资源枯竭型城市的发展变化，成为云南城市发展的重要组成部分。

一 历史与回顾

（一）个旧市成为资源枯竭转型试点城市前的历史与回顾

1. 历史演变

个旧因锡矿开发历史悠久、储量丰富、冶炼技术先进、精锡纯度高而闻名国内外，享有"锡都"美誉，有 2000 多年的矿业开发史，是全国典型的资源型城市之一，是一座以矿业及其延伸产业为主导的工业城市。

据史料记载，个旧锡业开发具有 2000 多年的历史。西汉时，随着中原文化的渗透，锡、银、铅采冶业兴起，至清朝康熙后锡业兴盛，光绪三十一年（1905）成立"个旧厂官商股份有限公司"，厂户逾千家。1910 年滇越铁路通车，大锡经铁路运转香港销售。1909～1939 年共出口大锡 23.82 万吨，个旧因此闻名中外。至 30 年代末，锡出口量高时达 1.1 万吨，为全国锡出口总量的 90% 以上，居云南省商品出口首位。民国 2 年（1913），个旧被列为云南省一等大县，成为全滇工业重镇。1940 年 11 月，"云南锡业公司"成立。

新中国成立后，为发展个旧的锡业生产，加快城市建设，1951 年中央政府将个旧撤县设为省辖市。三年恢复建设时期（1950～1952年），锡精矿金属量从地方 2400 吨、云锡 1271 吨发展到地方 4935 吨、云锡 4357 吨。

"一五"计划时期（1953～1957 年），个旧锡的采选冶被列为全国 156 项重点工程建设之一，从东北、华北、华东、西南等地抽调大批管理干部和技术人员以及财力、物力支援个旧，云南省以 8 个专州的矿用物资和生活用品供应个旧，使个旧的经济规模和城市建设迅速扩大，成为云南省第二大工业城市。全市工业产值从 1952 年的 11599 万元发展到 20644 万元，锡精矿金属量 16061 吨。

"二五"计划时期（1958～1962 年），市委提出"以锡为主、综合利用、全面发展"的方针，开发了机电、冶金、化工、轻工和建材等行业。"大跃进"期间，1960～1962 年关、停、并、转一批企业，精简下放部分职工，地方工业企业由 140 个调减到 97 个。1962 年市属工业总产值比 1957 年仅增长 2%，锡精矿金属比 1957 年下降 57%。

三年调整时期（1963～1965 年），个旧贯彻国民经济"调整、巩固、充实、提高"的方针，国民经济得到充实和提高，1965 年地方工业总产值比 1962 年增长 46.27%，锡精矿金属量增长 10.42%。

"三五""四五"计划时期（1966～1975 年），受政治运动影响，经济起伏波动较大，1970 年与 1965 年相比，地方工业总产值增长

82.6%，锡精矿金属量下降9%。1975年与1970年相比，地方工业总产值增长36%，锡精矿金属量下降20.17%。

"五五"时期（1976～1980年），个旧国民经济处于先调整后恢复阶段。党的十一届三中全会后，个旧经济建设逐年增长。1980年地方工业总产值比1975年增长44%，锡精矿金属量增长38%。

"六五""七五"计划时期（1981～1990年）。1982年后，个旧市对工业进行了全面整顿，至1990年，市属地方工业已经形成冶金、化工、轻纺、机电、建材、电力、食品等产业共26个行业。地方工业总产值1985年比1980年增长62%，1990年比1985年增长66%；锡精矿金属量1985年比1980年增长45.7%，1990年比1985年增长33.3%。1988年，经国务院批准，个旧被列为云南省计划单列市，行使地州级经济管理权限，为对外国人开放城市。

"八五"（1991～1995年）期间，个旧市有色金属采、选、冶已成为支柱产业，是全国最大的锡现代化生产加工基地和重要的有色金属工业基地。国民经济年均保持6.1%的发展速度，生产总值从1991年的9.83亿元增加到1995年的19.52亿元，多项指标在红河州、云南省占有重要地位。

"九五"（1996～2000年）期间，个旧主导产业主要矿产资源储量急剧下降，经济社会发展的各种矛盾逐渐凸显，其中有两个矛盾较为突出：首先，遭遇资源削减与价格下滑的双重困境。个旧经济发展高度依赖有色金属行业，其增加值占整个工业增加值的80%以上，产业结构单一，抵御国际市场波动风险的能力弱。20世纪90年代以来，国际市场有色金属价格大幅下滑并持续低迷不振，使个旧以锡为主的经济发展严重受挫。经过长期的开采，矿山资源大量减少，地表砂矿及浅部易采矿资源完全枯竭，坑下脉矿开采难度加大，生产成本上升。一方面，有色金属产品价格下滑，另一方面，生产成本上升，是个旧"九五"以来面临的突出困难。其次，经济、社会、自然生态矛盾凸显。长期以来，个旧市在经济持续发展的同时，积攒了不少矛盾和问题。主要是城乡差距、南北片区差距、居民收入差距扩大，就业和社会保障压力增大，经济结构不合理，资源消耗较高，环境污染、自然灾害、生产安全事故等成为"九五"以来经济社会发展的严峻挑战。

进入 21 世纪，个旧遇到了所有老工业城市都面临的深层次矛盾和尖锐问题的困扰。全市主要有色金属矿产资源枯竭情况更为严重，按 2007 年的采掘规模和水平，锡、铜、铅生产保证年限不足 10 年；随着资源逐渐枯竭，破产企业数量不断增加，大量待岗、下岗、失业职工无法安置，生活困难；社会保障和医疗保险负担日益加重，地方财政非常困难；矿区生态环境破坏严重，安全隐患突出，生态环境亟待治理。诸多问题制约着个旧市经济社会可持续发展，市委、市政府和企业职工承受着巨大的压力。

2. 资源枯竭城市的由来

2007 年国务院下发《关于促进资源型城市可持续发展的若干意见》，明确提出"加大对资源型城市尤其是资源枯竭城市可持续发展的支持力度，尽快建立有利于资源型城市可持续发展的体制机制"。个旧市是典型的因矿而生、以矿而兴的资源型工业城市，是我国重要的以锡为主的有色金属老工业基地。长期以来，作为重要原材料的供应地，为国家的工业化和经济发展做出了突出贡献。但是，由于体制机制不完善、资源锐减等原因，个旧市正面临经济结构失衡、产业工人失业和贫困人口增多、接续替代产业乏力、生态环境破坏严重、社会保障压力较大等诸多矛盾的困扰，经济社会发展困难重重。

个旧市作为我国重要的老工业基地和资源型城市，在改造调整和可持续发展等方面，长期受到国家重视并得到大力支持和帮助。2003 年，云南省人民政府向国务院上报了《云南省人民政府关于中国'锡都'云南个旧老工业基地调整改造及可持续发展方案的请示》。2008 年，国家将个旧市列入国家首批资源枯竭城市名单，个旧市向国家有关部门上报了《资源枯竭城市云南个旧转型和可持续发展方案》《资源枯竭城市个旧转型发展规划》。

（二）东川区成为资源枯竭转型试点城市前的历史与回顾

1. 历史演变

东川区矿产资源丰富，采矿历史悠久，素有"天南铜都"之誉，是依托铜矿等资源开发而形成的典型资源型城市，是近代中国最大的铜矿产地。东川西汉始设郡县，东汉以后即为历代王朝提供铸币原料，清朝康乾时期的铜币有 70% 为东川铜所铸造，东川铜被称为"京铜""云铜"。

新中国成立初期，国家就将东川铜矿建设列为"一五"期间 156 个重点项目之一。1952 年，成立东川矿务局，国家从全国各地调集大批军队干部和工程技术人员支援东川铜矿建设，职工队伍最多时达 2 万余人，形成"八方志士、云集东川"。经过长达七年大规模"万人探矿"和矿山基本建设，1960 年 5 月，因民铜矿采选厂建成投产；1960 年 7 月，滥泥坪铜矿采选厂建成投产；1969 年，落雪铜矿采选厂建成投产；1977 年，汤丹铜矿采选厂建成投产。1954 年 4 月，成立东川矿区人民政府，由省直辖，并由会泽县划出汤丹、因民等地，成立东川矿区。1958 年 10 月，国务院批准设立省辖地级东川市。

1958～1962 年，东川铜矿基本建设全面展开，进入边建设边生产阶段。1963～1965 年三年调整时期，东川重新确立以农业为基础、以工业为主导的经济建设方针。1965 年工业总产值 2939 万元，占工农业总产值的 80.7%，铜矿生产已成为东川支柱产业。

1966～1970 年，在国家计划经济体制下，东川坚持以铜采选为中心的工矿城市建设方针，以"为铜矿生产服务"为指导思想，以"多出铜、出好铜"为工作重心发展地方经济。但是，"文化大革命"运动使东川国民经济发展遭受严重挫折和损失，工业生产尤为严重。1968 年，仅完成工业总产值 124 万元，东川矿务局仅采矿 2 万吨，选矿 1.8 万吨，几乎处于停产状态。

1971～1977 年（"四五"计划时期），东川铜矿生产趋于正常，地方工业有所发展,平均年采矿量141.3万吨,平均年选矿量160万吨。1975年,工业总产值完成5371万元,占工农业总产值的81.2%。

1978年十一届三中全会后,东川工作重点向经济建设转移,工农业生产迅速恢复和发展。1981~1990年("六五""七五"时期),是东川国民经济发展最快的时期,东川矿务局年产精矿含铜保持在1.5万吨以上。1990年,东川国民生产总值达24091万元,地方财政收入达1546.8万元,三产比重为24:54.8:21.2。1991~1996年,东川国内生产总值从2.6亿元增加到6.16亿元,年均递增12.6%;城镇居民人均可支配收入年均递增23.6%,农民人均纯收入年均递增26.8%。形成以铜、铝为主的支柱产业,东川矿务局六年共生产精矿含铜11万吨,是建市以来产量最高的时期。

长期的过度开采,使东川资源消耗加快,导致铜等主要矿藏锐减。铜矿累计探明储量2000年底只有192.36万吨,主要矿产资源濒临枯竭,对东川的可持续发展构成巨大威胁。作为东川重要产业支撑的东川矿务局,因资产负债率高达245%,于2000年底宣告破产,1999年,东川城镇登记失业率高达41%,就业再就业和社会保障压力增大,社会矛盾日趋突出。2004年4月13日,云南省委、省政府决定设立东川再就业特区,以优于国家西部大开发、云南省招商引资和发展非公经济等方面的特殊优惠政策,谋求东川发展的新路子。成立东川再就业特区管委会,以团结进取,奋力拼搏,开拓创新的勇气和信心,树立全民招商理念,以"诚信和谐、负重提速、创新图强"的东川精神激励全区人民,努力将东川建成工业结构优化、农业独具特色、商贸旅游活跃,城市功能完善,具有亚热带风光特色的昆明新区,使"天南铜都"再现新辉煌。

2. 资源枯竭城市由来

20世纪末,在计划经济向市场经济转轨过程中,东川经济社会发展陷入低谷,经历了1999年撤市改区、2000年支柱企业——东川矿务局破产、2002年社会严重动荡、2003年城镇登记失业率高达40.2%的艰难时期，东川区成为全国最典型的资源枯竭型城市，国家和云南省历来高度重视解决东川老工矿城市的特殊困难。面对"山河破碎、城市破旧、企业破产、希望破灭"的矿山状况现实，为帮助东川解决转型发展中的困难，2004年4月13日，省委、省政府决定建立云南东川再就业特区。2007年12月24日，国务院制定出台《国务院关于促进资源型城市可持续发展的若干意见》后，2009年3月，东川被国家列入第二批资源枯竭城市转型试点城市。2011年4月，昆明市委、市政府出台《关于加快东川经济转型和可持续发展的若干意见》（昆发〔2011〕7号），2013年11月12日，《国务院关于印发全国资源型城市可持续发展规划（2013－2020年）的通知》，东川区作为资源枯竭型城市被列入规划范围，规划期至2020年。

（三）易门县成为资源枯竭转型试点城市前的历史与回顾

1. 历史演变

易门县作为云南最古老的铜矿区，矿产资源开采历史悠久，以铜矿资源开发为主。明清时期铜矿采冶已初具规模，据《清代云南铜矿政考》记载：明朝万历年间（1573～1620年），易门铜矿采冶业已形成一定规模，成为当时朝廷钱币铸铜的主要供应基地，明末清初易门铜矿采冶业兴盛一时，清朝光绪年间易门年产铜饼160多万斤，年进贡朝廷京铜达100多万斤。

为满足国民经济建设需要，1953年成立了中央重工业部有色金属工业管理局易门铜矿，启动了易门铜矿资源勘查和矿山采选基建项目。1958年易门铜矿更名为易门矿务局。1960年后，随着铜矿储量的勘明和狮凤山矿采选工程的建成，在国家支持下，全国一大批先进生产要素汇集易门县，开始了大规模的铜矿资源开采，先后建成三家厂矿、凤山矿、里士矿、起步郎矿、老厂矿、狮子山矿、梭佐矿等7座大中型矿山和木奔、狮子山2个选厂及易门冶炼厂，带动了易门经济社会快速发展。1966年，易门矿务局更名为云南冶金三矿。1989年恢复易门矿务局称谓和建制。1996 年易门矿务局归属云南铜业集团有限公司，成为云铜集团国内重要的原料基地。

截至 2010 年末，易门矿务局（时名为云南达亚有色金属有限公司）累计生产精矿含铜 52.31 万吨，上缴国家利税 5.8 亿元，为国家建设做出了重要贡献。

2. 资源枯竭城市由来

经过长期大规模开发，易门主导资源逐步枯竭，陷入"矿竭城衰"困境，2002 年因资源枯竭，易门矿务局宣告破产重组，矿山关闭或转产，只有狮子山矿还在少量生产，其他矿山均已关闭，一系列经济社会矛盾日趋凸显。2011 年经国务院批准，易门县被列为国家第三批资源枯竭城市，开始了转型发展之路。

二 成就与问题

（一）成为资源枯竭转型试点城市前的成就

个旧市于 2008 年被国家列为第一批资源枯竭城市转型试点城市。在此前的 59 年，作为中国的锡都，个旧市为国家经济建设做出了巨大贡献。新中国成立后，个旧被列为国家"第一个五年计划"156 个重点工程建设地区之一，建成至今始终是我国最大的锡金属采、选、冶生产基地，云锡公司是国有特大型有色金属联合企业。20 世纪 90 年代以来，年有色金属采选能力 1000 万吨，冶炼能力 22 万吨，产锡约 5 万吨，占全国产量的 45%、世界产量的 1/4，产品出口世界近 50 个国家和地区，是全国最大的锡现代化生产加工基地。经过 50 多年的努力，个旧已成为世界锡开发技术、装备最先进的地区，世界锡研发中心，先进的锡冶炼设备和技术曾出口巴西和玻利维亚等国家和地区，为国家争得了荣誉。个旧锡业的发展，为国家提供了大量的重要战略物资和原材料，有力支援了国家的经济建设，带动了相关产业的发展。同时，也解决了十几万人的就业，对促进边疆建设、稳定国防起到了重大的支撑作用。截至 2005 年，个旧累计得到国家投资 13.8 亿元；累计生产有色金属 360 万吨，其中，锡 140 万吨；形成了包括地质、采矿、选矿、冶炼加工、生物资源加工、化工、机电、建材、轻纺、食品等在内的多元化的工业生产体系，为国家创造财富超过 130 亿元，投入产出比为 1∶10，对我国经济建设贡献巨大。

东川区于 2009 年被国家列为第二批资源枯竭城市转型试点城市。在此前的 60 年，东川区一直作为资源输出型矿山城市和铜工业原料产地，为国防和经济建设做出了突出贡献，累计为国家建设贡献了 60 万吨铜、20 吨白银，折合市值 450 亿元。投入产出比为 1∶10，为国家经济建设、国防建设立下了汗马功劳，也使铜都享誉海内外。

2011 年，易门县被国家列为第三批资源枯竭城市转型试点城市。从 1953 年成立易门铜矿（后更名为易门矿务局）开始，在国家支持下开始大规模铜矿采选，曾经是中国八大铜矿之一。从 1960 年到 2010 年，易门矿务局累计生产精矿含铜 52.31 万吨，上缴国家利税 5.8 亿元，为国家建设做出了巨大贡献。2010 年易门矿冶业产值 32.9 亿元，占工业总产值的 63%，矿冶业增加值 8.98 亿元，占工业增加值的 64%，矿冶业上缴税金占财政总收入的 23%，资源产业在易门经济发展中具有举足轻重的地位。

（二）成为资源枯竭转型试点城市后的成就

自个旧市、东川区、易门县被列为国家资源枯竭型城市转型试点以来，三个资源枯竭城市累计得到国家和云南省的资金支持分别为 24.73 亿元、28.17 亿元和 11.11 亿元，在国家和云南省的大力支持下，转型发展取得了显著成效，以"个旧模式""东川经验""易门速度"逐步走出困境，进入新的发展期。

1. 资源枯竭转型试点城市的经济快速发展

个旧市自 2008 年被列为全国首批资源枯竭型试点城市以来，按照国家、云南省和红河州的有关要求，全力推进转型发展。2018 年，实现地区生产总值 260.0 亿元，比上年增长 10.0%，增速分别高于全国（6.6%）、全省（8.9%）、全州（9.7%）3.4、1.1 和 0.3 个百分点，总量是 2008 年 104.84 亿元的 2.48 倍；一般公共预算收入 12.82 亿元，比上年增长 6.4%，是 2008 年 7.55 亿元的 1.7 倍；规模以上工业实现主营业务收入 331.21 亿元，比上年增长 15.8%，利润总额 8.7 亿元，比上年增长 248.24%；规模以上固定资产投资完成 246.4 亿元，比上年增长 15.0%，民间投资完成 101.24 亿元，比上年增长 17.0%；社会消费品零售总额完成 67.5 亿元，比上年增长 12.0%；城镇常住居民人均可支配收入 34800 元，比上年增长 9.3%，是 2008 年 11215 元的 3.1 倍；农村常住居民人均可支配收入 15390 元，比上年增长 9.4%。

东川区自 2009 年被列为全国第二批资源枯竭型试点城市以来，按照"一产做特、二产做强、三产做活，整体做规模"的思路，全力推进转型发展。2018 年实现地区生产总值 94.73 亿元，比上年增长 3.8%，总量是 2009 年 32.7 亿元的 2.9 倍；一般公共预算收入完成 7.29 亿元，比上年增长 9.3%，是 2009 年 2.41 亿元的 3.02 倍；城镇居民人均可支配收入 32809 元，比上年增长 8.4%；农村常住居民人均可支配收入 8543 元，比上年增长 9.5%。

易门县自 2011 年被列为全国第三批资源枯竭型试点城市以来，立足县情、找准定位，确立了"生态立县、产业富县、创新强县、开放兴县、共享和县"发展思路和"确保县域经济发展始终走在省、市前列"的目标定位，聚焦重点、精准发力，加快资源接续渐替、产业循序渐转，推动县域经济在转型发展中争先进位、走在前列，探索出一条具有易门特色的资源枯竭城市转型发展之路。2014 年、2015 年连续两年县域经济综合考评居云南省 129 个县（市、区）第一位，2016 年被考核为云南省跨越发展先进县，2015 年、2016 年连续两年经济增速居云南省第一位。2017 年经济增速 17.6%、居云南省第二，入围全省民营经济争先进位 10 强县。2018 年，县域经济总量达 107.9 亿元，居云南省第 46 位，增速达 12%，居云南省并列第八位。2018 年 GDP 是 2011 年 38.57 亿元的 2.8 倍，年均增长 16.4%；人均 GDP 为 59598 元，年均增长 17.2%；一般公共预算收入 6.45 亿元，比上年增长 6.1%，是 2011 年 2.8 亿元的 2.3 倍；城镇常住居民人均可支配收入 37468 元，比上年增长 8.6%；农村常住居民人均可支配收入 13642 元，比上年增长 9.0%。

2. 资源枯竭转型试点城市的接续替代产业体系已初步形成

个旧市着力推进北部坝区、南部山区、红河谷低热河谷产业带和大屯、沙甸、鸡街农产品加工区"三带一区"建设，大力发展高原特色现代农业，2018 年完成农业总产值 27.14 亿元，比上年增长 6%；依托国家新型工业化锡新材料示范基地、国家工业固废利用示范基地、国家矿产资源综合利用双百工程示范基地、省级稀贵金属示范基地等平台，按照"立足锡、延伸锡、超越锡"的思路，大力改造提升传统优势产业，实现规模以上工业增加值比上年增长 16.1%，规模以上工业企业户数达 65 户，完成工业总产值 393.42 亿元，比上年增长 16%。现代服务业、旅游业不断发展壮大，2018 年接待国内外旅游人数 430.29 万，比上年增长 13.23%，实现旅游总收入 54.7 亿元，比上年增长 32.95%；新注册电商企业 100 余户，交易额达 1848 万元。按照"龙头带动，创新驱动，链式聚集"的思路加快培育新兴产业，新能源材料、稀贵金属材料、生物医药大健康、绿色食品等一批重点项目加快推进。

东川区着力推进项目建设和产业发展，培育了六大接续替代产业，即磷化工、黄金及稀贵金属、新型建材、生物医药、新能源新材料、食品。其中，2018 年铜、磷化工产业实现产值 78 亿元，比上年增长 23.9%；国投电力装机各 4.8 万千瓦的 2 个风电场并网发电；中药材种植面积 5085 亩，中药饮片、注射剂等一批项目建成投产等。昆明川金诺化工股份有限公司于 2016 年在创业板成功上市。

易门县以培育特色产业、振兴实体经济作为转型发展关键点，科学制定资源枯竭城市转型发展规划，全力提升有色金属、陶瓷建材、食品加工等五大支柱产业，着力培育生物医药、新材料、新能源等新兴产业，大力发展休闲旅游、现代物流、电子商务等现代服务业，稳步发展特色果蔬、优质粮油等高原特色农业，经济转型成效明显，发展质量稳步提升。2018年五大支柱产业产值达201.5亿元，比2010年增长2.6倍，年均增长17.2%；主导资源采掘业产值占比降至4.59%，比2011年下降10.7个百分点；2018年，高技术产业增加值占规模以上工业增加值的比重为33.7%，比2011年提高了26.2个百分点。

3. 资源枯竭转型试点城市的经济发展后劲增强

个旧市按照"双城联动"的思路和"滇南中心城市产业服务中心"的定位，全面加快大屯新区建设；按照功能做加法、建设做减法、品质做乘法的思路，统筹提升改造主城，"双城联动"格局初步形成。"五网"基础设施逐步完善，高速公路、铁路、"四好农村路"形成网络；滇中饮水工程等水网设施逐步完善；电网、中石油天然气管道等能源网保障能力提升；互联网光缆总长度达1.2万千米；4G网络和光纤通信实现全覆盖。个旧市特色工业园区进入《中国开发区审核公告目录》名册，在有色、铸造新型工业化园区已经具备一定规模的基础上，正在全力推进现代制造产业园区、南北选矿试验示范工业园区等建设。

东川区抢抓云南省"五网"基础设施建设机遇，投资84亿元建成功东高速公路，结束了东川区不通高速公路的历史；通村公路路面硬化达676公里；完成东川铁路支线运能提升工程；东格高速、格巧高速、东川通用机场等一批重点项目正在推进中。推动工业园区"瘦身强体"、高质量发展，科学划定工业园区"三区三线"，推动一批优质企业落户园区。

易门县积极探索"以商建园、以园招商"模式，构建布局科学、优势突出、结构优化的特色产业园区。目前易门工业园区已开发建设10.2平方千米，入驻企业157户，吸纳就业2.83万人，培育产值上10亿元企业2户、产值过亿元企业26户、规上企业56户、高新技术企业13户。创新招商模式，多层次开展定向精准招商。率先实施投资项目并联高效审批改革，全程代办帮办投资审批服务事项，压缩审批时限

2/3 以上，提高审批效率 70% 以上，构建政府、园区、商会、企业、社会整体联动机制。2018 年引进利用市外国内资金 86.1 亿元，比 2011 年增长 13 倍，年均增长 39.2%。2018 年完成工业产值 204.5 亿元，比 2011 年增长 3.2 倍。实施了武易高速公路、玉楚高速公路易门段、苗茂中型水库、狮子山矿大沙河尾矿库闭库治理工程等一批事关长远发展的大项目、好项目。2011～2018 年共投入专项资金 9.9 亿元，实施一批接续产业培育、基础设施建设、生态环境治理、改善民生、解决历史遗留问题等项目。

4. 资源枯竭转型试点城市的生态环境明显改善

以环境督察问题为导向，强化区域环境污染防治。个旧市以 2016 年中央环境督察问题为导向，强力推进污染防治，涉及个旧市的 18 个问题已经完成 13 项，需继续推进和中长期整改 5 项。2018 年中央环境保护督察"回头看"进一步梳理出 8 个问题整改清单，实行挂账销号，目前涉及个旧市的主要问题已基本整改完成，单位 GDP 能耗累计下降 10%。完成黑冲河重金属污染综合治理工程、冲坡哨片区工业"三废"集中处置场、红河州危废医废集中处理场等项目建设，加快推进北部选矿试验示范园区建设。实施个旧市冶炼废渣调查及分类风险管控项目，土壤污染综合防治先行区试点建设被纳入云南省试点。加大拆旧区复垦力度，新增农用地 70.54 公顷、耕地 60.7 公顷。2018 年空气优良率达 97.7%，森林覆盖率 37.1%，城市污水处理率 95%，一般工业废物综合利用率 39.87%，历史遗留矿山地质环境恢复治理率 100%，历史遗留损毁土地复垦率 82.06%，土地重金属污染治理率 21.81%。

以河流流域为主体，强化生态修复和环境综合治理。东川区加强小江流域生态环境修复和综合治理，以"河长制"为重要抓手，制定清理方案，目前已制定金沙江、大白河、小江、小清河、深沟、大桥河、坝塘水库、野牛水库等 8 条主要河段"一河一策"方案。2016～2018 年投资 800 万元推进河道绿化，种植树木 43.6 万株。强力推进矿山转型升级，仅 2018 年就关闭矿山 12 座，将 27 座矿山整合为 13 个区块，矿山总数由 67 座减少到 39 座，矿山逐步走上规模化、机械化、标准化、绿色化的发展道路。2018 年全区集中饮用水水源地水质达标率 100%，空气质量优良比例达 100%，森林覆盖率达 33.65%，比 2009 年提高 12.65 个百分点。小江流域水土流失面积由被列为资源枯竭城市时的 1393.37 平方千米减少到 2017 年的 1056.63 平方千米；水土流失面积由占全区面积的 74.47% 下降到 56.47%，降低了 18 个百分点；历史遗留损毁土地复垦率由 2013 年的 41.4% 上升到 2018 年的 60.6%。城市污水处理率 100%，一般工业固体废物综合利用率 57%，历史遗留矿山地质环境恢复治理率 40%，历史遗留损毁土地复垦率 62%，土地重金属污染治理率 30%。

以加强生态文明建设、增强可持续发展作为转型发展的切入点。易门县在城镇，重点实施引绿入城、引水入城、增绿添色工程，强化工业"三废"和城镇"两污"治理，实施了龙泉河生态景观、南屯湖生态旅游园等重点生态项目，建成亚洲第一长廊、全国首个野生菌博物馆，改造旧城区、旧厂区、城中村，建设特色宜居生态城镇。在农村，开展大规模绿化行动和全民义务植树活动，全面推行"河长制"，稳步实施水源林建设、公益林管护等生态工程，深入推进"七改三清"村庄人居环境整治，建设特色宜居美丽乡村。在矿区，整合石漠化治理、水土保持治理、地质灾害治理、矿区生态保护恢复等项目，治理土地重金属污染 69.79 万平方米，治理率达 8.9%，治理历史遗留矿山地质环境 174 万平方米，治理率达 44.3%。通过系列措施，生态建设步伐加快，城乡面貌明显改善，人居环境全面提升。

5. 资源枯竭转型试点城市的社会保障和改善民生成效明显

个旧市 2018 年城镇常住居民人均可支配收入 34800 元，比上年增长 9.3%，是 2008 年 11215 元的 3.1 倍；农村常住居民人均可支配收入 15390 元，比上年增长 9.4%。城镇居民最低生活保障覆盖率、城镇居民基本医疗保险参保率、棚户区改造面积及任务完成率均达到 100%。着力补齐民生短板，2018 年累计投入民生领域资金 34.78 亿元，占财政总支出的 89%；城镇新增就业 7260 人、下岗失业再就业 1711 人，就业困难人员就业 1615 人；全面实行货币化补偿安置推进城市棚户区改造，棚户区改造任务 6192 户，面积 39.61 万平方米，大部分已开工建设；脱贫攻坚成效显著，2018 年共投入各类扶贫资金 4.2 亿元，培育农村新型经营主体 55 个，新增贫困劳动力转移就业 1975 人；实施"四类重点对象"农危房改造 2331 户；采用城镇化安置方式实施易地搬迁 256 户 1046 人。

东川区 2018 年城镇居民人均可支配收入 32809 元，比上年增长 8.4%；农村常住居民人均可支配收入 8543 元，增长 9.5%。通过农村劳动力就业清零、"户有一个技术明白人"培训、就近就地转移就业、劳务协作、易地扶贫搬迁劳动力就业保障、创业"担保贷款""贷免扶补"等工作，2018 年完成农村劳动力培训 35699 人，实现农村劳动力转移就业 35264 人，发放创业担保贷款 2580 万元，创业贷款 560 万元。通过开展职业介绍、求职登记、就业推荐、政策咨询、加强与用人单位双向联系等工作，完成城镇新增就业 4093 人，就业困难人员实现就业 3439 人。通过"送温暖"活动，开发公益性岗位 660 个。启动四方地片区棚户区（城中村）改造，涉及棚户区改造户数 450 户 1370 人，改造房屋面积 6.77 万平方米，总投资 1.32 亿元，采取一次性货币补偿进行安置。全力推进教育均衡优质发展，学前教育毛入学率达 90.81%，九年义务教育巩固率保持在 90.01%。落实救助政策，办理生源地信用助学贷款 1887 人，资金 1367 万元。及时发放中央、省、市、区四级补助资金 5756 万元，资助学生 78323 人次。全区累计建成 148 个村卫生室，实现"县乡村医疗服务管理一体化"全覆盖。创建首批"国家健康扶贫工程先进县区""全国基层中医药工作先进单位""全国第三批健康促进示范县区"，全区城乡居民健康档案建档率达 90% 以上，安排健康扶贫救助资金 2076 万元。

易门县以办好民生实事、增进民生福祉作为转型发展落脚点，落实精准扶贫措施，同心协力打好精准脱贫攻坚战，2018 年整合资金 2525

万元，投入财政扶贫资金 3533 万元，实施扶贫项目 89 个。发放扶贫贷款 6141 万元，年度贴息 267 万元。贫困发生率降至 0.31%。落实教育惠民政策，城乡教育均衡发展。落实积极就业政策，激发民众创业活力，多渠道开发就业岗位，2018 年新增城镇就业 2802 人，城镇登记失业率控制在 3.3%。落实社会保障政策，社会保障体系不断健全、保障水平不断提升，城乡居民基本医疗保险参保率达 100%、基本养老保险参保率达 99.9%、最低生活保障覆盖率达 100%。落实各项惠民政策，加大财政民生投入，改造棚户区 34.44 万平方米、农村危房 150 户，巩固提高农村饮水安全 3 万人，改造农村公路 86 公里，全县农村公路硬化率达 70.5%，群众住房、饮水、出行等条件不断改善。人民生活水平显著提高，2018 年城镇居民人均可支配收入达 37468 元，增长 8.6%，比 2011 年增长 1.2 倍，年均增长 11.7%；农村居民人均可支配收入达 13642 元，增长 9.0%，比 2011 年增长 1.3 倍，年均增长 12.4%。

（三）存在问题

1. 被列为资源枯竭转型试点城市时存在的问题

被列为国家资源枯竭型转型试点城市时存在的问题，主要是资源枯竭、产业结构单一、生态环境破坏严重、民生保障困难等问题。

（1）资源枯竭问题。

截至 2008 年底，个旧矿区累计探明有色金属储量 912 万吨，其中锡 225 万吨、铜 238 万吨、铅 337 万吨，经过长期的开采，保有储量已减少到 50 万吨，仅为累计探明储量的 5.48%，地表砂矿及浅部易采矿资源基本枯竭，传统矿产业本地资源保障能力急速下降。按 2007 年的采掘规模和水平，锡仅能生产 6 年、铜生产 7.5 年、铅生产 7 年，资源保障年限均严重不足。

东川长期对矿产资源进行过度开采，使资源消耗加快，导致铜等主要矿藏锐减萎缩并濒临枯竭，工业总体经济效益徘徊在低水平状态，对东川的可持续发展构成巨大威胁。东川累计探明铜金属储量为 316 万吨，经过长期的开采，截至 2007 年底，保有铜金属储量仅为 38.6 万吨，占累计探明储量的比重仅为 12.2%。且地表矿砂及浅层易开采资源基本枯竭，现有铜矿品位低，开采难度大。按照当时东川铜生产企业的采冶能力，东川的铜矿资源仅能维持三年左右时间。凯通、金水、众智几大铜冶炼厂都在从外部寻找资源。

经过大规模开发，易门主要矿产资源逐步枯竭，截至 2010 年末，全县可采矿产资源金属储量为 11.72 万吨，其中：铜 1.62 万吨、铁 10 万吨、钨 924 吨，仅占累计探明储量的 1.3%，铜占 1.9%、铁占 1.2%、钨占 5.4%。按县内当时相关企业生产能力，铜矿资源剩余可采储量可供开采 2 年，铁矿资源剩余可采储量可供开采 1 年，钨矿资源剩余可采储量可供开采 2 年，大部分矿山企业相继关闭或转产。易门采掘业产值由 2004 年的 8.55 亿元降至 2010 年的 7.62 亿元，下降 11%，采掘业产值在工业总产值中的比重由 2004 年的 48% 降至 2010 年的 14.45%，采掘业在 GDP 中的比重由 2004 年的 70.78% 降至 2010 年的 23.13%，采掘业从业人数在工业从业人数中的比重由 2004 年的 24.55% 降至 2010 年的 22.01%，仅为铜矿资源开发鼎盛时期的 1/5。尤其是全县最大的矿山采选企业易门矿务局，鼎盛时期年采矿量达 169 万吨，精矿含铜年产量达 1.66 万吨，职工人数达 1.5 万人，但随着铜矿资源的逐步枯竭，2000 年采矿量降至 89 万吨，职工人数降至 7000 人，因资源枯竭 2002 年宣告破产重组，部分矿山关闭或转产，致使易门经济社会发展一度陷入困境。2010 年，原易门矿务局改制后重组的云南达亚有色金属有限公司，精矿含铜产量降至 0.7 万吨，仅为鼎盛时期的 42%，从业人员降至 1932 人，仅为鼎盛时期的 13%。采掘业作为易门的基础性产业，已进入衰退期。

（2）产业结构单一所涉问题。

个旧采选业产值占工业总产值比重长期高达 75%，在财政总收入中，直接和间接来自有色金属产业的占 60% 以上。2005～2007 年，全市采掘业从业人员分别为 23706 人、26137 人、24251 人，占全部工业从业人员的比重分别为 34.57%、40.96%、38.70%。无论是国有企业、乡镇企业、还是民营企业，均主要集中于有色矿产资源开发和冶炼业，企业产品雷同。单一的产业结构，易导致企业之间恶性竞争，不利于资源的合理开发和集约利用。以初级产品为主的有色冶金工业受市场的制约较大，企业抵御市场风险的能力较弱，制约着县域经济持续发展和经济效益的提高。

东川经济对矿业的依赖性过强，企业数量少且成分单一，以东川矿务局为代表的单一大中型企业占全部工业产值的 70%。在撤市设区之前累计生产精铜 48 万吨，创造财富 55 亿元，铜业的产值和税收曾占到全市工业总产值和财政收入的 2/3 以上，铜矿产业一直是工业部门中的主导产业。2007 年完成工业总产值 114 亿元，其中有色金属冶炼及压延加工业工业总产值占 85% 左右，仅云铜凯通有色公司、金水铜冶炼有限公司、云铜杆业有限公司三家企业就实现工业总产值 57 亿元，占工业总产值的 50%。

2010 年易门矿冶业产值 32.9 亿元，占工业总产值的 63%；矿冶业增加值 8.98 亿元，占工业增加值的 64%；矿冶业上缴税金占财政总收入的 23%，资源产业在易门经济发展中具有举足轻重的地位。

（3）生态环境破坏严重的问题。

多年大规模开采造成个旧市土壤流失，水质污染，石漠化严重。根据调查，个旧市水土流失面积 741 平方千米，其中石漠化面积 651 平方千米（含工矿废弃地 40 平方千米）。当时被纳入防灾减灾地质灾害预案抢险点达 14 个，47 座尾矿库治理资金紧缺，生态环境恢复和治理工程量巨大。同时，城市承载能力较弱，基础设施不足。个旧市区 12 平方千米范围内居住着近 23 万人口，建成区人口密度为每平方千米 19167 人，远高于昆明（9523 人/平方千米）、上海（16171 人/平方千米）的水平。人均道路面积和绿化面积狭小，城区人均道路面积不足 4 平方米，大大低于当时全国 11.2 平方米的平均水平。由于地理位置特殊，城市空间功能发展受限，基本公共服务设施远不能满足市民日常生活需要，城市功能难以得到发挥，城市发展严重滞后于工业化水平，对个旧城市空间结构转型造成了较大压力。

东川由于长期的铜矿开采、伐薪冶铜和不合理的经济活动，生态环境遭到严重破坏，滑坡、土壤沙石化和泥石流等多种地质灾害频发。到80年代中期，东川的森林覆盖率仅为8.88%，辖区国土总面积1858.79平方千米，水土流失总面积1273.53平方千米，占国土总面积的68.51%。加之东川地质条件特殊，地处小江深大断裂带上，人为破坏加上特殊的地质条件使得东川成为全球泥石流等地质灾害最发育的地区之一，号称泥石流天然博物馆。据统计，仅东川境内的小江河谷里就发育有107条泥石流沟，其中25条危害严重，平均每年爆发15次大型泥石流。每年因泥石流爆发泻入小江的泥沙达3000万~4000万吨，由小江泻入金沙江的泥沙达1000万吨。2007年底全区森林覆盖率31.9%，与全省近50%的森林覆盖率相比，差距较大。过度开采和垦殖，使区域生态环境受到严重破坏，上百平方千米矿区分布着采空区，地质塌陷严重，回填修复困难。

易门铜矿区地处绿汁江断裂带，相对高差变化较大，地貌类型多样，地质结构复杂，地层岩性变化较大，地质环境条件复杂，生态环境脆弱。长期大规模采矿活动加剧了生态环境恶化，破坏了山体稳定性，造成采矿区地面塌陷，导致崩塌、滚石、危岩体及滑坡、泥石流等地质灾害危害，矿区及周边地下水、泉水减少和干枯。当时矿区共有塌陷区9处、滑坡7处、崩塌5处、危岩滚石4处、泥石流6条、地表裂缝11条，且有逐渐扩大趋势，矿山地质及生态环境主要影响范围11.6平方千米，其中：地面塌陷范围1.8平方千米，采空区塌陷引起地表变形主要范围7.7平方千米，涉及3个乡镇、58个村民小组、2273户农户、9486人，涉及耕地1.7万亩。经多年开采，矿区累计采掘剥离量达8078万吨，采矿弃土、废渣等固体废弃物总量达7900万吨，受雨水冲刷后淤塞河道、冲毁农田、损毁公路，局部地区形成滑坡和泥石流，对矿区周边生态环境造成严重威胁，存在较大安全隐患，矿区周边群众意见较大，大量村民曾多次封堵矿井、阻断交通并到省、市、县群体上访。

（4）民生保障不足所形成的社会性问题。

个旧市企业社保资金欠账多，就业压力大。截至 2009 年，破产企业和困难企业欠缴养老保险金达 8000 多万元，医疗保险资金缺口达 6700 万元，落实各项再就业优惠政策每年所需资金达 4000 多万元，社会保障资金缺口大。个旧市累计有 15 户国有企业依法破产或政策性破产，产生失业人员 4500 人，其他企业关闭停产加上城镇每年新增劳动力约 6000 人以及农村剩余劳动力向城市不断转移，就业和再就业面临极大压力。据全国总工会开展的职工队伍状况调查，个旧职工实际就业率仅为 68.2%，还低于老工业城市沈阳 10.1 个百分点。截至 2008 年 3 月底，仅登记的城镇失业人员就有 3.23 万人（含 "4050" 人员 5400 人），持《再就业优惠证》人员 1.83 万人，未解除劳动关系的下岗职工 4500 人，累计城镇登记失业率为 22.6%。

20 世纪 90 年代后期，东川矿务局由于铜资源的逐步耗尽和各矿区矿石品位降低，转入高成本的深部开采，铜精矿产量越大、亏损越大。2000 年底，作为东川重要产业支撑的东川矿务局，企业资产负债率高达 245%，严重资不抵债。2001 年，由于铜价长期低迷，曾保持了 50 年辉煌的东川矿务局宣告破产。东川矿务局的破产，带来一系列严重影响社会稳定的因素。为东川铜矿配套服务而设立的矿山商贸、粮食流通企业，因矿务局破产，以及实施矿区职工易地搬迁，已基本失去了服务主体和经营条件，大量职工失业，生活极度贫困，无医疗保障、子女就学难、就业再就业和社会保障压力增大，社会矛盾日趋突出。1999 年，东川城镇登记失业率高达 41%，有近 2 万城镇居民生活困难，近 1 万人失业，1/4 以上的城镇人口靠 "低保" 生活。到 2001 年，东川矿务局关闭破产，因有 11000 多名职工提前退休，失业率降至 7.9%。2002 年末由于落雪铜矿资源枯竭，云南金沙矿业股份有限公司所属的落雪铜矿停止了规模生产。加之东川地方国有企业也大多是为了矿山建设配套设立的，由于矿业不景气，57家国企中35家资不抵债，16户停产歇业多年，国企平均资产负债率达140%，全区总失业人员12864人，城镇登记失业率达到40.2%。2004、2005、2006年三年东川城镇登记失业率分别为38.1%、33%、24%。2007年情况稍有好转，通过城乡统一的培训，就业服务体系累计提供就业岗位2.63万个，城镇登记失业率下降到19%，但失业率依然很高，失业率水平远远超过国际公认的7%的失业警戒线和14%的社会稳定警戒线，东川就业再就业形势异常严峻。

易门县随着资源逐步枯竭，破产企业数量增加，企业下岗失业人员增多，大量待岗、下岗、失业人员难以安置，生活极其艰难。2000～2010年全县共有7户企业关闭破产、52户企业改组改制，造成7975人下岗失业，持《再就业优惠证》人员6393人，其中"4050"人员1133人。仅易门矿务局就因资源枯竭改制下岗失业4104人，造成2003年全县城镇登记失业率高达16.5%，就业形势非常严峻。下岗失业人员难以承担各种社会保险费用，社会保障问题日益突出，形成许多不稳定因素。2010年易门城镇居民人均可支配收入为15454元，在玉溪市9个县区中排名最后一位，城镇居民最低生活保障人员为5650人，占非农业人口的15.92%，有棚户区住房46.71万平方米。在易门矿务局改制重组期间，矿区大量下岗失业人员曾多次围堵局机关办公区，最多时达上千人，并多次到省委、省政府上访、静坐。

2. 解决问题涉及的诸多困难

首先，个旧市受地方财力和资源要素限制，个旧市转型发展依然存在经济主体束缚于资源产业，社会保障、生态环境治理、社会稳定压力大等问题。一是高质量发展支撑力不足。新旧动能接续转换较慢，工业经济保持较快增长难度大，农业生产组织化、标准化程度不高，第三产业发展不足，增速只有5.3%。个旧市有色金属已经形成"两头在外"的发展格局，受原料和市场因素的影响较大。二是经济增长内生动力不足。创新发展能力不强，发展质量和效益总体不高，R&D投入占GDP

比重 2017 年只有 1.14%（2018 年预计 1.15%）；民营企业和小微企业融资难、融资贵、成本高等问题比较突出；历经 10 余年转型发展，接续替代产业培育初具雏形，但总量仍然较小，距成为支柱或主导产业还有较大差距。三是生态环境治理任务依然艰巨。作为全国首批资源枯竭城市和国家老工业基地，常年开采资源的历史遗留问题仍没有全部解决，重金属污染问题仍较突出，区域污染治理成效仍有待提升，北部选矿园区建设需要加快推进。四是城乡发展不平衡不协调。"双城联动"受政策、资金及市场等因素影响，大屯新城建设步伐仍较缓慢，城乡差距、南北差距等不平衡不协调问题仍较突出。主城区交通拥堵问题突出，棚户区改造任务艰巨。

其次，东川区面临的问题仍然较多较大。一是生态环境问题历史欠账多。长达两千多年的伐薪炼铜、毁林开荒、砍树烧炭等人为活动，导致东川区生态系统破坏严重，长期矿业开采形成了约 600 万立方米的地下采空区，随着地壳运动和雨水侵蚀，已塌陷 100 余平方千米，并存在 399 个地质灾害隐患点。据全国水土流失调查统计，东川区土壤侵蚀面积达 1274 万平方千米，占国土面积的 68%，平均年输砂量 3016 吨/平方千米，最大年输砂量高达 5314 吨/平方千米，是同等地区的几倍甚至数十倍。二是财政收支矛盾突出。东川区底子薄，生态欠账多，民生包袱重，地方财源结构单一，可用财力有限。2018 年全区一般公共预算收入仅 7.29 亿元，一般公共预算支出却高达 39.31 亿元，财政自给率只有 18.5%，保工资、保运转、保民生支出达 19.97 亿元，占比超过 50%，用于产业发展、生态保护、教育医疗、基础设施建设等方面的投入极为有限。三是就业再就业面临长期压力。易地扶贫搬迁进城人口占到全区人口的 10.1%，就业面临较大压力。2018 年城镇登记失业率高达 8.87%，仍远高于 7% 的国际警戒线和全省 4% 的平均水平。四是发展空间严重受限。东川区地处小江深大断裂带，山区面积占国土面积的 97.3%，土地资源开发与利用已达 60% 以上。特殊的地质地貌导致东川区耕地和建设用地严重缺乏，全区土地面积 280 万亩，现有可用建设用地面积只有 11 万亩，可用工业用地面积仅有 0.3 万亩，严重制约了东川区转型发展。

再次，易门县转型发展取得显著成效，但问题仍然不少。一是保障发展的财力不足。传统产业逐渐衰退，主导产业资源采掘业产值和税收大幅度下降，财政收支矛盾突出，支撑保障能力弱。2018 年一般公共预算收入 6.4 亿元，一般公共预算支出 18.6 亿元，制约了接续替代产业培育、基础设施建设和公共服务等方面的保障投入。二是生态修复治理难度大。长期大规模采矿活动导致矿区土地原有生态受到严重破坏，矿山开采破坏面积曾高达 57.6 平方千米，产生采矿固体废弃物 7900 万吨，矿区生态环境脆弱，地质灾害隐患突出，需要投入大量资金开展土地复垦，且修复治理难度大。三是社会民生改善仍待加强。历史遗留问题较多，公共服务建设滞后，基础设施建设欠账较多，特别是矿区道路、水利等设施保障能力较低，严重影响矿区居民生产生活。城镇登记失业人员再就业难度大，城乡低保人员和棚户区住户较多。全县现有城镇登记失业人员 512 人，城乡低保人员 8600 人，年需发放城乡最低生活保障金约 3200 万元。

三 展望与发展

在云南省着力推进八大重点产业发展（即生物医药和大健康产业、旅游文化产业、信息产业、物流产业、高原特色现代农业产业、新材料产业、先进装备制造业、食品与消费品加工制造业），全力打造世界一流"三张牌"（即绿色能源、绿色食品、健康生活目的地），大力发展数字经济，全力推动"滇中崛起、沿边开放、滇西一体化发展"等一系列战略性部署中，位于滇中经济区的个旧市、东川区、易门县等资源枯竭型城市，正面临着难得的发展机遇。为此，资源枯竭型城市的转型发展，有条件获得国家的继续支持。通过外部支持及激活内在活力，全省资源枯竭城市必将取得转型发展的新成效和大成就。

（一）继续加快产业转型升级，积极培育接续替代产业

个旧市将坚持新发展理念和"两型三化"（开放型、创新型和绿色化、信息化、高端化）发展方向，以产业转型引领经济高质量跨越式发展。按照选矿企业入园发展的政策和时间节点，加快推进北部工业园区入园工作，争取实现投产重点企业均纳规；挖掘和培育电子信息产业，争取和弘科技液晶显示组装及相关电器组装项目尽快投产，加快中科曙光个旧云计算中心建设，加大招商引资力度，吸引一批电子信息企业到个旧市发展。调整优化工业布局，重点打造鸡街沙甸片区现代制造、冶金加工和循环经济产业园、大屯高新技术产业示范区和选矿产业试验示范区、锡城片区大健康和信息产业区。引导有色金属补链发展，重点打造锡、铅、铝产业链。按照云南省全力打造世界一流"绿色能源牌"的要求，全力推进4万吨锂电铜箔达产，加快圣比和5万吨正极材料和5万吨前驱体项目建设，积极争取推进水电铝材一体化发展。按照云南省打造"健康生活目的地牌"的要求，加快生物医药和大健康产业培育，扶持云河药业成为红河州中药饮片与中药材精深加工龙头企业。按照云南省打造"绿色食品牌"的要求，大力发展高原特色农业，培育一批个旧品牌。

东川区将按照"河谷地区调果蔬、二半山区兴畜牧、高寒山区种药材"的立体空间布局，大力发展高原特色农业，把东川打造成为全省高寒山区药材之乡、干热河谷瓜果之乡、畜牧产业养殖强县。实施工业攻坚三年行动计划，加快产业转型升级，推动工业经济高质量发展，以打造铜产业链为目标，实现全产业链迈向中高端发展。加快培育生物医药、特色农产品加工等一批新兴产业。依托红土地、金沙江高峡平湖库区旅游区、乌蒙巅峰运动公园等资源，打造精品旅游线路。以项目为抓手，继续推进生物制药、农特产品加工、文化旅游、现代物流等接续替代产业发展。围绕"国家资源枯竭型城市转型示范区、川滇现代化综合交通枢纽、运动康养旅游目的地、滇东北区域性中心城市"四个定位，

按照"一产做特、二产做强、三产做足"的转型发展方向，继续培育一批新的接续替代产业。

易门县将按照产业发展"两型三化"主攻方向和全力打造世界一流"三张牌"的要求，主动融入"滇中城市经济圈"和"四带多元"建设，推动一二三产业融合发展。巩固提升接续替代产业，加快传统产业转型升级，积极培育新兴产业。扎实推进产业园区平台建设，力争把易门县建设成为国家稀贵金属新材料产业化示范基地、国家循环经济示范县、高原特色农产品集散交易中心和加工基地、滇中城市经济圈新型产业基地、昆明都市圈西南部特色休闲旅游目的地。

（二）不断保障和改善民生

个旧市将全力打好"提升教育教学质量三年行动计划"，实现"三年"上新台阶目标。深入推进健康个旧行动，继续推进县级公立医院综合改革，提升医疗服务水平。继续把稳就业摆在突出位置，重点解决高校毕业生、农民工、退役军人等群体就业。大力推进社保体系建设，继续加强住房保障体系建设。按照打赢脱贫攻坚战的总体要求，剩余14个贫困村3117名贫困人口2019年出列。

东川区将积极拓展就业渠道，重点抓好建档立卡贫困户、城镇困难家庭群体就业，确保零就业家庭援助率达100%。做好创业担保贷款扶持工作，落实失业保险援企稳岗政策，促进和增加就业。持续推进社会保险扩面，确保参保率均达到95%以上。统筹城乡社会救助体系，规范最低生活保障和特困人员供养制度，完善大病临时救助办法。加快构建以居家为主体、社区为依托、机构为补充、医养结合、覆盖城乡的养老服务体系。优化城乡教育资源配置，补齐农村学前教育短板。积极引进名校、名师和名校长，提高教学质量。加大医疗卫生财政投入力度，加强区级医院重点科室建设，不断满足人民群众对高水平医疗服务的需求。

易门县将围绕发展成果惠及更多群众，积极稳妥解决好矿区历史遗留问题。把增收作为民生之源，建立与经济增长相适应的城乡居民收入增长机制。统筹城乡发展，推进乡村振兴，打赢扶贫攻坚战。健全完善覆盖城乡的基本养老、基本医疗、社会救助等社会保障体系，扎实抓好住房、出行、饮水等民生实事，提升公共服务水平。着力推进"美丽县城"建设，打造宜居宜业环境。

（三）持续提升城乡环境

个旧市将坚决打赢污染防治攻坚战，巩固蓝天、碧水、净土保卫战成果。加强大气污染防治，确保空气质量优良率保持在 97.5% 以上。加快全省土壤污染综合防治先行区试点建设，推进倘甸双河流域土壤修复示范等重金属污染治理工程项目。全力提升城乡人居环境，以争创"美丽县城（城市）"为抓手，对城区进行全面改造提升，按照滇南中心城市一体化、差异化协同发展要求和"功能做加法，建设做减法，品质做乘法"的原则，推进工业遗址城市建设，以"滇南中心城市产业服务中心"为定位，加快实施大屯新区建设。

东川区将以小江流域为重点，继续抓好水环境综合治理，打造"一江清水、两岸青山"的美丽画卷。统筹推进山水林田湖草系统治理，实施封山育林、植树造林、退耕还林、天然林保护工程，开展"五采区"、石漠化、生态脆弱区、水土流失区生态修复治理，提升生态承载能力。实施环境保护"十大攻坚战"，加强源头管控，杜绝高能耗、重污染项目进入东川。坚持绿色低碳发展，力争攻克一批尾矿、废渣等工业资源综合利用重大关键技术，建立铜、铅锌、铁尾矿和冶炼废渣综合利用产业体系。围绕"美丽、宜居、特色"三大元素，精准确定城市发展定位，合理布局城市空间，打造特色鲜明、功能完善、生态优美、宜居宜业的"美丽东川"。完善城区道路、美化绿化亮化、垃圾收集及处理、污水处理等基础设施工程，完善城区易地扶贫搬迁安置点基础设施配套，提升基础设施保障水平。

易门县将继续把生态建设作为推动转型发展的基础，坚定不移走绿色、低碳、循环发展之路。深入实施绿水青山、节能减排、循环低碳行动。严守生态功能保障红线、环境质量控制底线、自然资源利用上线。争取启动实施矿山地质环境治理示范工程、固体废弃物资源化利用项目，深入推进矿区地质灾害搬迁避让、矿山生态植被恢复。打好城乡人居环境综合整治攻坚战，增强资源环境可持续发展能力。

（四）推进国家资源枯竭城市可持续发展示范县创建工作

个旧市、东川区、易门县将在转型发展以来取得的"个旧模式""东川经验""易门速度"的基础上，积极推进国家资源枯竭城市可持续发展示范县（市、区）创建工作，探索出一条以矿产资源开发利用为主逐步向接续替代产业培育效果明显、转型发展成效显著、县（市、区）域经济快速发展、发展质量稳步提升的转型发展之路。3个县（市、区）将按照国家资源枯竭城市可持续发展示范县创建工作要求，继续加大生态环境治理保护投入，继续加大接续替代产业扶持，继续加大改善民生投入，积极创建国家资源枯竭城市可持续发展示范县。

参考文献

个旧市人民政府：《云南省个旧市年度绩效考核评价》，2009～2018 年。

东川区人民政府：《云南省东川区年度绩效考核评价》，2010～2018 年。

易门县人民政府：《云南省易门县年度绩效考核评价》，2012～2018 年。

个旧市人民政府：《个旧市资源枯竭城市申报材料》。

东川区人民政府：《东川区资源枯竭城市申报材料》。

易门县人民政府：《易门县资源枯竭城市申报材料》。

个旧市人民政府、云南省产业发展研究会：《资源枯竭城市云南个旧市转型发展规划》。

易门县人民政府、云南省产业发展研究会：《资源枯竭城市云南易门县转型发展规划》。

个旧市人民政府、云南省产业发展研究会：《资源枯竭城市云南个旧转型和可持续发展方案》。

云南省产业发展研究会：《资源枯竭城市云南易门县转型发展研究》。

东川区人民政府：《资源枯竭城市东川区转型发展方案》。

国家发展改革委国际合作中心、东川区人民政府：《昆明市东川区转型发展战略规划（2013 - 2030）》。

个旧市发改委：《云南省个旧市资源枯竭型城市"转型十年"实施情况报告》（2007 - 2016 年）。

（执笔者：宗家飞、徐丽华）

后 记

按照党的十九大有关新时代城市发展的总体要求，城市发展对实施区域协调发展意义重大，总结以城市为主体的区域发展成就和经验，具有较高的理论价值与实践指导意义。《新中国城市发展·云南卷》一书，系中国城市经济学会发起约稿和统筹总撰，云南省社会科学院立项和组织，具体由云南省社会科学院党组成员、副院长陈光俊同志牵头，董棣、徐丽华同志主持，汇聚院内外多位学者完成的反映云南城市发展历程与成就的著作。

该书的研究和写作，既是云南省社会科学院、云南省政府研究室、云南省城乡规划设计研究院等多部门协作研究的结果，也是区域经济理论研究、政府政策咨询、城市规划设计等多领域学者联合写作的结晶。该书的编著程序，主要历经了提纲确定、史料选择、作者遴选、分工写作、部门调研、初稿自审、定稿查重、终稿报中国城市经济学会专家组审核、按专家意见集中改稿并最后审核通过等各项程序，然后确定出版内容。

该书的编著撰稿分工，主要为："综合篇"，董棣、徐丽华；"发展篇"，胡庆忠、宣宜、秦伟、徐丽华；"专题篇"，简光华、宗家飞、李俊君、段碧涛、谢辉、李文君、徐丽华。

该书在 2019 年 7 月立项至出版的时间中，书稿的最终完成，得到了云南省社会科学院科研处和图书馆、云南省住房和城乡建设厅城市建设处等部门的大力支持，得到了中国城市经济学会的真诚帮助，得到了参与研究和写作的各位作者的共同努力和辛勤劳动，对此，我们表示诚挚的感谢。同时，由于我们水平所限，本书中不同程度地存在着资料不全面、表述不规范、归纳不到位、观点不突出等方面的问题，望读者予以批评指正。

编　者

2021 年 6 月 14 日

图书在版编目（CIP）数据

　　新中国城市发展．云南卷／陈光俊等著．-- 北京：
社会科学文献出版社，2021.9
　　（新中国城市发展研究丛书）
　　ISBN 978 - 7 - 5201 - 7962 - 1

　　Ⅰ．①新⋯　Ⅱ．①陈⋯　Ⅲ．①城市建设 - 研究 - 云南
Ⅳ．①F299.2

　　中国版本图书馆 CIP 数据核字（2021）第 029711 号

· 新中国城市发展研究丛书 ·

新中国城市发展·云南卷

著　　者／陈光俊　董　棣　徐丽华 等

出　版　人／王利民
责任编辑／陈　颖　薛铭洁
责任印制／王京美

出　　　版／社会科学文献出版社·皮书出版分社（010）59367127
　　　　　　地址：北京市北三环中路甲 29 号院华龙大厦　邮编：100029
　　　　　　网址：www.ssap.com.cn
发　　　行／市场营销中心（010）59367081　59367083
印　　　装／三河市尚艺印装有限公司

规　　　格／开　本：787mm × 1092mm　1/16
　　　　　　印　张：17.25　字　数：243 千字
版　　　次／2021 年 9 月第 1 版　2021 年 9 月第 1 次印刷
书　　　号／ISBN 978 - 7 - 5201 - 7962 - 1
定　　　价／128.00 元

本书如有印装质量问题，请与读者服务中心（010 - 59367028）联系

▲ 版权所有 翻印必究